现代学徒制试点创新成果系列教材

建筑装饰施工技术

主　编　韦清权　王建国
副主编　吴美琼　严军勇　唐善德
参　编　李文娟　彭　聪　王　璐
　　　　何文导　祁　彬
主　审　成湘文

中国水利水电出版社
www.waterpub.com.cn
·北京·

内 容 提 要

本教材是根据现行的国家标准、规范、技术规程及企业标准,针对常见建筑装饰工程所涉及的项目编制的,共分八大内容,包括抹灰工程、楼地面工程、门窗安装、吊顶工程、隔墙工程、饰面板工程、涂饰工程、裱糊与软包工程等,每个项目中又包含了若干个子项目或相关技术知识。

本教材既可作为高职高专类专业教学用书,也可作为建筑装饰施工技术培训教材,还可供装饰装修工程施工技术人员与管理人员参考。

图书在版编目(CIP)数据

建筑装饰施工技术 / 韦清权,王建国主编. -- 北京:中国水利水电出版社,2020.8
现代学徒制试点创新成果系列教材
ISBN 978-7-5170-8699-4

Ⅰ. ①建… Ⅱ. ①韦… ②王… Ⅲ. ①建筑装饰-工程施工-高等职业教育-教材 Ⅳ. ①TU767

中国版本图书馆CIP数据核字(2020)第126696号

书　　名	现代学徒制试点创新成果系列教材 **建筑装饰施工技术** JIANZHU ZHUANGSHI SHIGONG JISHU
作　　者	主　编　韦清权　王建国 副主编　吴美琼　严军勇　唐善德 参　编　李文娟　彭　聪　王　璐　何文导　祁　彬 主　审　成湘文
出版发行	中国水利水电出版社 (北京市海淀区玉渊潭南路1号D座　100038) 网址:www.waterpub.com.cn E-mail:sales@waterpub.com.cn 电话:(010)68367658(营销中心)
经　　售	北京科水图书销售中心(零售) 电话:(010)88383994、63202643、68545874 全国各地新华书店和相关出版物销售网点
排　　版	中国水利水电出版社微机排版中心
印　　刷	清淞永业(天津)印刷有限公司
规　　格	184mm×260mm　16开本　15.5印张　377千字
版　　次	2020年8月第1版　2020年8月第1次印刷
印　　数	0001—2000册
定　　价	**48.00元**

凡购买我社图书,如有缺页、倒页、脱页的,本社营销中心负责调换
版权所有·侵权必究

编 委 会

主　任　李　林

副主任　刘存香

秘书长　蔡永强

委　员　龙艳红　陆尚平　韦庆辉　余金凤　邓海鹰
　　　　　陈炳森　宁爱民　吴美琼　陈光会　黄晓东
　　　　　江　颉　黄勇标　梁小流　古　朴（宝鹰）
　　　　　李　捷（鑫伟万豪）

本书编写人员

主　编　韦清权　王建国

副主编　吴美琼　严军勇　唐善德

参　编　李文娟　彭　聪　王　璐　何文导　祁　彬

主　审　成湘文

 序

国家在2019年出台了《国家职业教育改革实施方案》(简称《方案》),职业教育迎来了一个重大发展机遇,《方案》明确提出职业院校要进一步总结现代学徒制和企业新型学徒制经验,坚持工学结合,推动校企全面加强深度合作。这既说明国家对已开展的现代学徒制工作的高度肯定,同时也反映了现代学徒制人才培养模式还要继续创新,要办出中国特色。

广西水利电力职业技术学院是教育部现代学徒制试点单位,在现代学徒制培养方面做了大量且有益的探索,学院与深圳市宝鹰建设集团股份有限公司联合,共同针对如何招生、如何组织分段式教学、如何实施"师带徒"、如何建设移动式教学工场等问题进行了深入研究与实践,并形成了符合现代学徒制特征、又不乏特色的"一生三场、双元分段、三师共育、四位评价"的"1234"人才培养模式。

本人有幸为教材作序,实感惶恐,通篇阅读后深有感触。本教材可以说是学院现代学徒制试点工作的特色成果之一,教材内容遵照我国建筑装饰行业标准,将理论与实践有机融合,可操作性强。难能可贵的是此教材可作为教师开展碎片化知识重构和组织课程模块化教学的有益辅助,值得面向全国同类专业推荐。

然正如书中前言所述,教材还存在值得进一步雕琢研磨之处,譬如还要进一步结合"三教"改革要求,进一步完善成为"工作手册式""活页式"教材;要进一步结合资源库建设,丰富教材内容等。

总之,作为市面上为数不多、在现代学徒制探索中形成的教材,编写组勇气可嘉,创新精神值得肯定。

2020年5月9日

前言

现代学徒制是传统学徒培训与现代教育相结合、企业与学校合作育人机制的一种职业教育制度。为深化教学改革、创新人才培养模式，广西水利电力职业技术学院与深圳市宝鹰建设集团股份有限公司开展双主体联合办学，通过专业教学标准研制、共同组建科研团队、开展教师培训与交流、教学资源建设与共享、联合研发教材等方式，开展现代学徒制试点建设。

产教融合、校企合作是职业教育的基本规律。针对高职院校人才培养出现的脱离企业岗位能力、不注重实用与创新的教育"夹生饭"现象，校企联合开发了学徒制系列教材，在人才培养目标、培养内容、培养方式、师资配备等方面协同，最终实现"高等性"、"职业性"和"教育性"的有机统一。

本教材是在现行国家建筑装饰装修工程施工规范基础上，结合装饰装修企业标准，以企业建设项目为案例，校企合作编制而成，既可用作高职高专类专业教学用书，也可作为建筑装饰施工技术培训教材，还可供装饰装修工程施工技术人员参考。

本教材由广西水利电力职业技术学院建筑装饰教学团队和深圳市宝鹰建设集团股份有限公司技术部共同编写，参与编写的学院教师有韦清权、吴美琼、唐善德、李文娟、祁彬、彭聪、王璐等，企业工程师有王建国、严军勇、何文导等。其中，韦清权任第一主编，王建国任第二主编，吴美琼、严军勇和唐善德任副主编。全书共分8个项目和附录，具体编写分工为：王璐负责项目1的编写，王建国负责工程项目实例概述并与吴美琼负责项目2的编写，韦清权负责项目3的编写，严军勇负责项目4和附录1的编写，李文娟负责项目5的编写，唐善德负责项目6的编写，祁彬负责项目7的编写，何文导负责项目8的编写，彭聪负责附录2和附录3的编写，成湘文负责全书内容的审核，韦清权负责整本教材的内容设计和最后的文字整理，王建国负责整本教材的内容校对。广西水利电力职业技术学院副院长刘存香为本教材作序。

本教材在编写过程中参考了许多教材和文献资料，谨此向相关作者表示诚挚的感谢。

本教材的编写得到了深圳市宝鹰建设集团股份有限公司的大力支持，在此表示衷心感谢。

本教材主要介绍建筑装饰施工相关工种的技术要求和装饰工程实践的施工操作，限于编者水平，书中难免有不足之处，恳请读者批评指正。

编者

2020 年 2 月

目录

序
前言

工程项目实例概述 ... 1
   0.1 工程概况 ... 1
   0.2 装饰设计说明 ... 1
   0.3 施工安排 ... 10

项目1 抹灰工程 ... 13
   任务1.1 施工准备 ... 13
   任务1.2 抹灰施工 ... 16
   任务1.3 成品保护 ... 19
   任务1.4 质量标准 ... 20
   任务1.5 安全环保措施 ... 22

项目2 楼地面工程 ... 23
   子项目2.1 地面垫层 ... 23
   子项目2.2 水泥砂浆找平层 ... 28
   子项目2.3 整体面层 ... 32
   子项目2.4 块料面层 ... 42
   子项目2.5 木竹面层 ... 60

项目3 门窗安装 ... 78
   子项目3.1 木门窗 ... 78
   子项目3.2 铝合金门窗 ... 87
   子项目3.3 塑钢门窗 ... 94
   子项目3.4 玻璃安装 ... 99

项目4 吊顶工程 ... 106
   子项目4.1 暗龙骨吊顶 ... 106
   子项目4.2 明龙骨吊顶 ... 114

项目5 隔墙工程 ... 121
   子项目5.1 板材隔墙 ... 121
   子项目5.2 骨架隔墙 ... 127
   子项目5.3 玻璃隔墙 ... 144

项目 6 饰面板工程 ··· 153
子项目 6.1 陶瓷饰面板 ··· 153
子项目 6.2 花岗石、大理石饰面板（干挂） ····························· 159
子项目 6.3 钢板、不锈钢饰面板 ·· 165
子项目 6.4 铝合金饰面板 ··· 168
子项目 6.5 玻璃装饰板 ·· 170
子项目 6.6 轻质装饰板（纸面石膏板、纤维石膏板） ················ 174

项目 7 涂饰工程 ··· 177
子项目 7.1 木器油漆 ·· 177
子项目 7.2 金属油漆 ·· 185
子项目 7.3 混凝土与水泥砂浆面涂料 ··· 187

项目 8 裱糊与软包工程 ··· 189
子项目 8.1 墙纸裱糊 ·· 189
子项目 8.2 墙布裱糊 ·· 197
子项目 8.3 软包 ·· 200

附录 1 装配式建筑装饰装修工程技术简介 ······························· 208
附录 2 建筑装饰工程电动工具使用注意事项 ····························· 211
附录 3 建筑装饰工程施工及验收规范（JGJ 73—91）（部分） ········ 213

参考文献 ··· 237

工程项目实例概述

【学习目标】

了解建筑工程项目设计意图和说明,为工程施工所需要的施工机具、装饰材料以及施工组织设计做好准备工作。

本教材以一装饰工程项目为例,对部分工程项目所涉及的施工准备、工艺流程、技术运用、质量验收等进行介绍,据此可以作为初涉装饰工程的人员的参考资料。

0.1 工程概况

工程名称:南宁市×××办公楼项目室内装饰工程。

工程地点:南宁市×××区×××路×××号。

结构类型:框架结构。

建筑面积:1563m^2。

工程装饰施工范围:董事长办公室、贵宾接待室、会议室、员工餐厅、走廊、电梯间。

0.2 装饰设计说明

0.2.1 设计依据

(1)原建筑设计图纸。

(2)国家现行建筑设计规范:《民用建筑设计通则》(GB 50352—2005)、《建筑设计防火规范》(GB 50016—2014)、《建筑内部装修设计防火规范》(GB 50222—2017)等相关设计规范。

(3)建筑防火设计:本工程建筑防火分类为Ⅰ类,耐火等级为一级。

(4)经甲方确认方案设计图纸。

0.2.2 设计要求

力求功能合理布局、简洁大方、美观实用,用创新技术和节能环保新材料体现现代办公的氛围。

0.2.3 设计及施工总则

(1)本工程全部按国家现行标准设计。以美观、大方、适用、控制造价为原则,在装饰材料选择上采用同类优质,装饰工艺精细考究,装饰工程质量等级达优。

(2)设计中采用标准图、通用图或重复利用图者,均按各图纸要求配合施工。

(3)所有与建筑给排水与供暖、通风与空调、建筑电气、智能化、电梯等系统有关的预埋件、预留孔洞，施工时与相关的图纸密切配合施工。

(4) 专业音响系统及智能化系统由专业公司提供设计、安装。

(5) 本说明和设计图纸具有同样效力，两者均应遵守。若两者有矛盾时，甲方及施工单位应及时提出，并以设计单位解释为准。

(6) 严格按中华人民共和国有关消防规范《建筑内部装修设计防火规范》(GB 50222—2017)，所有木制品的天花、隔墙、墙裙，都要进行严格防火处理。

(7) 施工工艺除特殊做法图中详尽表示外，一般常规做法均按《建筑装饰装修工程质量验收标准》(GB 50210—2018) 及有关规定执行。

(8) 施工验收应严格按照《建筑装饰装修工程质量验收标准》(GB 50210—2018) 有关规定执行。

(9) 室内设计对于通风与空调的考虑通常是在满足正常设备要求的前提下，考虑与室内天花造型有配合，不仅不影响美观，甚至利用风口做装饰材料，将技术与艺术完美地结合起来。

(10) 建筑防火设计。

1) 设计总原则。

a. 内部装修选材，设计符合《建筑内部装修设计防火规范》(GB 50222—2017) 中的各项规定。

b. 各个部分装修用材燃烧性均匀，所有装修用材的耐火等级不低于 B1 级。本工程耐火等级为一级。

2) 内部装饰装修施工注意事项。

a. 当照明灯具的高温部位靠近非 A 级材料时已采用隔热散热等防火保护措施，灯饰使用材料的燃烧性能不低于 B1 级。

b. 有装饰面的防火门必须执行规范《建筑内部装修设计防火规范》(GB 50222—2017)。

c. 吊顶材料应选用非燃烧体，其耐火极限应为 0.25h 以上。

d. 跨越防火区的墙体和楼板的变形缝，玻璃幕墙、玻璃门窗等与楼板和墙体之间跨越防火区的缝隙，管道井的缝隙均应用不燃材料填实。应根据管道布置的要求，在管道安装完毕后，每隔 2~3 层的楼层，在与房间、走道等相连通的孔洞所在楼板处，其空隙用相当于楼板耐火极限的不燃烧材料填塞密实，并执行规范《建筑内部装修设计防火规范》(GB 50222—2017)。

e. 地面如采用地毯、木地板，必须经防火处理，达 B1 级，墙面木饰面基层板材要求涂刷两遍防火涂料，墙面织物软包采用不低于 B1 级的装饰材料。

(11) 本工程在施工过程中，施工单位应严格按照施工图尺寸进行施工，施工过程中采用先放样后施工的原则。遇到现场尺寸与图纸尺寸不符处，应针对现场尺寸与施工图纸进行调整，并及时与设计单位取得联系，提出相应解决措施，并在设计单位同意的情况下做相应的调整，不得以丈量图纸为依据取得数据。

(12) 施工过程中，如遇到现场实际困难无法按设计施工图纸施工的情况，由施工单位上报业主、监理和设计单位，设计单位发图纸更改通知函，设计单位组织专业项目组进行图纸更改，并以修改后版本或者工程联系单交付业主及施工单位进行施工。

（13）施工过程中，业主如因工程造价或其他原因欲对设计施工图纸进行更改，应召集设计单位工程师共同协商，达成一致意见后由设计单位对相关图纸进行调整，并以修改图纸和工程联系单的形式交付业主和施工单位进行施工，施工单位不能擅自更改装修材料或装修造型。

（14）各专业施工过程中应相互配合，避免相互干扰。遇到现场施工情况与设计图纸冲突的地方，应及时上报甲方和监理单位，并联系设计单位相关专业设计人员进行现场协商，就施工现场进行调整，无法按图纸施工时，由设计单位就相关部分以工程联系单和提交修改后的图纸方式交付甲方和施工单位。

（15）本套图纸的设计或说明如有与国家相关法律规范相抵触的部分应按国家法律规范执行。

（16）凡本套图纸未说明的部分，按国家颁布的相应标准规范执行。

0.2.4 各工种的施工配合说明

0.2.4.1 电气照明与装修的配合

（1）所有电气照明的灯具底座、插座、开关、配电箱等的饰面颜色应与相邻装修饰面一致或相近。

（2）所有电气照明的灯具、插座、开关、配电箱等的位置按整齐、理性的原则进行布置，以所有灯具安装装修施工图所定的位置为准，如有不符或遗漏，应及时通知设计单位，由设计单位确定具体位置后才能施工。平板电视机后面的插座板需根据电视的规格来确定具体位置。电气照明的管线敷设及需隐藏的灯具挂件，应做好配合工作，其他各专业系统的各种暗装管线应尽早联系相关单位，在施工过程中做好各项隐蔽工程工作，以免造成不必要的返工。

（3）有些特殊灯具及相关的配套设施应及早进行垂询订货，以免延误工期。

（4）地面线槽、地插座应做好防潮、防漏电处理。

（5）安装在吊顶上的灯具，安装在隔墙上的线盒由装饰施工单位负责开孔、加固。

0.2.4.2 主体结构与装修的配合

（1）施工单位应把墙体定位图结合装饰施工图的立面图做法，结合考虑是否需要预埋相应埋件、洞口等，如已完成的主体砌体或预留洞口与装修图纸有矛盾的地方以装修施工图为准，如有疑问应通知设计单位，由设计单位确定后才能进行施工。

（2）预埋件为装修与主体结构的连接物，现场如未出现预埋件，则应以符合《建筑结构荷载规范》（GB 50009—2012）。

0.2.4.3 给排水与装修的配合

（1）给排水口的定位应按照招标洁具的安装要求，结合给排水施工图施工。

（2）所有后施工的排水沟及地漏的走水坡度必须严格按照施工规范进行施工。

0.2.4.4 空调与装修的配合

（1）空调系统为专业单位设计，施工单位必须积极配合空调系统的施工单位，对各种送、回排风口的规格要有所了解，以便安装时与装饰面的预留孔洞大小相吻合。

（2）所有空调的出风口、回风口、排风口等为施工单位负责部分的饰面材料，其颜色应与相邻装修材料的颜色一致。以便安装时与装饰面的预留孔洞大小相吻合,如有不符或遗漏,应及时通知专业设计单位,施工单位必须及早了解现场情况。

(3) 空调器的出风口、排风口的定位应按整齐、理性的原则,以其专业施工图及装修施工图所定的由设计单位确定具体位置后才能施工。排气扇管道详见排气施工图、系统图。

(4) 空调风管及风机盘宽度超过该吊顶吊杆规范规定时,在其底部必须增加相应的符合规范的加固件,避免施工时增项。安装在吊顶上的空调送风口、回风口由装饰施工单位负责开孔、加固。

0.2.4.5　消防与装修的配合

(1) 消防系统以专业单位设计的施工图纸为准,装修施工单位必须给予积极配合。

(2) 所有消防专业的喷淋、烟感等设备的饰面板颜色应与相邻装修饰面颜色一致,提醒相关专业施工单位注意。

(3) 消防专业的喷淋、烟感等设备的定位应按整齐、理性的原则,以其专业施工图及装修施工图的定位为准,如有不符或遗漏,应及时通知专用设备设计单位,由设计单位确定其具体位置才能施工。

(4) 安装在吊顶上的烟感、喷淋、广播等设备由装饰施工单位负责开孔、加固。

0.2.4.6　综合布线系统与装修的配合

(1) 系统图由各专业单位设计的施工图为准,各种布线管道、终端面板及信息点的数量、位置,均与装饰面有关系,装饰施工单位必须给予积极配合,放线定位开孔位置。

(2) 所有能见的信息点面板颜色应与相邻装修饰面颜色一致。

0.2.5　施工做法说明

0.2.5.1　设备安装

(1) 重型灯具、水管及有震动的电扇、风道等,需另行吊挂在顶板和转换层上,不能与吊顶龙骨相连。

(2) 轻型灯具、风口等可吊挂在原有或附加大、中龙骨上,应做加固处理。

(3) 装饰工程施工中应做好与设备、工种的协调配合工作,在保证装饰效果的前提下,空调风口、消防喷淋等位置做到均衡布置,个别设备在不影响整体效果时可作适当调整。

0.2.5.2　吊顶工程

1. 吊顶基底

(1) 吊顶所用龙骨、吊杆、连接件等需符合产品组合要求;安装位置、造型尺寸准确;龙骨构架排列整齐顺直,表面平整(所有龙骨采用60系列上人龙骨)。

(2) 龙骨架构连接牢固,拼缝严密无松动,安全可靠。

(3) 个别特殊造型局部采用木结构基底,木结构需按防火规范进行防火处理。

(4) 吊顶用轻钢龙骨。除本施工图中已注明以外,均采用纸面石膏板轻钢龙骨及配件,$\phi 8$钢筋吊杆,承载龙骨间距900~1100mm,覆面龙骨间距300~600mm。石膏板采用9mm×1220mm×2440mm,专用螺钉固定,专用纸带(所有阳角处使用专用铝角纸带),底层表面用嵌缝腻子处理。

2. 吊顶面层

(1) 纸面石膏板面层。

1）所有纸面石膏板天花超过200mm或长度超过20m范围的，应考虑伸缩缝。板接缝、阴阳角均需用80~120mm宽的确良布封贴两层，以防开裂，嵌缝采用专用腻子。

2）罩面板的材质、品种、规格及吊顶造型的基层构造、固定方法，需全部符合设计要求和国家现行有关标准规定。

3）纸面石膏板接缝均匀、顺直位于龙骨上，自攻钉间距符合有关标准规定。

4）所有石膏板天花均采用双层纸面石膏板错缝安装。

（2）洞口处理。设备口、灯具的位置按板块、图案，分格对称、布局合理。开口边缘整齐、护口严密、不露缝，排列横竖均匀、顺直、整齐、协调美观。受风压的吊顶板需做固定处理。吊顶板与墙面、窗帘盒、灯具等交接处应严密，不得有漏缝现象。

0.2.5.3 墙面工程

1. **墙体材料**

（1）消防泵房、污水泵房、废水泵房、冷冻站等有水房间和需挂重物的电缆间、配电室采用非黏土烧结实心砖（强度等级不小于M10.0，砌筑砂浆强度等级不小于M75，构造做法建筑设计参见《建筑物抗震构造详图》11G329—2图集。

（2）除特殊注明，原建筑墙体、风道井、其余新加分隔墙，均采用轻钢龙骨石膏板隔断墙。

（3）除特殊注明外，所有房间隔墙均砌至结构梁底或结构板底。

（4）轻钢龙骨隔断墙。

1）轻钢龙骨安装位置必须正确，连接牢固，无松动，正确选用龙骨系列并符合产品要求。卫生间装修隔墙龙骨用5mm×50mm×50mm镀锌方通，焊接点均做防锈处理，基层板用9mm×1220mm×2440mm埃特板或水泥板，并按规范做防水处理。

2）罩面板板面平整、洁净、光滑、不露钉帽，套割电器盒位置准确，套割平整。

3）罩面板接缝：纸面石膏板接缝均匀、顺直位于龙骨上，自攻钉间距符合产品标准规定。

2. **块材饰面**

（1）以块材为饰面的基底坚实干净，粘贴用料、干挂配件需符合施工规范和设计要求。

（2）饰面板（砖）的品种、级别、规格、形状、平整度、几何尺寸、光洁度、颜色和图案需符合设计要求。

（3）面层与基层镶贴牢固，粘接强度需符合国家现行有关标准规定，以水泥为主要粘接材料时没有空鼓、歪斜、缺棱掉角和裂缝等缺陷。

（4）饰面板（砖）接缝填嵌密实、宽窄一致、纵横向无明显错位。

3. **木制护墙**

木材的品种、等级、质量、骨架含水率应符合《木结构工程施工质量验收规范》（GB 50206—2012）。

4. **墙面吸音、隔音及防潮处理**

（1）所有轻钢龙骨隔墙部分均需填充吸音棉（厚度不小于50mm），并符合国家防火要求。

(2) 所有空调机房均需做吸音处理。

0.2.5.4 地面工程

(1) 基底表面平整、四角方正。有地漏和供排除液体的基底，其坡度应满足排液体要求。

(2) 基底构造层（保温层、防潮层、找平层、结合层）的材质、强度、密度应符合设计要求和施工规范的规定。

(3) 铺设地毯或其他粘贴面层的基底表面平整、光滑、干燥、密实、洁净，不得有裂纹、脱皮和起砂。

(4) 铺设木制地板面层的基底所选用的木龙骨、毛地板和垫木安装牢固、平直，铺设方式和固定方法必须符合设计要求和施工规范的规定。

0.2.5.5 门窗及细木工程

(1) 门窗框、扇安装位置，开启方向，使用功能需符合设计要求。

(2) 门窗框必须安装牢固，隔音、防火及密封做法正确，需符合设计要求和施工规范的规定。

(3) 门窗扇安装应裁口顺直，刨面平整、光滑、无锤印，开关灵活、严密，无回弹、翘弯和变形。

(4) 门窗五金安装牢固、位置适宜、边缘整齐、小五金件齐全、规格符合要求、插销关启灵活。

(5) 门窗披水、盖口条、压缝条、密封条的安装尺寸一致，与门窗结合牢固。木盖口条、压缝条割向正确、拼缝严密、顺直，与清水木门窗表面颜色一致。

(6) 安全玻璃应用范围应符合《建筑安全玻璃管理规定》（发改运行〔2003〕2116号）第六条规定。

0.2.5.6 涂饰工程

1. 墙面基底

(1) 基底工程表面平整、立面垂直、接缝顺平、边角方正、尺寸精确。

(2) 钢、木龙骨（格栅立筋）线槽安装位置正确，连接牢固，安全可靠，没有弯曲、变形，木件无劈裂，符合安全使用要求。

(3) 以涂料、裱糊为饰面的和以抹灰面为基底的质量要求为：抹灰面达到高级抹灰面标准，表面色泽一致，当使用遮盖力不强的面料时，灰面应为纯白色。

(4) 以涂料、裱糊为饰面的和以胶合板、纸面石膏板为基底的应用耐水板面，表面干净、光滑、割面整齐、接缝严密，接缝的阳角处采用专用封边胶带，无挂胶、无外钉帽，与骨架紧密牢固。裱糊、涂料工程要求基底含水率全部符合下列规定：混凝土面、抹灰面不大于8%，木板面不大于8%。

2. 涂料饰面

(1) 工程涂料饰面所用涂料和半成品的品名、等级、种类、颜色、性能等符合设计或选定样品要求（应附有使用说明书）。

(2) 喷涂的涂膜厚度均匀，颜色一致，喷点、喷花的突出点要手感适宜，不掉粒。喷涂接槎应留在分格缝处且无明显色差，无分格缝时接槎不得有搭接痕迹，喷涂表面清洁无污染。

3. 裱糊饰面

(1) 各类壁纸和辅助材料的品种、级别、性能、规格、花色符合设计要求、产品技术标准与现行验收规范的要求,并符合建筑内装修设计防火规范有关规定。

(2) 面层裱贴必须牢固,没有空鼓、翘边、皱褶。

(3) 裱糊饰面色泽一致、无斑污、无胶痕。

(4) 各幅拼接横平竖直,图案端正,拼缝处图案花纹吻合,阳角处无接缝。距离1.5m正视不显拼接,边缘整齐,无毛边。

(5) 裱糊与挂镜线、贴面板、踢脚板、电器槽盒等交接处应交接严密,无漏贴、补贴,不覆盖需拆卸的活动件。

4. 油漆工程

(1) 油漆工程在地面工程、水暖电器安装工程完工后进行。施工时环境温度不低于10℃,相对湿度不大于60%。

(2) 油漆涂刷时,基层表面充分干燥,木基层含水率控制在12%,抹灰表面不大于6%,每遍油漆施工时,全部待前一遍油漆干燥后进行,涂刷最后一遍油漆时,不得随意加入催化剂。

0.2.6 施工注意事项

(1) 在施工前应对设计图纸进行必要的校对,发现的问题应及时通知设计单位,由设计单位解决。

(2) 墙体施工时,先校对各专业图纸,施工单位各专业间密切配合、严格检查,发现的问题应及时通知设计单位协商解决,不要擅自按单方图纸施工。

(3) 所有管道及施工洞待设备安装完毕后均以不燃材料封严堵实。

(4) 填充墙、轻隔墙均应做至结构顶板顶部并封严。墙体在吊顶以上的部分在设备管道安装完成后再进行施工。

(5) 砌块墙体应按规定设置构造柱及圈梁,构造柱及圈梁与砌块墙体间有可靠拉结,构造柱及圈梁的布置及规格必须符合规范。

(6) 凡靠墙木构件、木门樘等材料均需事先涂刷防腐剂或氟化钠两道。

(7) 所有木装修均需事先在板背及龙骨上按规范要求涂刷防火涂料三道。

(8) 所有露明吊挂、支撑钢杆件、预埋件等铁件均镀锌或刷防锈漆三道。

(9) 铝合金窗所用连接件及固定件,除不锈钢外,均经防腐处理。连接时应在与铝材接触处加设塑料或橡胶垫片。

(10) 凡需做防水层的楼、屋面,在防水层施工完成后应进行48h闭水试验,检验合格后方可进行下一道工序的施工。

(11) 如施工中发现材料设计厚度与材料做法不一致,在设计单位认可的条件下,对其中垫层或混凝土找坡层厚度作适当增减。

(12) 本工程所采用的材料其性能指标均需达到或超过国家标准中优等品的标准。

(13) 施工中严格执行国家现行的相关施工及验收规范。

(14) 洗手间等多水房间的地面和墙面以及外墙内侧的墙面在做装饰面层之前,做好基层的防水处理,每道厚度不超过 8mm。淋浴间墙面防水层高度到天花顶,有明水的房间墙面防水高度不低于 1.8m,无明水房间墙面防水不低于 300mm。

(15) 卫生间等多水房间,门口处完成面要比室内建筑楼层完成面低不小于 10mm,地面向地漏做出不小于 0.5％的坡度。

(16) 石材总面积大于 200m^2 时,应对不同石材产品分别进行放射性指标的复检。没有注明的石材密封接缝均采用密缝。均做六面防腐处理。

花岗石、大理石墙面及地面平整度、公差应符合安装验收规范《建筑装饰装修工程质量验收标准》(GB 50210—2018)。

(17) 凡是异形造型的天花,采用石膏板面时基层采用木龙骨、夹板制作,详见图纸。木作大芯板未注明时均为 18mm 厚。

(18) 作为乳胶漆的基层腻子,需有足够的强度,自配的腻子需掺入适量的白乳胶和白水泥,刮腻子层厚度适中,不能出现开裂,木作基层均需做防潮处理。

(19) 所有钢结构隐蔽工程均应为镀锌钢件或做防锈处理,不锈钢除外。防锈漆需选用配套的防锈底漆,防锈底漆应当在彻底除锈之后再刷。

(20) 所有花岗石、大理石在铺贴以前需用防污防潮剂做防污及防渗透处理。地面砖在施工前均需做面层打蜡处理;内墙面和柱面的石材施工需干挂或胶粘法施工。

(21) 设计图中石材饰面施工工艺除另说明的特殊部位需采用 1:2 水泥砂浆湿作业外,其余均为胶黏结施工。墙面柱面抹灰及砌筑砂浆均采用 1:2.5 水泥砂浆。

(22) 墙面和天花乳胶漆施工均为底漆和面漆配套使用,在天花的重要部位要采用进口高弹性乳胶漆。

(23) 施工前和施工过程中需做好防白蚁处理。

(24) 防火门、防火卷帘、防火墙、消火栓等位置及制作材料,除注明者外,均同原建筑设计。暗装消防箱,表面作法均按施工图施工,各管井内均按原建筑设计,设备管处外露部分需做装饰处理。

(25) 涉及土建结构设计变更的地方,需经建筑设计研究院认可后方可施工。

(26) 开关、插座、烟感器、报警器、天花喇叭等强弱电系统外露的式样、颜色和接口处理与室内装修统一协调,并符合国家规范《安全防范工程技术规范》(GB 50348—2004) 的有关规定。

(27) 灯光音响系统由专业公司设计,配合装修相关天花造型及尺寸要求。

(28) 所有石材、轻钢龙骨、石膏板、木夹板、涂料、油漆等装修材料必须满足环保要求,并有国家相关部门的环保检验报告。宜采用 E1 类人造板及饰面人造木板;当采用 E2 类人造木板时,直接暴露于空气的部位应进行表面涂覆密封处理。符合《民用建筑工程室内环境污染控制规范》(2013 年版)(GB 50325—2010)。

(29) 灯饰、家私及五金配件等的加工及购置,其样式、质量及档次要符合本工程的要求,并需经业主及设计单位认可后方能采购。

(30) 检修口根据现场的实际需要提出设置位置,由设计单位确定后才能施工。

(31) 若设计图中有关材料名称与材料样板不符的,以样板为准,如需代替品应通知业主及设计院确认后,施工单位方可定购。特殊材料或半成品材料应按设计师理念选择确认。

（32）所有属于独立招标的装修配套项目应以生产厂家提供的详细安装图为准。

（33）墙面和天花乳胶漆施工均为底漆和面漆配套使用，在天花的重要部位要采用进口高弹性乳胶漆。

（34）本工程使用预拌砂浆（含干拌砂浆和湿拌砂浆），禁止现场搅拌砂浆。

0.2.7 项目部分效果图

项目部分效果图如图 0.1～图 0.4 所示。

图 0.1 董事长办公室效果图

图 0.2 员工餐厅效果图

图 0.3 会议室效果图

图 0.4 接待室效果图

0.3 施 工 安 排

0.3.1 组建项目班子并确定职责

0.3.1.1 组建项目班子

根据工程的具体情况,现场管理组织机构设置项目经理1名(由老师担任),副经理1~3名(班团干),技术员2~4名,质检员2名,安全员、材料员、保管员各1名。在施工现场,以上人员对工程的施工进度、质量、安全进行全面管理。木工队、泥工队、油工队(由副班长担任,并负责分小组,每小组4人,每组配1名工人技师)负责承担各分项工程的施工任务。学生在教师、工人技师的指导下进行工作。

0.3.1.2 主要管理人员的职责

0.3.1.2.1 项目经理、副经理

(1)对所施工的工程质量负全面责任,建立施工项目的质量保证体系,明确内部质量

职能分工。

(2) 组织实施质量管理体系文件，落实技术质量奖惩规定，组织工程质量的检查、评议、整改及质量评定。

0.3.1.2.2 技术员

(1) 负责工程项目技术领导和指导工作，编制施工方案，进行技术质量交底和技术复测。

(2) 协助项目经理对工程质量进行控制、管理和监督，主持对工程质量的检查、评定、整改。

(3) 协助项目经理建立健全项目部质量保证体系，监督各类人员履行质量职责。

(4) 主持单位工程的质量评定、竣工验收。

0.3.1.2.3 质检员

(1) 负责本工程施工质量的监督、检查、指导工作。

(2) 督促施工人员执行自检、交接检，按规定处理不合格品。

(3) 负责分项工程（或专业）质量检验核定，参加工程隐检、预检和竣工验收。

0.3.1.2.4 材料员

负责材料的进场、验收、验证以及材料的发放等工作。

0.3.1.2.5 保管员

负责材料、机具、工具的保管。

0.3.2 技术准备

施工前，技术人员（学生）熟悉建筑装饰施工图，做好图纸会审与图纸的修订完善工作，明确各种细部节点做法；对一些特殊要求的施工部位、细部节点应进一步做好施工节点大样图，对工程情况和技术操作方法做到心中有数，并根据装饰做法及时编制工艺作业指导书。

0.3.3 材料、机具准备

(1) 根据施工进度计划和设计施工图，落实货源，提前做好订货加工、采购及材料进场计划，并按计划及时送货到现场。

(2) 该工程所有机具在工程施工准备阶段，由相关专业人员按照施工要求，编制进场计划（其中应包括：机械、机具进场时间，数量、技术参数及性能，基本操作及保养要求，退场时间，退场手续等）。做到"进场及时，使用正常，动态调整，保证施工"。材料、工具均由学生在教师和工人技师的指导下进行选择。

0.3.4 确定施工顺序或工艺流程

(1) 根据该工程的特点，本工程按照"自上而下、先湿后干、先基层后罩面、先墙后顶再地面、先粗装后精装"的原则进行平行流水施工。所有罩面板的封闭，须待水、电安装工程确认合格后方可进行。

(2) 具体从施工平面及立面空间来说，其施工顺序如下：

1) 平面安排上：先房间，后走廊、过道，最后楼梯出入口。

2) 局部安排上：先施工工序多、施工复杂的部位，后施工工序少、施工简单的部位。

3) 吊顶部分：从专业角度划分，先专业管线的安装，后吊顶骨架，最后饰面板的安装。

4) 墙面部分：先专业管线的安装，后墙体骨架，最后封饰面板。

5) 地面部分：先管线预埋，后垫层，最后面层。

6) 从空间上：墙体的骨架及管线与吊顶内管线平行施工，顶棚饰面板在安装前，要求墙面饰面板的安装及吊顶内的管线安装、保温及隐蔽工程验收完。

0.3.5 实例工程项目施工过程分解表（表0.1）

实例工程项目施工过程见表0.1。

表0.1 实例工程项目施工过程分解表

任务项目	装饰工艺过程		施工场所					
	工序	工艺	董事长办公室	会议室	接待室	餐厅	卫生间	电梯厅
1	抹灰工程	混合砂浆抹灰	√	√	√	√	√	√
2	门窗安装	铝合金和塑钢门窗安装	√	√	√		√	
3	隔墙施工	轻钢龙骨石膏板安装	√	√				
		轻钢龙骨泰柏板隔墙安装				√		
4	顶棚吊顶施工	安装轻钢龙骨配木龙骨造型顶棚			√			
		安装轻钢龙骨矿棉板顶棚				√		
		安装轻钢龙骨石膏板顶棚	√	√				
		安装铝扣板吊顶					√	
5	墙柱面装饰施工	木龙骨装饰板施工	√	√				
		安装墙面软包	√					
		墙面贴壁纸	√	√	√			
		墙面木饰面硝基木器油漆	√	√	√			
		墙面顶棚乳胶漆施工	√	√	√			√
		墙面饰面砖施工					√	
		墙面贴陶瓷锦砖					√	
		墙面干挂大理石施工			√	√		√
6	地面装饰施工	地面贴玻化砖						√
		地面铺设大理石				√		√
		地面铺设拼花实木地板	√					
		地面铺设强化复合地板				√		
		地面铺设地毯	√	√	√			

项目1 抹 灰 工 程

【学习目标】
通过本项目的施工操作过程,掌握抹灰工程所需要的材料质量要求、工艺流程、施工要点,对施工与质量验收规范熟悉,能进行基本的质量验收及通病防治。

任务1.1 施 工 准 备

1.1.1 认识抹灰工程的组成及其作用

抹灰一般分为三层,即底层、中层和面层,如图1.1所示。底层主要起与基层黏结和初步找平的作用;中层起找平的作用;面层起装饰的作用。

1.1.2 认识抹灰的分类

抹灰工程按使用的材料和装饰效果分为一般抹灰、装饰抹灰和特殊抹灰。

一般抹灰所用的材料有:水泥砂浆、水泥混合砂浆、聚合物水泥砂浆、膨胀珍珠岩水泥砂浆、石灰砂浆、麻刀灰、纸筋灰、石膏灰等。一般抹灰的装饰效果主要体现在其表面平整光洁,有均匀的色泽,轮廓与线条美观、清晰、挺拔等。

装饰抹灰的底层和中层与一般抹灰相同,但其面层材料往往有较大区别,装饰抹灰的面层材料主要有:水泥石子浆、水泥色浆、聚合物水泥砂浆等。装饰抹灰施工时常常需要采用较特殊的施工工艺,如水刷石、斩假石、干粘石、假面砖、喷涂、滚涂、弹涂等。装饰抹灰的装饰效果主要体现在较充分地利用所用材料的质感、色泽等获得美感,能形成较多的形状、纹路和轮廓。

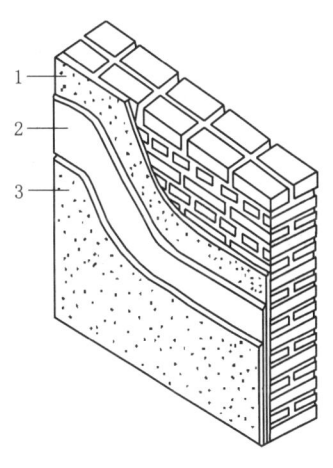

图1.1 抹灰组成
1—底层;2—中层;3—面层

特殊抹灰是指为了满足某些特殊的要求(如保温、耐酸、防水等)而采用保温砂浆、耐酸砂浆、防水砂浆等进行的抹灰。

1.1.3 技术准备

(1)熟悉施工图纸,依据技术交底和安全交底作好施工准备。
(2)及时做好材料试验和试配工作。
(3)完成材料的产品合格证书、性能检测报告、进场验收记录和复验报告。
(4)根据现场各工序、工种、不同队伍之间相互制约条件,确定抹灰施工顺序。

(5) 组织结构工程验收和工序交接检查工作。抹灰前对结构工程以及其他配合工种项目进行检查是确保抹灰质量和进度的关键。

1.1.4 材料准备

(1) 水泥：32.5级以上硅酸盐水泥、普通硅酸盐水泥，颜色一致，宜采用同一批号、同一品种、同一强度等级、同一生产厂家且连续进场的水泥，袋装不超过200t为一批，散装不超过500t为一批的产品。

(2) 砂：平均粒径0.35~0.5mm，砂颗粒要求坚硬洁净，不得含有黏土、碱质草根、树叶及其他有机物等有害物质，含泥量应不大于5%。砂在使用前应根据使用要求过不同孔径的筛子，筛好备用。

(3) 磨细粉煤灰：细度过0.08mm的方孔筛，其筛余量不大于5%，粉煤灰可取代水泥来拌制砂浆，其最多掺量不大于水泥用量的25%。

(4) 石灰膏：用石灰膏的熟化期不应少于15d，用块状生石灰淋制时，必须用孔径不大于3mm×3mm的筛过滤，并贮存在沉淀池中。在沉淀池中的石灰膏要加以保护，防止其干燥、冻结和污染。熟化时间，常温下一般不少于15d；用于罩面灰时，不应少于30d。使用时，石灰膏内不得含有未熟化的颗粒和其他杂质。

(5) 其他掺合料：108胶、外加剂，其掺入量应通过试验决定。

(6) 所用水泥、砂等无机非金属材料的放射性限量应符合《民用建筑工程室内环境污染控制规范》（2013年版）（GB 50325—2010）3.1.1条的规定。

1.1.5 常用工具

5mm及2mm孔径的筛子、大平锹、小平锹、软毛刷、钢丝刷、筷子笔、粉线包、喷壶、小水壶、水桶、分格条、笤帚、锤子、錾子、灰桶、灰槽、刮杠、靠尺、线坠、白线、钢卷尺、方尺、托灰板、铁抹子、木抹子、阴阳角抹子、捋角器、软水管等。

一般抹灰常用的工具如图1.2所示。

其他工具准备如图1.3所示。

1.1.6 施工条件

1.1.6.1 抹灰工程必须具备的施工条件

(1) 结构工程已经检查验收，并达到了相应的质量标准要求。

(2) 屋面防水工程已经完工，确保无渗漏问题。

(3) 门窗框安装位置正确，与墙体连接牢固。

(4) 连接处缝隙用1:3的水泥砂浆或1:1:6的水泥混合砂浆分层嵌塞密实，较大缝隙在砂浆中掺入少量麻刀嵌塞，将其填塞密实。

(5) 用塑料贴膜或薄钢板将门窗框加以保护。

(6) 将过梁、梁垫、圈梁及组合柱表面凸出部分混凝土剔平。

(7) 对蜂窝、麻面、露筋等应剔到实处。

(8) 刷素水泥浆一道（内掺水重10%的108胶），紧跟着用1:3的水泥砂浆分层补平。

(9) 脚手眼应堵严，外露钢筋头、镀锌钢丝头等要剔除，窗台砖应补齐。

(10) 内隔墙与楼板、梁底等交接处应用斜砖砌严。

任务1.1 施 工 准 备

砂筛子

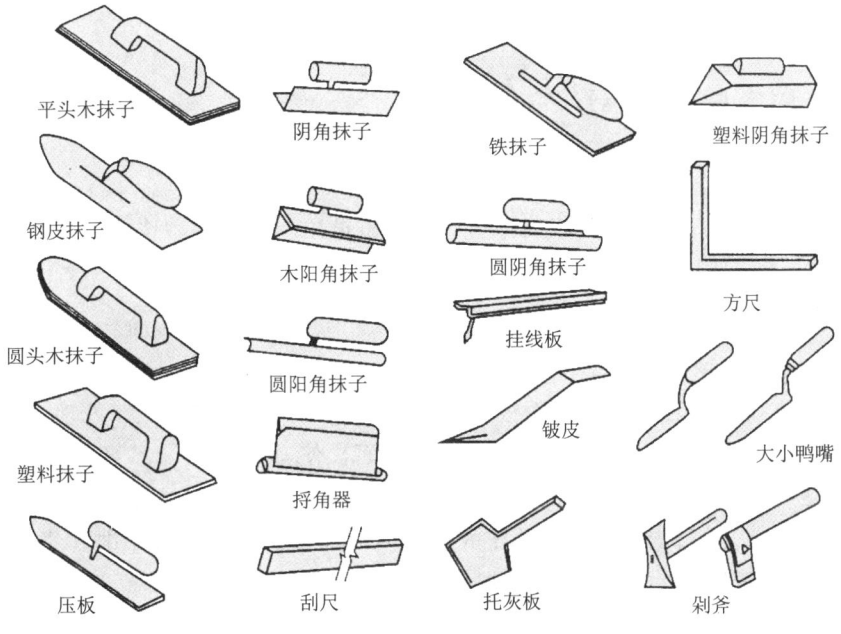

图1.2 常用抹灰工具

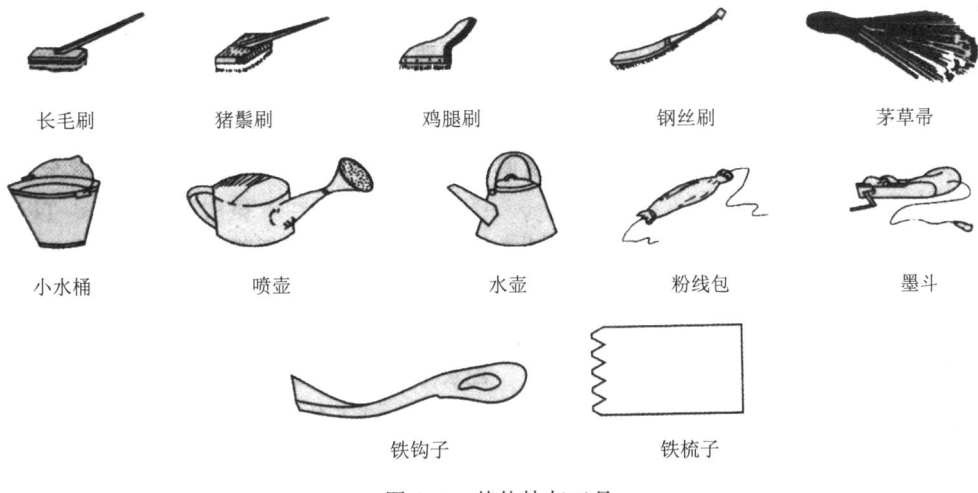

图1.3 其他抹灰工具

(11) 接线盒、电箱、管线、管道套管安装完毕,并检查验收合格。

(12) 施工环境温度不宜低于5℃。

1.1.6.2 浇水湿润

(1) 在进行抹灰施工之前,除对基层进行必要的处理外,还需要进行浇水湿润。浇水湿润的原因是确保抹灰砂浆与基体表面黏结牢固,防止干燥的抹灰基体吸水过快而造成抹灰砂浆脱水形成干裂,影响底层砂浆与墙面的黏结力,致使抹灰层出现空鼓、裂缝、脱落等质量问题。

(2) 浇水时将水管对着砖墙上部缓慢左右移动,使水沿着墙面缓缓流下,渗水深度以8~10mm为宜。厚度在120mm以上的砖墙,其浇水湿润应在抹灰的前一天进行。

任务 1.2 抹 灰 施 工

1.2.1 工艺流程

基层处理→吊垂直、套方、抹灰饼→冲筋、做护角→抹底层砂浆→抹中层砂浆→抹面层砂浆→养护。

1.2.2 操作工艺

1. 基层处理

(1) 混凝土墙面。若混凝土表面很光滑,应对其表面进行"毛化"处理,其方法有两种:一种是将其光滑的表面用尖钻剔毛,剔去光面,使其表面粗糙不平,用水湿润基层。另一种方法是将光滑的表面清扫干净,用10%火碱水除去混凝土表面的油污后,将碱液冲洗干净后晾干,采用机械喷涂或用笤帚甩上一层1∶1稀粥状水泥细砂浆(内掺20% 108胶水拌制),使其凝固在光滑的基层表面,以用手掰不动为好。

(2) 加气混凝土砌块、砖墙面。用笤帚将墙面上的粉尘扫净,浇水,将墙浸透,使水浸入加气砌块、砖面达10mm为宜。对缺棱掉角的砌块、砖的接缝处高差较大时,可用1∶1∶6水泥混合砂浆掺20% 108胶水拌和均匀,分层衬平,每遍厚度5~7mm。

2. 吊垂直、套方、抹灰饼

按基层表面平整垂直情况,用一面墙做基准,吊垂直、套方、找规矩,经检查后确定抹灰厚度,其厚度不得小于7mm,用水泥砂浆先在距顶棚300mm、距阴角100mm,距阳角500mm处各做一个上灰饼(标志块),大小为50mm见方,并切整齐方正;根据上灰饼,用靠尺板找正垂直定下灰饼,下灰饼距地面150mm,同时是暗踢脚、护角抹灰的依据。然后依据阴阳角及上下灰饼,按1200~1500mm间距将中间灰饼分别引线定出中间部位灰饼,注意定阴阳角灰饼时,要将阴阳角拉线纠正。

做灰饼方案如图1.4所示。

注意凡窗口、垛角处必须做标志块。

3. 冲筋、做护角

为控制墙顶角、墙角(踢角线)阴阳角顺直,在抹墙面灰前,以阴、阳角上下灰饼为依据,冲竖向软筋(若墙面高度超过3.5m则做横筋),其宽8cm,厚度与灰饼相平作为

任务1.2 抹 灰 施 工

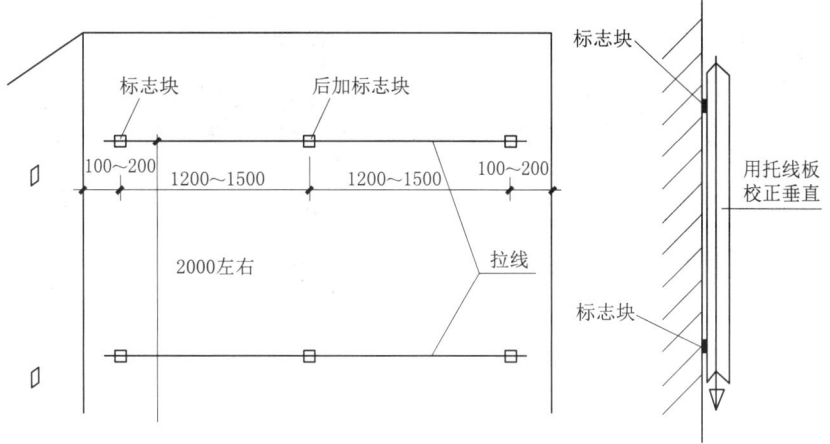

图1.4 找规矩做标志块（单位：mm）

罩面灰抹灰的标准，冲筋用的砂浆与底子灰砂浆相同，用刮尺将灰筋搓平搓直。

标筋样式如图1.5所示。

室内墙面、柱面的阳角和门窗洞口的阳角，根据砂浆饼和门窗框边离墙面的空隙，用方尺归方后，分别在阳角两边吊直和固定好靠尺板，用1∶3水泥砂浆打底与贴灰饼找平，待砂浆稍干后再用水泥砂浆抹成小圆角。用1∶2水泥砂浆做明护角（比底灰或冲筋高2mm）。

护角制作方法如图1.6所示。

用阳角抹子推出小圆角（图1.7），最后用靠尺板，在阳角两边50mm以外位置，以40°斜角将多余砂浆切除、清洁，其高度不应低于2m，过梁底部要规方。门窗口护角做完后应及时用清水刷洗门窗框上的水泥浆，如图1.8所示。

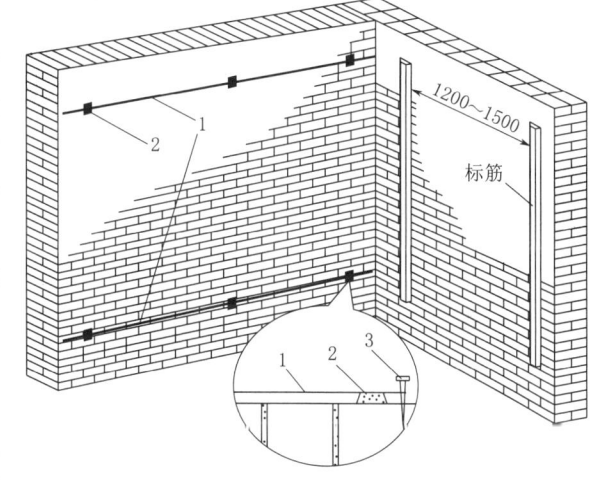

图1.5 做标志块及标筋结果（单位：mm）
1—引线；2—标志块；3—钉子

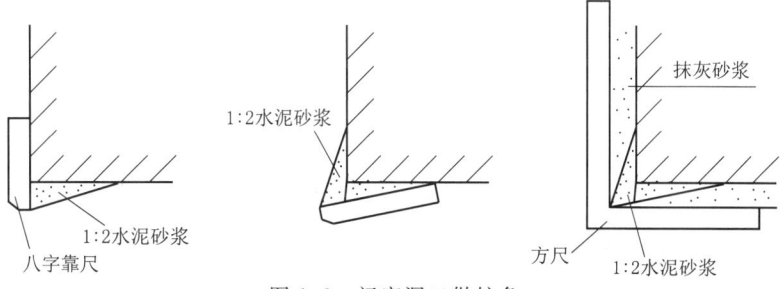

图1.6 门窗洞口做护角

图1.7 抒出小圆角

图1.8 抹阳角

4. 抹底层砂浆

刷掺水重10%的108胶水泥浆一道［水灰比为1水：（0.4～0.5）砂浆］，紧跟抹1水泥：3砂的水泥砂浆，每遍厚度为5～7mm，应分层与所冲筋抹平，并用大杠刮平、找直，木抹子搓毛，终凝后开始养护。若砂浆中掺入粉煤灰，则上述配合比可以改为1.5水泥：0.5粉煤灰：6砂。

墙体的阴角处，先用方尺上下核对方正，然后用阴角器上下拍动扯平，使室内四角方正，如图1.9所示。

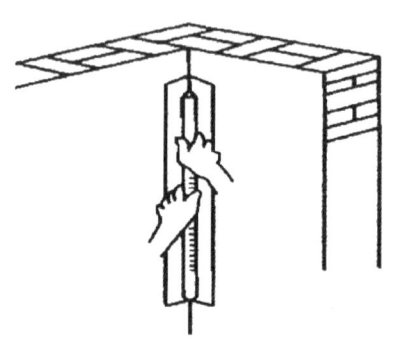
图1.9 阴角扯平找直

抹底子灰的时间应掌握好，不能过早，也不能过迟。一般情况下，标筋抹完就可以装档刮平。但要注意，如果标筋较软，则容易将标筋刮坏产生凹凸现象；如果标筋有强度时再装档刮平，待墙面砂浆收缩后，会出现标筋高于墙面的现象，因此产生抹灰面不平等质量通病。抹底层灰及中层灰如图1.10～图1.13所示。

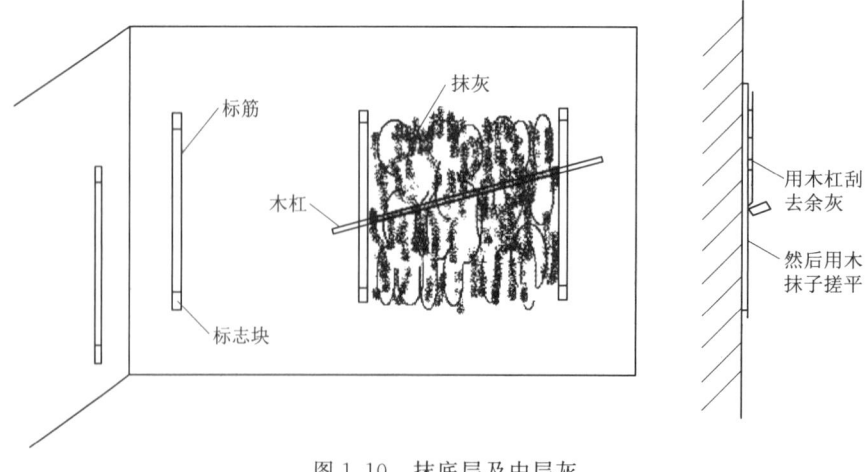
图1.10 抹底层及中层灰

图 1.11　抹底灰　　　　　　图 1.12　抹中层灰　　　　图 1.13　用木杠按标筋刮平

5. 抹中层砂浆

底层砂浆六七成干时，冲好横向软筋，根据筋面厚度抹中层砂浆，每遍厚度为 5～7mm 为宜，按先上后下顺序进行，先用钢抹子通压一遍，然后用塑料抹子顺抹子纹路至上而下拉成细毛纹路。

6. 抹面层砂浆

中层砂浆六七成干时，即可抹面层砂浆，首先按图纸尺寸弹线分格，粘分格条、滴水槽，再抹面层砂浆。面层砂浆配合比为 1∶2.5 水泥砂浆，厚度为 5～7mm。面层砂浆与分格条抹平，并用刮杠横竖刮平，木抹子搓毛，铁抹子溜光、压实。待其表面无明水时，用软毛刷蘸水垂直于地面向同一方向，轻刷一遍，以保证面层灰的颜色一致；避免和减少收缩裂缝。随后，将分格条起出，待灰层干后，用素水泥膏将缝勾好。对于难起的分格条，则不应硬起，防止棱角损坏，应待该层干透后再起，并补勾缝。

应注意在抹面层灰以前，先检查底层砂浆有无空、裂现象，如有空裂，应剔凿返修后再抹面层灰；还应注意底层砂浆上的尘土、污垢等应先清净，浇水湿润后，方可进行面层抹灰。

7. 养护

水泥砂浆抹灰层成活 24h 后应喷水养护。

任务 1.3　成　品　保　护

（1）门窗必须妥善保护，防止污染。门窗框上残存的砂浆应及时清理干净，铝合金门窗框装前应检查保护膜的完整，如采用水泥砂浆嵌缝时应用低碱性的水泥，缝塞好后应及时清理，并用洁净的棉丝将门窗框擦净。

（2）翻拆架子时要小心，防止损坏已抹好的水泥砂浆墙面，并应及时采取保护措施，防止因工序穿插造成污染和损坏，特别对边角处应钉木板保护。

（3）各抹灰层在凝结前应防止快干、暴晒、水冲、撞击和振动，以保证其灰层有足够的强度。

（4）油漆工刷油时注意油桶不要从架子上翻下去，以防污染墙面，且不可蹬踩窗台，防止损坏棱角。

（5）地面及管道背后及时清扫干净。

（6）保护好墙面的预埋件，管线槽、盒、电气设备等应进行封堵保护。

任务1.4 质量标准

抹灰工程验收时应检查以下文件和记录：抹灰工程施工图、设计说明及其他设计文件；材料的产品合格证书、性能检测报告、进场验收记录和复验报告；隐蔽工程验收记录（包括抹灰总厚度不小于35mm时的加强措施，不同材料基体交接处的加强措施）；施工记录。

各分项工程的检验批按下列规定划分：①相同材料、工艺和施工条件的室外抹灰工程每500~1000m^2应划分为一个检验批，不足500m^2也应划分为一个检验批；②相同材料、工艺和施工条件的室内抹灰工程每50个自然间（大面积房间和走廊按抹灰面积30m^2为一间）应划分为一个检验批，不足50间也应划分为一个检验批。

检查数量应符合下列规定：①室内每个检验批应至少抽查10%，并不得少于3间；不足3间应全数检查。②室外每个检验批每100m^2应至少抽查一处，每处不得少于10m^2。

1.4.1 主控项目

（1）所用材料的品种、质量必须符合设计和规范要求。

检验方法：检查产品合格证书、进场验收记录、复验报告和施工记录。

（2）各抹灰层之间，及抹灰层与基体之间必须黏结牢固，无脱层、空鼓，面层无爆灰和裂缝（风裂除外）等缺陷。

检验方法：观察，用小锤轻击检查，检查施工记录。

（3）当抹灰层总厚度不小于35mm时应采取加强网加强措施；不同材料基体交接处表面的抹灰应采取防止开裂的加强措施，当采取加强网时，加强网与各基体的搭接宽度不应小于100mm。

检验方法：检查隐蔽工程验收记录和施工记录。

1.4.2 一般项目

（1）普通抹灰：表面光滑、洁净，接槎平整，分格缝应清晰。

高级抹灰：表面光滑、洁净，颜色均匀，无抹纹，分格缝和灰线平直、方正、清晰美观。

检验方法：观察，手摸检查。

（2）抹灰前应检查钢、木、铝门窗框位置是否正确，与墙体连接是否牢固。连接处的缝隙应用水泥砂浆分层嵌塞密实。室内墙面、柱面和门洞口的阴角，宜用1∶2水泥砂浆做护角，其高度不应低于2m，每侧宽度不应小于50mm。

检验方法：观察，尺量检查。

（3）孔洞、槽、盒尺寸正确、方正、整齐、光滑，管道后面抹灰平整。

检验方法：观察。

（4）分格条（缝）宽度、深度均匀一致，条（缝）平整光滑，棱角整齐，横平竖直、通顺。

检验方法：观察。

（5）滴水线和滴水槽流水坡向正确，滴水线顺直，滴水槽宽度、深度均不小于10mm，整齐一致。

检验方法：观察，尺量检查。

（6）水泥（混合）砂浆抹灰工程质量的允许偏差和检验方法应符合表1.1的规定。

表1.1　　　　　　水泥（混合）砂浆抹灰允许偏差和检验方法

项次	项目	允许偏差/mm		检验方法
		普通	高级	
1	立面垂直度	4	3	用2m垂直检测尺检查
2	表面平整度	4	3	用2m靠尺及塞尺检查
3	阴角方正	4	3	用直角检测尺检查
4	分格条（缝）直线度	4	3	拉5m线，不足5m拉通线，用钢直尺检查
5	墙裙、勒脚上口直线度	4	3	拉5m线，不足5m拉通线，用钢直尺检查

注　1. 普通抹灰，本表第3项阴角方正可不检查。
　　2. 顶棚抹灰，本表第2项表面平整度可不检查，但应平顺。

1.4.3　质量要求

（1）门窗框边缝的塞缝宜当作一个工序由专人负责，以防漏塞或塞灰不实，使用中反复振动，在门窗框两侧产生空鼓、裂缝。

（2）罩面灰抹完之后，应待灰层具有一定硬度，手压变形不大，灰层表层水分已收干，再进行压实、赶光，最后用海绵收面，以防压光后出现起泡现象。

（3）分层抹灰时应在底层灰五六成干时开始下一层抹灰作业，如过干燥要适当喷水。敢压面层应掌握好时间，消除抹纹，用海绵收面。

（4）有管道设备的部位安装之前应提前抹好灰，并清扫干净。槽、垛按尺寸吊直、找平、压光，收边整齐，不甩零活。

1.4.4　质量问题与预防措施

1.4.4.1　墙面空鼓、裂缝

1. 主要原因

（1）基层处理不好，清扫不净，浇水不匀、不足。

（2）不同材料交接处未设加强网或加强网搭接宽度过小。

（3）原材料质量不符合要求，砂浆配合比不当。

（4）墙面脚手架眼填塞不当。

（5）一层抹灰过厚，各层之间间隔时间太短。

（6）养护不到位，尤其在夏季施工时。

2. 预防措施

（1）基层应按规定处理好，浇水应充分、均匀。

（2）按要求设置并固定好加强网。

（3）严格控制原材料质量，严格按配合比配合和搅拌砂浆。

(4) 认真填塞墙面脚手架眼。

(5) 严格分层操作并控制好各层厚度，各层之间的时间间隔应充足。

(6) 加强对抹灰层的养护工作。

1.4.4.2 窗台、阳台、雨篷等处抹灰的水平与垂直方向不一致

1. 主要原因

(1) 结构施工时，现浇混凝土或构件安装的偏差过大，抹灰时不易纠正。

(2) 抹灰前上下左右未拉水平和垂直通线，施工误差较大。

2. 预防措施

(1) 在结构施工阶段应尽量保证结构或构件的形状位置正确，减少偏差。

(2) 安装窗框时应找出各自的中心线并拉好水平通线，保证安装位置的正确。

(3) 抹灰前应在窗台、阳台、雨篷、柱垛等处拉水平和垂直方向的通线找平找正，每步均要起灰饼。

任务1.5 安全环保措施

1.5.1 安全措施

(1) 禁止搭设飞跳板，严禁从高处往下乱投东西。脚手架严禁搭设在门窗、暖气片、水暖等管道上。外架作业层下方必须满铺安全网，各层设围栏。出入口应搭设人行通道。

(2) 作业前应检查脚手架和跳板是否搭设牢固，高度是否满足作业要求，凡不符合安全作业要求的应及时修整。

(3) 在两层脚手架上操作时，应尽量避免在同一垂直线上工作，必须同时作业时，下层操作人员必须正确佩戴安全帽。

(4) 脚手架搭设应符合《建筑施工扣件式钢管脚手架安全技术规范》（JGJ 130—2001）、《建筑施工门式钢管脚手架安全技术规范》（JGJ 128—2000）、《建筑施工安全检查标准》（JGJ 59—2011）的相关要求。

(5) 作业过程中应安全用电，遵守《施工现场临时用电安装技术规范》（JGJ 46—2005）的要求。

(6) 建立健全的安全生产保证体系、应急预案，对施工人员进行安全教育和交底。

1.5.2 环保措施

(1) 清理施工现场时严禁从高处向下抛撒垃圾废料，以防造成粉尘污染。

(2) 在施工过程中应防止噪声污染，在施工场界噪声敏感区域宜选择使用低噪声的设备，也可以采取其他降低噪声的措施。

(3) 施工过程中产生的废水、废弃物等应收集于统一位置，集中处理，不得随意排放、倾倒，污染环境。

(4) 施工所用材料应符合《民用建筑工程室内环境污染控制规范》（2013年版）（GB 50325—2010）的要求。

项目 2 楼 地 面 工 程

【学习目标】
通过本项目的操作,学习掌握整体面层、块材面层、竹木面层、石材面层以及地毯面层等装饰工程所需要的条件、工艺流程、施工要点,熟悉装饰施工与质量验收规范,能进行基本的质量验收。

子项目 2.1 地 面 垫 层

2.1.1 水泥混凝土垫层

2.1.1.1 施工准备

1. 技术准备

(1) 水泥混凝土垫层下的基土(层)或结构工程应已按设计要求施工完成并验收合格。

(2) 铺设前应根据设计要求通过试验确定配合比。

2. 材料准备

(1) 水泥:宜采用普通硅酸盐水泥或矿渣硅酸盐水泥,其强度等级应在32.5级以上。

(2) 砂:应选用水洗中砂或粗砂,含泥量不大于3%。

(3) 石子:卵石或碎石,最大粒径不大于垫层厚度的2/3,含泥量不大于2%。

3. 主要机具

主要机具包括混凝土搅拌机、翻斗车、手推车、计量器、平板振捣器、筛子、木耙、铁锹、小线、钢尺、胶皮管、木拍板、刮杠等。

4. 作业条件

(1) 应对已经覆盖的隐蔽工程进行验收且合格,并进行隐检会签。

(2) 施工前,应做好水平标志,以控制铺设的高度和厚度,可采用竖尺、拉线、弹线等方法。

(3) 楼板孔洞均已进行了可靠封堵。

(4) 对所有作业人员已进行了技术交底,特殊工种必须持证上岗。

(5) 作业时的环境如天气、温度、湿度等状况应满足施工质量可达到标准的要求。

(6) 基层清理干净,检验合格。

2.1.1.2 施工工艺

1. 工艺流程

基层处理→确定标高→搅拌混凝土→铺设→振捣→找平→养护。

2. 操作工艺

(1) 基层处理。把沾在基层上的浮浆、落地灰等用錾子或钢丝刷清理掉，再用扫帚将浮土清扫干净，或用清灰机清理结构面浮浆。

(2) 确定标高。根据水平标准线和设计厚度，在四周墙、柱上弹出垫层的上平标高控制线。按线拉水平线抹找平墩（60mm×60mm）见方，与垫层完成面同高，用豆石混凝土，间距双向不大于 2m。有坡度要求的地面应按设计坡度要求拉线，抹出坡度墩。

(3) 搅拌混凝土。

1) 混凝土的配合比应根据设计要求通过试验确定。

2) 投料必须严格过磅，精确控制配合比。每盘投料顺序为石子→水泥→砂→水，应严格控制用水量，控搅拌要均匀，搅拌时间不少于 90s。

(4) 铺设。铺设前应将基底湿润，并在基底上刷一道素水泥浆或界面结合剂，随涂刷随铺混凝土，将搅拌均匀的混凝土，从房间内退着往外铺设。

(5) 振捣。用铁锹铺混凝土，厚度略高于找平墩，随即用平板振捣器振捣。厚度超过 200mm 时，应采用插入式振捣器，其移动距离不大于作用半径的 1.5 倍，做到不漏振，确保混凝土密实。

(6) 找平。混凝土振捣密实后，以墙柱上的水平控制线和找平墩为标志，检查平整度，高的铲掉，凹处补平。用水平刮杠刮平，然后表面用木抹子搓平。有坡度要求的，应按设计要求的坡度做。

(7) 养护。应在施工完成后 12h 左右覆盖和洒水养护，严禁上人，一般养护期不得少于 7d。

冬季施工时，环境温度不得低于 5℃。如果在负温下施工时，所掺抗冻剂必须经过试验室试验合格后方可使用。不宜采用氯盐、氨等作为抗冻剂，必须使用时掺量必须严格按照规范规定的控制量和配合比通知单的要求加入。

2.1.1.3 质量标准

1. 主控项目

(1) 砂应选用中砂，粒径不得大于 5mm，并不得含有草根、贝壳等有机杂质；检验碎砖的质量，其粒径不得大于 60mm，不得采用风化、酥松和含有有机杂质的砖料。

(2) 混凝土强度等级符合设计要求，且不应小于 C10。

检验方法：与《建筑地面工程施工质量验收规范》（GB 50209—2010）中的规定相同。

2. 一般项目

混凝土垫层表面的允许偏差应符合《建筑地面工程施工质量验收规范》（GB 50209—2010）中的规定。

检验方法：与《建筑地面工程施工质量验收规范》（GB 50209—2010）中的规定相同。

3. 质量要求

(1) 应连续进行，尽快完成。

(2) 在雨季应有防雨措施，防止造成水灰比控制不准，冬季应有保温防冻措施，防止受冻；在雨、雪、低温、强风条件下，在室外或露天不宜进行水泥混凝土垫层作业。

(3) 混凝土应密实，表面平整。

2.1.1.4　成品保护

(1) 对所覆盖的隐蔽工程要有可靠保护措施,不得因浇筑混凝土造成漏水、堵塞、破坏或降低等级。

(2) 混凝土垫层完工后在养护过程中应进行遮盖和拦挡,避免受侵害。

2.1.1.5　安全、环保措施

1. 安全措施

(1) 线路、设备,特别是设备接头要有接地保护措施。小型电动工具,必须安装漏电保护装置,使用时应经试运转合格后方可操作。现场维护电工应持证上岗,非电工不得私自接电源。

(2) 电源、电压须与电动机具的铭牌电压相符,电动机具移动应先断电后移动,下班或使用完毕必须拉闸断电。

(3) 操作人员应佩戴好劳动防护用品。

2. 环保措施

(1) 在运输、堆放、施工过程中应注意避免扬尘、遗撒、沾带等现象,应采取遮盖、封闭、洒水、冲洗等必要措施。

(2) 运输、施工所用车辆、机械的废气、噪声等应符合环保要求。

2.1.2　陶粒混凝土垫层

2.1.2.1　施工准备

1. 技术准备

(1) 陶粒混凝土垫层下的基土(层)或结构工程应已按设计要求施工完成并验收合格。

(2) 铺设前应根据设计要求通过试验确定配合比。

2. 材料准备

(1) 陶粒(图 2.1)。

图 2.1　陶粒

页岩陶粒:粒径 5～30mm,松散密度为 500～700kg/m³,吸水率 3.5%～5%(干燥状态下 30min 计),未熟化的片状物应小于 10%～15%,粉末及粒径小于 5mm 的颗粒含量应小于 5%。

黏土陶粒:粒径 5～30mm,松散密度为 580～680kg/m³,吸水率 8.3%～10%(干燥状态下 1h 计),粉末及粒径小于 5mm 的含量应小于 5%。

粉煤灰陶粒:粒径 5～15mm,密度为 630～700kg/m³,吸水率 16%～17%(干燥状态下 1h 计),粒径小于 5mm 或大于 15mm 的颗粒含量均不应大于 5%。并不得混夹杂物或黏土块。

(2) 砂。中砂或粗砂,含泥量当混凝土强度等级在 C10～C30 之间时不大于 5%。

(3) 水泥。一般采用 32.5 级、42.5 级的矿渣硅酸盐水泥或普通硅酸盐水泥。

(4) 外加剂。掺量必须通过试验确定,并按有关技术规定执行。

3. 主要机具

主要机具包括强制式混凝土搅拌机或自落式混凝土搅拌机、磅秤、窄手推车、外加剂、平板振捣器、平锹、拍板、铁滚筒、小铁锤、錾子、钢丝刷、毛刷、半截大桶、小水桶、胶皮水管、木抹子、小水壶、2～3m 木杠、5mm 和 30mm 孔径筛子等。

4. 作业条件

（1）主体结构工程质量已办完验收手续，门框安装完，+50cm 水平标高线已弹在四周墙上。

（2）穿过楼板的暖卫管线已安装完，管洞已浇筑细石混凝土并填塞密实。铺设在楼板上的电气管线已办完隐检手续。

（3）陶粒混凝土的配合比通过试验室确定。

（4）如果是在预制钢筋混凝土楼板上做垫层，必须将板缝用不小于 C20 的细石混凝土浇筑密实。

（5）冬期施工室内温度应保持在 5℃ 以上。

2.1.2.2 施工工艺

1. 工艺流程

基层处理→找标高弹水平控制线→陶粒过筛、水闷→搅拌→铺设陶粒混凝土→养护。

2. 操作工艺

（1）基层处理。把沾在基层上的浮浆、落地灰等用錾子或钢丝刷清理掉，再用扫帚将浮土清扫干净。

（2）找标高弹水平控制线。根据水平标准线和设计厚度，在四周墙、柱上弹出垫层的上平标高控制线。按线拉水平线抹找平墩（60mm×60mm 见方，与垫层完成面同高，用豆石混凝土），间距双向不大于 2m。有坡度要求的房间应按设计坡度要求拉线，抹出坡度墩。

（3）陶粒过筛、水闷。为了清除陶粒中的杂物和细粉末，陶粒进场后要过两遍筛。第一遍用大孔径筛（筛孔为 30mm），第二遍过小孔径筛（筛孔为 5mm），使 5mm 粒径含量控制在不大于 5% 的要求范围内，在浇筑垫层前应在陶粒堆上均匀浇水，将陶粒闷透，水闷时间应不少于 5d。

（4）搅拌。先将骨料、水泥、水和外加剂均按重量计量。骨料的计量允许偏差应小于 ±3%，水泥、水和外加剂计量允许偏差应小于 ±2%。由于陶粒预先进行水闷处理，因此搅拌前根据抽测陶粒的含水率，调整配合比的用水量。

采用自落式搅拌机的加料顺序是：先加 1/2 的用水量，然后加入粗细骨料和水泥，搅拌约 1min，再加剩余的水量，继续搅拌不少于 2min。

采用强制式搅拌机的加料顺序是：先加细骨料、水泥和粗骨料，搅拌约 1min，再加水继续搅拌不少于 2min。

搅拌时间比普通混凝土稍长，约 3min。

（5）铺设陶粒混凝土。浇筑陶粒混凝土垫层其厚度不得小于 60mm，强度等级应不小于 C10。在已清理干净的基层上洒水湿润。涂刷水灰比为 0.4～0.5 的水泥浆结合层。

铺已搅拌好的陶粒混凝土，用铁锹将混凝土铺在基层上，以已做好的找平墩为标准将灰铺平，比找平堆高出 3mm，然后用平板振捣器振实找平。如厚度较薄时，可随铺随用铁锹和特制木拍板拍压密实,并随即用大杠找平,用木抹子搓平或用铁滚滚压密实,全部操作过程要在 2h 内完成。

浇筑陶粒混凝土垫层时尽量不留或少留施工缝,如必须留施工缝时,应用木方或木板挡好断槎处,施工缝最好留在门口与走道之间,或留在有实墙的轴线中间,接槎时应在施工缝处涂刷水泥浆(水灰比为 0.4~0.5)结合层,再继续浇筑。浇筑后应进行洒水养护,强度达 1.2MPa 后方可进行下道工序操作。

(6)养护。应在施工完成后 12h 左右覆盖和洒水养护,严禁上人,一般养护期不得少于 7d。

冬季施工时,陶粒上洒水不得受冻,应有足够的保温材料覆盖。室内环境温度不得低于 5℃。如果在负温下施工时,所掺抗冻剂必须经过试验室试验合格后方可使用。不宜采用氯盐、氨等作为抗冻剂,必须使用时掺量必须严格按照规范规定的控制量和配合比通知单的要求加入。

2.1.2.3 质量标准

1. 主控项目

(1)陶粒混凝土填充层的材料质量必须符合设计要求和国家产品标准的规定。

检验方法:观察检查和检查材质合格证明文件、检测报告。

(2)陶粒混凝土填充层的配合比必须符合设计要求。

检验方法:观察检查和检查配合比通知单。

2. 一般项目

(1)陶粒混凝土填充层铺设应密实;板块状材料填充层应压实、无翘曲。

检验方法:观察检查。

(2)陶粒混凝土填充层表面的允许偏差应符合表 2.1 的规定。

检验方法:用 2m 靠尺和楔形塞尺检查。

(3)陶粒混凝土垫层允许偏差表 2.1。

表 2.1　　　　　　　　　　陶粒混凝土垫层允许偏差

项次	项目	允许偏差/mm	检验方法
1	表面平整度	10	用 2m 靠尺和楔形塞尺检查
2	标高	±10	用水准仪检查
3	坡度	不大于房间相应尺寸的 2/1000,且不大于 30	用坡度尺检查
4	厚度	在个别地方不大于设计厚度的 1/10,且不大于 20	用钢尺检查

3. 质量要求

(1)应连续进行,尽快完成。

(2)在雨季应有防雨措施,防止造成水灰比控制不准;冬季应有保温防冻措施,防止受冻;在雨、雪、低温、强风条件下,在室外或露天不宜进行水泥混凝土垫层作业。

(3)混凝土应密实,表面平整。

2.1.2.4 成品保护

(1)垫层施工过程中不得碰撞门框、管线和已完的立墙装修面层。

(2) 施工完的垫层应注意养护，常温 3d 后方能进行面层施工。

(3) 垫层浇筑完满足养护时间后，可继续进行面层施工。如继续施工时应对垫层加以覆盖保护，避免在垫层上搅拌砂浆、存放油漆桶等物，以免污染垫层，影响面层与垫层的黏结力，而造成面层空鼓。

2.1.2.5 安全、环保措施

1. 安全措施

同 2.1.1.5。

2. 环保措施

同 2.1.1.5。

子项目 2.2 水泥砂浆找平层

2.2.1 施工准备

1. 技术准备

(1) 基土（层）或结构工程应已按设计要求施工并验收合格。

(2) 基层标高、管道埋设符合设计要求，并经验收合格。

(3) 有防水要求的建筑地面工程，铺设前必须对立管、套管和地漏与楼板节点之间进行密封处理；排水坡度应符合设计要求。

(4) 在预制钢筋混凝土板上铺设找平层前，板缝填嵌的施工应符合下列要求：

1) 预制钢筋混凝土板相邻缝底宽不应小于 20mm。

2) 填嵌时，板缝内应清理干净，保持湿润。

3) 填缝应采用细石混凝土，其强度等级不得小于 C20。填缝高度应低于板面 10~20mm，且振捣密实；填缝后应养护。当填缝混凝土的强度等级达到 C15 后方可继续施工。

4) 当板缝底宽大于 40cm 时，应按设计要求配置钢筋。

(5) 在预制钢筋混凝土板上铺设找平层时，其板端应按设计要求做防裂的构造措施。

(6) 混凝土结构板表面应清理干净，用钢丝刷和錾子刷净、剔掉灰浆皮和灰渣层。

(7) 雨季施工应有排水设施，施工中应有防雨措施，如石粉渣垫层遭受雨淋浸泡，应及时排干石粉渣垫层的积水；若基土被泡软，应将松软的灰土基土挖去，并补填夯实。

(8) 冬期施工应注意石粉不得含有冻块，并采取措施防止石粉内水分冻结。

2. 材料准备

(1) 水泥：宜采用硅酸盐水泥、普通硅酸盐水泥或矿渣硅酸盐水泥，其强度等级应在 32.5 级以上。水泥进场后应按规定进行抽样复验，其各项性能指标应符合《通用硅酸盐水泥》（GB 175—2007）的相关规定。严禁使用过期的水泥或将不同品种、强度等级的水泥混用。

水泥进场后应直接进入专用仓库，架空堆放，并有良好的防雨防潮措施，受潮结块的水泥不应使用。

(2) 砂：应采用中砂或粗砂，过 8mm 孔径筛子，含泥量不应大于 3%。石粉渣中不得含有草根、垃圾等有机杂质，含泥量不超过 3%。冬期施工时，材料中不得含有冰

冻块。

3. 主要机具

主要机具包括搅拌机、手推车、木刮杠、木抹子、铁抹子、劈缝溜子、喷壶、铁锹、小水桶、长把刷子、扫帚、钢丝刷、粉线包、錾子、锤子。

4. 作业条件

（1）地面（或楼面）的垫层以及预埋在地面内各种管线已做完，穿过楼面的竖管已安完，管洞已堵塞密实。

（2）墙面的+100cm水平标高线已弹在四周墙上。

（3）墙、顶抹灰已做完，基土已铺设完毕，密实度经检验符合设计要求，并办理隐检手续。

2.2.2 施工工艺

1. 工艺流程

基层处理→找标高、弹线→洒水湿润→抹灰饼和标筋→搅拌砂浆→刷水泥浆结合层→铺水泥砂浆面层→木抹子搓平→铁抹子压光→养护。

2. 操作工艺

（1）基层处理。先将基层上的灰尘扫掉，用钢丝刷和錾子刷净、剔掉灰浆皮和灰渣层。

（2）找标高、弹线。根据墙上的+100cm水平线，往下量测出面层标高，并弹在墙上。

（3）洒水湿润。用喷壶将地面基层均匀洒水一遍。

（4）抹灰饼和标筋（或称冲筋）。根据房间内四周墙上弹的面层标高水平线，确定面层抹灰厚度（不应小于20mm），然后拉水平线开始抹灰饼（5cm×5cm），横竖间距为1.5～2.0m，灰饼上平面即为地面面层标高。

如果房间较大，为保证整体面层平整度，还须抹标筋（或称冲筋），将水泥砂浆铺在灰饼之间，宽度与灰饼相同，用木抹子拍抹成与灰饼上表面相平一致。

（5）搅拌砂浆。水泥砂浆的体积比宜为1:3（水泥:砂），其稠度不应大于35mm，为了控制加水量，应使用搅拌机搅拌均匀，颜色一致。

（6）刷水泥浆结合层。在铺设水泥砂浆之前，应涂刷水泥浆一层，其水灰比为0.4～0.5（涂刷之前要将抹灰饼的余灰清扫干净，再洒水湿润），涂刷面积不要过大，随刷随铺面层砂浆。

（7）铺水泥砂浆面层。涂刷水泥浆之后紧跟着铺水泥砂浆，在灰饼之间（或标筋之间）将砂浆铺均匀，然后用木刮杠按灰饼（或标筋）高度刮平。铺砂浆时如果灰饼（或标筋）已硬化，木刮杠刮平后，同时将利用过的灰饼（或标筋）敲掉，并用砂浆填平。

（8）木抹子搓平。木刮杠刮平后，立即用木抹子搓平，从内向外退着操作，并随时用2m靠尺检查其平整度。

（9）铁抹子压光。当设计要求需要压光时，采用铁抹子压光。

1）第一遍压光：木抹子抹平后，立即用铁抹子压第一遍，直到出浆为止。如果砂浆过稀表面有泌水现象时，可均匀撒一遍干水泥和砂（1:1）的拌合料（砂子要过3mm

筛），再用木抹子用力抹压，使干拌料与砂浆紧密结合一体，吸水后用铁抹子压平。

2）第二遍压光：面层砂浆初凝后，人踩上去有脚印但不下陷时，用铁抹子压第二遍，边抹压边把坑凹处填平，要求不漏压，表面压平、压光。有分格的地面压过后，应用溜子溜压，做到缝边光直、缝隙清晰、缝内光滑顺直。

3）第三遍压光：在水泥砂浆终凝前进行（人踩上去稍有脚印），铁抹子抹上去不再有抹纹时，用铁抹子把第二遍抹压时留下的全部抹纹压平、压实、压光（必须在终凝前完成）。并注意充分夯压实。经检验密实度合格后方可进行上一层施工。

（10）养护。地面压光完工后24h，铺锯末或其他材料覆盖洒水养护，保持湿润，养护的时间不少于7d。当抗压强度达5MPa才能上人。

2.2.3 质量标准

1. 主控项目

（1）找平层采用的碎石或卵石的粒径不应大于其厚度的2/3，含泥量不应大于2%；砂为中粗砂，其含泥量不应大于3%。

检验方法：观察检查和检查质量合格证明文件。

（2）水泥砂浆体积比或强度等级应符合设计要求，且水泥砂浆体积比不应小于1∶3（或相应的强度等级）。

检验方法：观察检查或检查配合比通知单及检测报告。

（3）有防水要求的建筑地面工程的立管、套管严禁渗漏，坡向应正确、无积水。

检验方法：观察检查和蓄水、泼水检验及坡度尺检查。

（4）水泥采用硅酸盐水泥、普通硅酸盐水泥，其强度等级不应小于32.5级，不同品种、不同强度等级的水泥严禁混用；砂应为中粗砂，当采用石屑时，其粒径应为1～5mm，且含泥量不应大于3%。

检验方法：观察检查和检查材质合格证明文件及检测报告。

（5）水泥砂浆面层的体积比（强度等级）必须符合设计要求；且体积比应为1∶2，强度等级不应小于M15。

检验方法：检查配合比通知单和检测报告。

（6）面层与下一层应结合牢固，无空鼓、裂纹。

检验方法：用小锤轻击检查。注：空鼓面积不应大于400cm^2，且每自然间（标准间）不应多于2处。

2. 一般项目

（1）找平层与其下一层结合牢固，不得有空鼓。

检验方法：用小锤轻击检查。

（2）找平层表面应密实，不得有起砂、蜂窝和裂缝等缺陷。

（3）水泥砂浆面层的厚度应符合设计要求，且不应小于20mm。

（4）面层表面的坡度应符合设计要求，不得有倒泛水和积水现象。

检验方法：观察和采用泼水或坡度尺检查。

（5）面层表面应洁净、无裂纹、脱皮、麻面、起砂等缺陷。

检验方法：观察检查。

(6) 踢脚线与墙面应紧密结合，高度一致，出墙厚度均匀。

检验方法：用小锤轻击、钢尺和观察检查。注：局部空鼓长度不应大于300mm，且每自然间（标准间）不多于2处可计。

(7) 楼梯踏步的宽度、高度应符合设计要求。楼层梯段相临踏步高度差不应大于10mm，每踏步两端宽度差不应大于10mm；旋转楼梯梯段的每踏步两端宽度的允许偏差为5mm。楼梯踏步的齿角应整齐，防滑条应顺直。

检验方法：观察和用钢尺检查。

3. 质量要求

(1) 找平层所用材质的品种、强度（配合比）应符合设计要求和施工规范的规定。

(2) 面层与基层的结合必须牢固，无空鼓缺陷。

(3) 表面平整、无砂眼。

2.2.4 成品保护

(1) 水泥砂浆找平层拌和时，注意不得将稳固电管的细石混凝土碰松动，通过地面的竖管也要加以保护。

(2) 找平层铺设完毕，应尽快进行面层施工，防止长期暴露、行车、走人，造成面层损坏。

2.2.5 安全、环保措施

1. 安全措施

(1) 加强对作业人员的安全、环境意识教育，严格遵守环境、职业健康、安全作业的有关规定。

(2) 施工前应进行安全技术交底，使操作人员清楚地认识到该工程应注意哪些不利因素，并加以高度预防，施工过程中班组每天坚持班前安全例会，交代安全注意事项。

(3) 根据工程实际及所使用的机械设备等情况采取可行的安全防护措施。

(4) 石粉渣垫层拌和、铺设，操作人员应戴口罩、风镜、手套、套袖等劳动防护用品，并站在上风头处作业。

(5) 清理基土时，不得从窗口、留洞直接向外抛掷废土、垃圾杂物。

2. 环保措施

(1) 粉尘的排放控制：对土、石灰等材料进行遮盖，并四周围护，材料拉运应进行清扫。

(2) 污水排放控制：搅拌机处应设置污水沉淀池，污水应排入沉淀池内，经沉淀后排入市政排污管网。

(3) 施工垃圾应装入水泥袋或编织袋内统一运走，不得到处抛撒，外运时应进行遮盖，防止尘土飞扬，造成大气污染。

(4) 土、石灰拌和配比应选定地点，并进行封闭围护，防止粉尘飞扬，同时操作人员应佩戴口罩，防止吸入粉尘。

(5) 优先选用机拌砂浆。

(6) 大门口处应设车辆冲洗池，对外出车辆进行清洗，防止污染市政道路。

子项目 2.3 整 体 面 层

2.3.1　水泥砂浆面层

2.3.1.1　施工准备

1. 技术准备

(1) 水泥砂浆面层下的各层做法应已按设计要求施工并验收合格。

(2) 铺设前应根据设计要求通过实验确定配合比。

2. 材料准备

(1) 水泥。宜采用硅酸盐水泥、普通硅酸盐水泥或矿渣硅酸盐水泥，其强度等级应在 32.5 级以上。水泥进场后应按规定进行抽样复验，其各项性能指标应符合相关标准规定。严禁使用过期的水泥或将不同品种、强度等级的水泥混用。

(2) 水泥进场后应直接进入专用仓库，架空堆放，并有良好的防雨防潮措施，受潮结块的水泥不应使用。

(3) 砂。应采用中砂或粗砂，当选用石屑时其粒径为 1～5mm，过 8mm 孔径筛子，含泥量不应大于 3%。石粉渣中不得含有草根、垃圾等有机杂质，含泥量不超过 3%。冬期施工时，材料中不得含有冰冻块。

3. 主要机具

主要机具包括砂浆搅拌机、手推车、计量器、筛子、木耙、铁锹、小线、钢尺、胶皮管、木拍板、刮杠、木抹子、铁抹子等。

4. 作业条件

(1) 配合比已经试验确定。

(2) 应已对所覆盖的隐蔽工程进行验收并进行隐检会签。

(3) 基层清理干净，浇捣前一天应洒水湿润。

(4) 门框及预埋件已安装并验收。

(5) 施工前，应做好水平标志，以控制铺设的高度和厚度，可采用竖尺、拉线、弹线等方法。

(6) 对所有作业人员进行技术交底，特殊工种必须持证上岗。

(7) 作业时的环境如天气、温度、湿度等状况应满足施工质量可达到标准的要求。

(8) 如有泛水和坡度，垫层的泛水和坡度应符合设计要求。

2.3.1.2　施工工艺

1. 工艺流程

基层处理→找标高、弹线→洒水湿润→抹灰饼和标筋→搅拌砂浆→刷水泥浆结合层→铺水泥砂浆面层→木抹子搓平→铁抹子压实压光→养护。

2. 操作工艺

(1) 基层处理。先将基层上的灰尘扫掉，用钢丝刷和錾子刷净、剔掉灰浆皮和灰渣层。

(2) 找标高、弹线。根据墙上的 +100cm 水平线，往下量测出面层标高，并弹在墙上。

(3) 洒水湿润。用喷壶将地面基层均匀洒水一遍。

(4) 抹灰饼和标筋（或称冲筋）。根据房间内四周墙上弹的面层标高水平线，确定面层抹灰厚度（不应小于20mm），然后拉水平线开始抹灰饼（5cm×5cm），横竖间距为1.5~2.0m，灰饼上平面即为地面面层标高。

如果房间较大，为保证整体面层平整度，还须抹标筋（或称冲筋），将水泥砂浆铺在灰饼之间，宽度与灰饼相同，用木抹子拍抹成与灰饼上表面相平一致。

(5) 搅拌砂浆。水泥砂浆的体积比宜为1水泥：3砂，其稠度不应大于35mm，为了控制加水量，应使用搅拌机搅拌均匀，颜色一致。

(6) 刷水泥浆结合层。在铺设水泥砂浆之前，应涂刷水泥浆一层，其水灰比为1水泥：(0.4~0.5)水的素水泥浆（涂刷之前要将抹灰饼的余灰清扫干净，再洒水湿润），不要涂刷面积过大，随刷随铺面层砂浆。

(7) 铺水泥砂浆面层。涂刷水泥浆之后紧跟着铺水泥砂浆，在灰饼之间（或标筋之间）将砂浆铺均匀，然后用木刮杠按灰饼（或标筋）高度刮平。铺砂浆时如果灰饼（或标筋）已硬化，木刮杠刮平后，同时将利用过的灰饼（或标筋）敲掉，并用砂浆填平。

(8) 木抹子搓平。木刮杠刮平后，立即用木抹子搓平，从内向外退着操作，并随时用2m靠尺检查其平整度。

(9) 铁抹子压实压光。

1) 铁抹子第一遍压实：木抹子抹平后，立即用铁抹子压第一遍，直到出浆为止，如果砂浆过稀表面有泌水现象时，可均匀撒一遍干水泥和砂（1水泥：1砂）的拌合料（砂子要过3mm筛），再用木抹子用力抹压，使干拌料与砂浆紧密结合一体，吸水后用铁抹子压平。

2) 第二遍压光：面层砂浆初凝后，人踩上去有脚印但不下陷时，用铁抹子压第二遍，边抹压边把坑凹处填平，要求不漏压，表面压平、压光。有分格的地面压过后，应用溜子溜压，做到缝边光直、缝隙清晰、缝内光滑顺直。

3) 第三遍压光：在水泥砂浆终凝前进行第三遍压光（人踩上去稍有脚印），铁抹子抹上去不再有抹纹时，用铁抹子把第二遍抹压时留下的全部抹纹压平、压实、压光（必须在终凝前完成）。并注意充分夯压实。经检验密实度合格后方可进行上一层施工。

(10) 养护。地面压光完工后24h，铺锯末或其他材料覆盖洒水养护，保持湿润，养护的时间不少于7d，当抗压强度达5MPa才能上人。

2.3.1.3 质量标准

1. 主控项目

(1) 当面层选用石屑时，其粒径为1~5mm，含泥量不应大于2%；砂为中粗砂，其含泥量不应大于3%。

检验方法：观察检查和检查材质合格证明文件及检测报告。

(2) 水泥砂浆体积比应符合设计要求，且水泥砂浆体积比不应小于1：2（或相应的强度等级）。

检验方法：观察检查或检查配合比通知单及检测报告。

(3) 有防水要求的建筑地面工程的立管、套管严禁渗漏，坡向应正确、无积水。

检验方法：观察检查和蓄水、泼水检验及坡度尺检查。

(4) 水泥采用硅酸盐水泥、普通硅酸盐水泥，其强度等级不应小于 32.5 级，不同品种、不同强度等级的水泥严禁混用；砂应为中粗砂，当采用石屑时，其粒径应为 1～5mm，且含泥量不应大于 3%。

检验方法：观察检查和检查材质合格证明文件及检测报告。

(5) 水泥砂浆面层的体积比（强度等级）必须符合设计要求；且体积比应为 1∶2，强度等级不应小于 M15。

检验方法：检查配合比通知单和检测报告。

(6) 面层与下一层应结合牢固，无空鼓、裂纹。

检验方法：用小锤轻击检查。注：空鼓面积不应大于 400cm^2，且每自然间（标准间）不多于 2 处可不计。

2. 一般项目

(1) 面层与其下一层结合牢固，不得有空鼓。

检验方法：用小锤轻击检查。

(2) 表面应密实，不得有起砂、蜂窝和裂缝等缺陷。

(3) 水泥砂浆面层的厚度应符合设计要求，且不应小于 20mm。

(4) 面层表面的坡度应符合设计要求，不得有倒泛水和积水现象。

检验方法：观察和采用泼水或坡度尺检查。

(5) 面层表面应洁净，无裂纹、脱皮、麻面、起砂等缺陷。

检验方法：观察检查。

(6) 踢脚线与墙面应紧密结合，高度一致，出墙厚度均匀。

检验方法：用小锤轻击、钢尺和观察检查。

(7) 楼梯踏步的宽度、高度应符合设计要求。楼层梯段相邻踏步高度差不应大于 10mm，每踏步两端宽度差不应大于 10mm；旋转楼梯梯段的每踏步两端宽度的允许偏差为 5mm。楼梯踏步的齿角应整齐，防滑条应顺直。

检验方法：观察和用钢尺检查。

3. 质量要求

(1) 面层所用材质的品种、强度（配合比）应符合设计要求和施工规范的规定。

(2) 面层与基层的结合必须牢固，无空鼓缺陷。

(3) 表面平整、无砂眼。

2.3.1.4　成品保护

(1) 水泥砂浆面层拌和时，注意不得将稳固电管的细石混凝土碰松动，通过地面的竖管也要加以保护。

(2) 面层铺设完毕，应及时养护，防止长期暴露、行车、走人，造成面层损坏。

2.3.1.5　安全、环保措施

1. 安全措施

同 2.2.5。

2. 环保措施

（1）粉尘的排放控制。对水泥、砂等材料进行遮盖，并四周围护，材料拉运应进行清扫。

（2）水泥砂浆拌和配比应选定地点，并进行封闭围护，防止粉尘飞扬，同时操作人员应佩戴口罩，防止吸入粉尘。

（3）污水排放控制。搅拌机处应设置污水沉淀池，污水应排入沉淀池内，经沉淀后排入市政排污管网。

（4）施工垃圾应装入水泥袋或编织袋内统一运走，不得到处抛撒，外运时应进行遮盖，防止尘土飞扬，造成大气污染。

（5）大门口处应设车辆冲洗池，对外出车辆进行清洗，防止污染市政道路。

2.3.2 水磨石面层

2.3.2.1 施工准备

1. 技术准备

(1) 水磨石面层下的各层作法应已按设计要求施工并验收合格。

(2) 铺设前应根据设计要求通过试验确定配合比。

2. 材料准备

（1）水泥。宜采用硅酸盐水泥、普通硅酸盐水泥或矿渣硅酸盐水泥，其强度等级应在32.5级以上；不同品种、不同强度等级的水泥严禁混用。

（2）石粒。应选用坚硬可磨白云石、大理石等岩石加工而成，石粒应清洁无杂物，其粒径除特殊要求外应为6～15mm，使用前应过筛洗净。

（3）分格条。选用玻璃条（3mm厚平板玻璃裁制）或铜条（1～2mm厚铜板裁制），宽度根据面层厚度确定，长度根据面层分格尺寸确定。

（4）砂、草酸、白蜡等。

（5）颜料。应选用耐碱、耐光性强，着色力好的矿物颜料，不得使用酸性颜料。色泽必须按设计要求。水泥与颜料一次进场为宜。水泥宜采用硅酸盐水泥、普通硅酸盐水泥或矿渣硅酸盐水泥，其强度等级应在32.5级以上。水泥进场后应按规定进行抽样复验，其各项性能指标应符合《通用硅酸盐水泥》（GB 175—2007）的相关规定。严禁使用过期的水泥或将不同品种、强度等级的水泥混用。

3. 主要机具

主要机具包括水磨石机、滚筒、油石（粗、中、细）、手推车、计量器、筛子、木耙、铁锹、小线、钢尺、胶皮管、木拍板、刮杠、木抹子、铁抹子等。

4. 作业条件

(1) 配合比已经试验确定。

(2) 应已对所覆盖的隐蔽工程进行验收且合格，并进行隐检会签。

(3) 施工前，应做好水平标志，以控制铺设的高度和厚度，可采用竖尺、拉线、弹线等方法。

(4) 对所有作业人员已进行了技术交底，特殊工种必须持证上岗。

（5）作业时的环境如天气、温度、湿度等状况应满足施工质量可达到标准的要求。

（6）地面立管安装完毕并已装套管，门框及地面预埋安装完毕，验收合格。

（7）屋面防水施工完毕。

（8）基层清理干净，缺陷处理完毕，地面（或楼面）的垫层以及预埋在地面内各种管线已做完。穿过楼面的竖管已安完，管洞已堵塞密实。

2.3.2.2 施工工艺

1. 工艺流程

基层处理→找标高→铺设找平层砂浆→找平层养护→弹分格线→镶分格条→搅拌→铺设水磨石拌合料→滚压抹平、养护→试磨→粗磨→细磨→磨光→草酸擦洗→打蜡上光。

2. 操作工艺

（1）基层处理。把沾在基层上的浮浆、落地灰等用錾子或钢丝刷清理掉，再用扫帚将浮土清扫干净。

（2）找标高。根据水平标准线和设计厚度，在四周墙、柱上弹出面层的上平标高控制线。

（3）铺设找平层砂浆。铺设前应将基底湿润，并在基底上刷一道素水泥浆或界面结合剂，随刷随铺设砂浆，将搅拌均匀的砂浆，从房间内退着往外铺设。用大杠依冲筋将砂浆刮平，立即用木抹子搓平，并随时用2m靠尺检查平整度。

（4）找平层养护。将找平层砂浆养护24h后，强度达到1.2MPa时，方可进行下道工序。

（5）弹分格线。根据设计要求的分格尺寸，一般采用1m见方或依照房屋模数分格。在房间中部弹十字线，计算好周围的镶边尺寸后，以十字线为准弹分格线；如设计有图案要求时，应按照设计图案弹出准确分格线，并做好标记，防止差错。

（6）镶分格条。将分格条用稠水泥膏两边抹八字的方式固定在分格线上，水泥膏八字呈30°角，比分格条低4~6mm。分格条应平直通顺，上平与标高控制线必须一致，牢固、接头严密，不得有缝隙。在分格条十字交接处，距交点40~50mm内不做水泥膏八字。铜条还应穿22号铅丝锚固于水泥膏八字内。镶分格条12h后开始浇水养护，最少2d。参见图2.2所示。

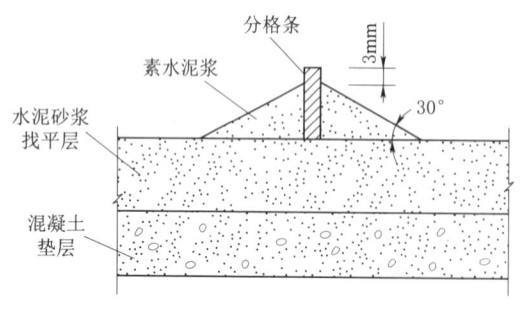
（a）分格条的立式固定法

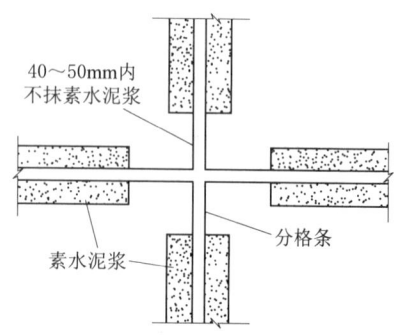
（b）分格条的平面铺浆法

图2.2 分格条的固定

(7) 搅拌。

1) 水磨石面层拌合料的体积比应根据设计要求通过试验确定，且为1水泥：(1.5～2.5)石粒。

2) 投料必须严格过磅或过体积比的斗，精确控制配合比。应严格控制用水量，搅拌要均匀。

3) 彩色水磨石拌合料，除彩色石粒外，还加入耐光、耐碱的矿物颜料；各种原料的掺入量均要以试验确定。同颜色的面层应使用同一批水泥；同一彩色面层应使用同厂、同批的颜料。

(8) 铺设水磨石拌合料。

1) 将找平层洒水湿润，涂刷界面结合剂，将拌和均匀的拌合料先铺抹分格条边，后铺抹分格条方框中间，用铁抹子由中间向边角推进，在分格条两边及交角处特别注意压实抹平，随抹随检查平整度，不得用大杠刮平。

2) 集中颜色的水磨石拌合料不可同时铺抹，要先铺深色的后铺浅色的，待前一种凝固后，再铺下一种。

(9) 滚压抹平、养护。滚压前应先将分格条两侧10cm内用铁抹子轻轻拍实。滚压时用力均匀，应从横竖两个方向轮换进行，达到表面平整密实、出浆石粒均匀为止。待石粒浆稍收水后，再用铁抹子将浆抹平压实。24h后，浇水养护。

(10) 试磨。当气温在20～30℃时。养护2～3d即可开始机磨。过早石粒容易松动，过晚会磨光困难。

(11) 粗磨。用60～90号金刚石磨，使磨石机在地上走倒"8"字形，边磨边加水，随时清扫水泥浆，并用靠尺检查平整度，直至表面磨平、磨匀，分格条和石粒全部露出（边角用手工磨至同样效果），用水清洗晾干，然后用较浓的水泥浆（掺有颜色的应用同样配合比的彩色水泥浆）擦一遍，特别是面层的洞眼小孔隙要填实抹平。浇水养护2～3d（图2.3）。

(12) 细磨。用90～120号金刚石磨，直至表面光滑（边角用手工磨至同样效果）。用水清洗，满擦第二遍水泥浆（掺有颜色的应用同样配合比的彩色水泥浆），特别是面层的洞眼小孔隙要填实抹平。

(13) 磨光。用200号细金刚石磨，磨至表面石子显露均匀，无缺石粒现象，平整、光滑、无空隙。

(14) 草酸擦洗。用扫帚蘸10%的草酸溶液洒在地面上，再用油石轻轻磨一遍；磨出水泥及石粒本色，再用水清洗，软布擦干，再细磨出光。

图2.3 水磨石的打磨

(15) 打蜡上光。采用机械打蜡的操作工艺，用打蜡机将蜡均匀渗透到水磨石的晶体缝隙中，打蜡机的转速和温度应满足要求。

2.3.2.3 质量标准

1. 主控项目

(1) 原料中所选水泥、矿物原料、石粒、分格条、砂、草酸等应符合设计要求。

(2) 水磨石面层拌合料的体积比及强度等级符合设计要求，分格、图形、色泽应符合设计要求且体积比应为1∶2；强度等级不应小于M15。

(3) 面层与下一层应结合牢固，无空鼓、裂纹。

2. 一般项目

(1) 面层表面应光滑；无明显裂纹、砂眼和磨纹；石粒密实，显露均匀；颜色图案一致，不混色；分格条牢固、顺直、清晰。

(2) 踢脚线与墙面应紧密结合，高度一致，出墙厚度均匀。

(3) 楼梯踏步的宽度、高度应符合设计要求。楼层梯段相邻踏步高度差不应大于10mm，每踏步两端宽度差不应大于10mm；旋转楼梯梯段的每踏步两端宽度的允许偏差为5mm。楼梯踏步的齿角应整齐，防滑条应顺直。

(4) 水磨石面层表面的允许偏差应符合《建筑地面工程施工质量验收规范》（GB 50209—2010）的规定。

检验方法：同《建筑地面工程施工质量验收规范》（GB 50209—2010）的检验方法相同。

3. 质量要求

(1) 面层所有材质的品种、强度（配合比）及颜色应符合设计要求和施工规范的规定。

(2) 面层与基层的结合必须牢固，无空鼓缺陷。

(3) 表面平整、无砂眼和磨纹，石粒密实及显露均匀，相邻颜色不混色。

(4) 分格条牢固、顺直、清晰，阴阳角收边方正。

2.3.2.4 成品保护

(1) 施工时应注意对定位定高的标准杆、尺、线的保护，不得触动、移位。

(2) 对所覆盖的隐蔽工程要有可靠的保护措施，不得因浇筑造成漏水、堵塞、破坏或降低等级。

(3) 水磨石面层完工后在养护过程中应进行遮盖和拦挡，避免受侵害。

(4) 磨石废浆及时清理，不得流入下水管边。

(5) 磨石施工时，墙面、门框应加以保护。

2.3.2.5 安全、环保措施

1. 安全措施

(1) 进行磨石工程时应防止草酸中毒，使用磨石机应戴绝缘手套，穿胶靴。

(2) 磨石机应用绝缘良好的四芯橡皮软线连接并应接地良好，开关及插头应完整、良好，严禁直接将电线插入插座，搬移磨石机或暂停工作时应将电源切断。

(3) 搅拌机开机前应检查各部件并确认良好，滚筒内无异物，周围无障碍，启动试转正常后方可进行工作。加强对作业人员的安全、环境意识教育，严格遵守环境、职业健康、安全作业指导的有关规定。

2. 环保措施

(1) 在运输、堆放、搅拌、施工过程中应注意避免扬尘、遗撒、沾带等现象，应采取遮盖、封闭、洒水、冲洗等必要措施。

(2)～(4) 同水泥砂浆面层(3)～(5)。

2.3.3 树脂类涂料地面

2.3.3.1 施工准备

1. 技术准备

(1) 面层下的各层作法应已按设计要求施工并验收合格。

(2) 铺设前应根据设计要求通过实验确定配合比。

2. 材料准备

树脂涂料、固化剂、稀释剂、级配砂粉等材料必须符合现行技术标准和设计规范的要求，砂要有试验报告，合格方可使用。

3. 主要机具

主要机具地坪自吸尘打磨机、批刀、铲刀、胶带、靠尺、高功率真空吸尘器、滚筒、手套、搅拌桶、搅拌机。

4. 作业条件

(1) 室内墙面已弹好+50cm水平线。

(2) 穿过楼板的立管已做完，管洞口堵塞密实。

(3) 门窗已安装完并已做好保护，在门框内侧钉木板或铁皮。

(4) 基层为预制混凝土板时，板缝混凝土应填嵌密实，板端头缝隙应采取防裂措施。

(5) 从业人员进行安全、技术交底，并做好书面记录，配合比已经试验确定。

2.3.3.2 施工工艺

1. 工艺流程

基层处理→树脂涂料底涂配制、涂装→树脂涂料中涂配制、涂装→树脂涂料面涂配制、涂装→养护。

2. 操作工艺

(1) 基层处理。对于已有起泡、裂纹的区域，要用铲刀充分清除掉浮尘，用研磨机、铣刨机处理，它是利用金刚磨盘，将混凝土表面的松动层等有效地一次去除，并可以对底材的平整度做适当的调整，清理干净所有的不牢固附属物，对于局部缺陷位置采取树脂砂浆填补。

(2) 树脂涂料底涂配制、涂装。根据配制比配制涂料，用电动机充分搅拌均匀，腻子砂浆应随用随配，以免涂料放置时间长，配好的涂料应在3h内用完。

原材料产品性能确定用喷涂机喷涂或批刀刮涂，保证涂装均匀；底涂为渗透型底涂，干燥时会渗入混凝土面，当底材疏松时，底涂全部渗入地面，可再重涂一遍。施工完毕及时用底涂稀释剂清洗工具并晾干。全部底涂施工完毕后做好保护工作，在重涂前禁止人员进入。

(3) 树脂涂料中涂配制、涂装。根据配制比配制涂料（涂料、固化剂、石英砂比例），用电动搅拌机充分搅拌均匀，腻子砂浆应随用随配，以免涂料放置时间长，配好的涂料应在3h内用完。

将搅拌好的涂料逐步倒在地面,用刮刀涂刮均匀,快速地批开。施工过程中注意合理安排人员,保证施工速度。刮涂速度要快而均匀,禁止来回反复刮涂,以免影响流平,单块地面施工应连续完成,不能停顿。

基层高度不一致,刮涂时保证砂浆层的平整性。

美纹纸应在2h后及时拆除,避免涂料实干后无法去除。

全部施工完毕后做好保护工作,在重涂前禁止人员进入。

(4) 树脂涂料面涂配制、涂装。根据配制比配制涂料(涂料、固化剂、石英砂比例),用电动搅拌机充分搅拌均匀,配好的涂料应在3h内用完。

用带齿馒刀馒刮,注意涂装均匀,刮涂面涂时应注意手法一致均匀。

美纹纸应在2h后及时拆除,以免涂料干后无法去除,全部施工完毕后做好保护工作。

全部面涂施工完毕后做好保护工作,在重涂前禁止人员进入。

(5) 养护。养护环境温度宜为(23±2)℃,养护天数不应少于7d,固化和养护期间应采取防水、防污染等措施。

2.3.3.3 质量标准

1. 主控项目

(1) 胶结材料应采用树脂。

(2) 填充材料应采用不同粒径组合而成的级配砂和粉。

(3) 树脂砂浆的密度宜为 $2.2\sim2.4\text{g/cm}^3$。

(4) 现场配制的树脂砂浆的颜色应均匀,并应无树脂析出现象。

2. 一般项目

(1) 树脂自流平地面底层材料质量标准(表2.2)。

表2.2　　　　　　　　树脂自流平地面底层涂料与涂层的质量

项　目	技 术 指 标
容器中状态	透明液体、无机械杂质
混合后固体含量/%	≥50
干燥时间/h	表干≤3 实干≤24
涂层表面	均匀、平整、光滑,无起泡、无发白、无软化
附着力/MPa	≥1.5

(2) 树脂自流平中层材料质量标准(表2.3)。

表2.3　　　　　　　　树脂自流平地面中层涂料与涂层的质量

项　目	技 术 指 标
容器中状态	搅拌后色泽均匀、无结块
混合后固体含量/%	≥70
干燥时间/h	表干≤8 实干≤48

续表

项 目		技 术 指 标
涂层表面		密实、平整、均匀,无开裂、无起壳、无渗出物
附着力/MPa		≥2.5
抗冲击（1kg钢球自由落体）	1m	胶泥层：无裂纹、剥落、起壳 砂浆层：无裂纹、剥落、起壳
	2m	胶泥层：无裂纹、剥落、起壳 砂浆层：无裂纹、剥落、起壳
抗压强度/MPa		≥80
打磨性		易打磨

(3) 树脂自流平地面面层材料质量标准（表2.4）。

表 2.4　　　　　　　　树脂自流平地面面层涂料与涂层的质量

项 目	技 术 指 标
容器中状态	名色黏稠液,搅拌后均匀无结块
干燥时间/h	表干≤8 实干≤24
涂层表面	平整光滑、色泽均匀、无针孔、气泡
附着力/MPa	≥2.5
相对硬度（任选）	D型邵氏硬度
	铅笔硬度
抗冲击（1kg钢球自由落体）1m	无裂纹、剥落、起壳
抗压强度/MPa	≥80
磨耗量（750r/500g）	≤60mg
容器中涂料的贮存期	密闭容器,阴凉干燥通风处,5～25℃,6个月

(4) 树脂砂浆构造自流平地面涂层质量标准（表2.5）。

表 2.5　　　　　　　　树脂砂浆构造的自流平地面涂层的质量

项 目	技 术 指 标
干燥时间/h	表干≤12 实干≤72
涂层表面	密实、平整、均匀,无开裂、无起壳、无渗出物
附着力/MPa	≥2.5
抗冲击（1kg钢球自由落体）2m	涂层无裂纹、剥落、起壳
抗压强度/MPa	≥80

3．质量要求

(1) 主控项目检验必须全部合格。

(2) 一般项目中，允许有一定偏差的项目，可以有个别偏差范围，最多不超过20%

的检查点可以超过允许偏差值，但也不能超过允许偏差值的 50%；对不能确定偏差值而又允许有一定缺陷的项目，不能出现影响结构安全和使用功能的严重缺陷。

2.3.3.4　成品保护

(1) 施工现场应封闭，不得进行交叉作业。

(2) 施工完成的面层，在固化过程中应采取防治污染的措施。

(3) 对面层易损坏或易被污染的局部区域，应采取贴防护胶带等措施。

(4) 养护环境温度宜为 (23±2)℃，养护天数不应少于 7d。

(5) 固化和养护期间应采取防水、防污染等措施。

(6) 在养护期间人员不宜踩踏养护中的树脂涂料地面。

2.3.3.5　安全、环保措施

1. 安全措施

(1) 搅拌机开机前应检查各部件并确认良好，滚筒内无异物，周围无障碍，启动试转正常后方可进行工作。

(2) 搅拌机进料斗升起时，严禁任何人在料斗下通过或停留。工作完毕应将料斗固定好。小型砂浆搅拌机进料口应设牢固的防护装置。运转时，严禁将工具伸进滚筒内。

(3) 在现场检修时应固定好料斗，切断电源。人员进入滚筒时，外面应有人监护。运转中遇突然停电，应将电源开关拉开。在完工或因故停工时，必须将滚筒内的余料取出，并用水清洗干净。

2. 环保措施

同 2.3.2.5。

子项目 2.4　块　料　面　层

2.4.1　砖面层（陶瓷锦砖、缸砖、地砖陶瓷、水泥花砖）

2.4.1.1　施工准备

1. 技术准备

(1) 设计选定的砖应封样保存，水泥应做复试，大面积铺设应编制施工方案。

(2) 结构层直接粘贴时，基层需用人工或清灰机清理干净。

(3) 砖面层下的各层作法应已按设计要求施工并验收合格。

2. 材料准备

(1) 水泥。宜采用硅酸盐水泥、普通硅酸盐水泥或矿渣硅酸盐水泥，其强度等级应在 32.5 级以上。水泥进场后应按规定进行抽样复验，其各项性能指标应符合《通用硅酸盐水泥》(GB 175—2007) 的相关规定。严禁使用过期的水泥或将不同品种、强度等级的水泥混用。

(2) 水泥进场后应直接进入专用仓库，架空堆放，并有良好的防雨防潮措施，受潮结块的水泥不应使用。

(3) 砂。应采用中砂或粗砂，当选用石屑时其粒径为 1~5mm，过 8mm 孔径筛子，含泥量不应大于3%。冬期施工时，材料中不得含有冰冻块。

（4）砖。均有出厂合格证及性能检测报告，抗压、抗折及规格品种均符合设计要求，外观颜色一致、表面平整，图案花纹正确，边角齐整，无翘曲、裂纹等缺陷。

3. 主要机具

主要机具包括云石机、激光投（扫）线仪、手推车、计量器、筛子、木耙、铁锹、大桶、小桶、钢尺、水平尺、小线、橡皮锤、木抹子、铁抹子等（图2.4）。

橡皮锤　　　　　方尺　　　　　云石机

砂子筛

图2.4　部分施工机具

4. 作业条件

（1）进场复试和相关试验已经完毕并符合要求。

（2）应已对所覆盖的隐蔽工程验收并进行隐检会签。

（3）基层清理干净，粘贴前一天应洒水湿润。

（4）门框及预埋件已安装并验收。

（5）施工前，应做好水平标志，以控制铺设的高度和厚度，采用竖尺、拉线、弹线等方法。

（6）对所有技术人员进行技术交底，特殊工种必须持证上岗。

（7）作业时的环境如天气、温度、湿度等状况应满足施工质量可达到标准的要求。

（8）如有泛水和坡度，垫层的泛水和坡度应符合设计要求。

2.4.1.2　施工工艺

1. 工艺流程

基层处理→找标高、弹线→排砖→铺设结合层砂浆→铺砖→养护→勾缝。

项目 2 楼 地 面 工 程

2. 操作工艺

(1) 基层处理。先将基层上的灰尘扫掉,用钢丝刷和錾子刷净、剔掉灰浆皮和灰渣层。

(2) 找标高、弹线。根据墙上的+100cm 水平线,往下量测出面层标高,并弹在墙上(图 2.5)。

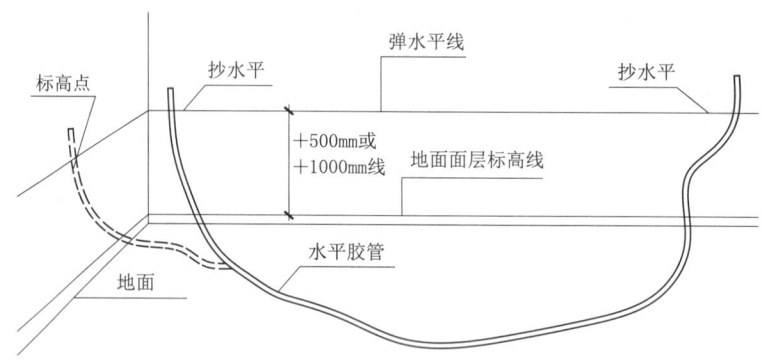

图 2.5 地面砖铺贴高度的确定

(3) 排砖。将房间依照砖的尺寸留缝大小,排出砖的放置位置,并在基层地面弹出十字控制线和分格线。排砖应符合设计要求,当设计无要求时,宜避免出现板块小于 1/4 边长的边角料;厅与房间不对缝时宜设门槛石(砖),对缝时分界缝留在闭门状态时门扇厚度范围内。

(4) 铺设结合层砂浆。铺设前应将基底湿润,并在基底上刷一道素水泥浆或界面结合剂,随刷随铺设搅拌均匀的干硬性水泥砂浆,用木抹子搓平拍实或铺样砖用橡皮锤敲实。初步刮平砂浆即装档如图 2.6 所示,木抹子搓平拍实结果如图 2.7 所示。

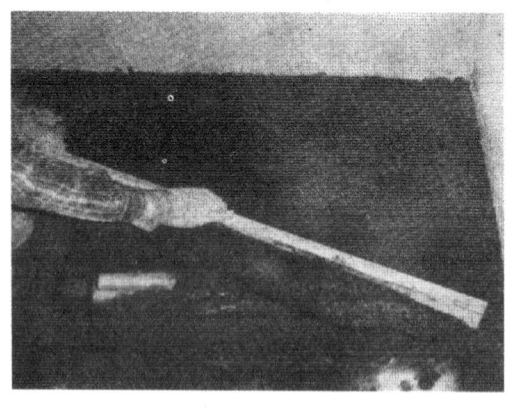

图 2.6 装档

图 2.7 木抹子拍实结果

(5) 铺砖。将砖放置在干拌料上,用橡皮锤找平,之后将砖拿起,在干拌料上浇适量素水泥浆,同时在砖背面涂厚度约 1mm 的素水泥膏,再将砖放置在找过平的干拌料上,用橡皮锤按标高控制线和方正控制线校正锤实。

铺砖时应先在房间中间按照十字线铺设十字控制砖,之后按照十字控制砖向四周铺设，并随时用 2m 靠尺和水平尺检查平整度，大面积铺贴时应分段、分部位铺贴（图2.8）。

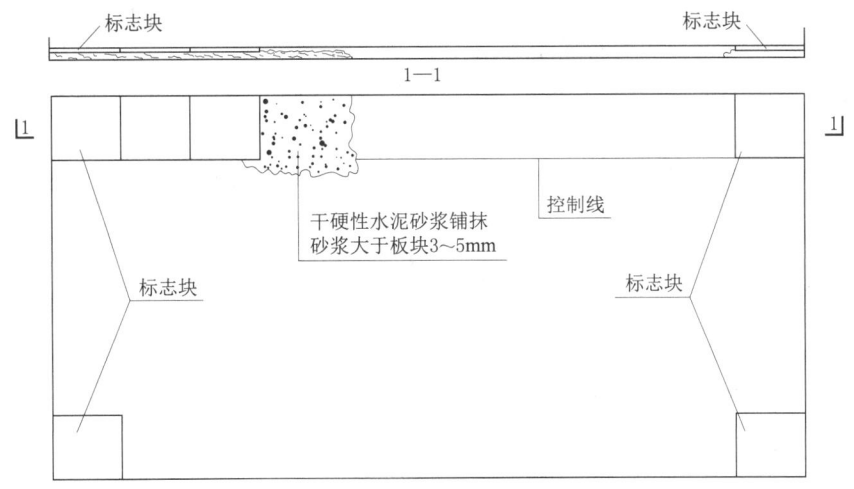

图 2.8 地面铺砖示意图

铺砌时，砖的背面朝上抹黏结砂浆，铺砌到已刷好的水泥浆找平层上，砖上棱略高出水平标高线，找正、找直、找方后，砖上面垫木板，用橡皮锤拍实，顺序从内退着往外铺砌，做到面砖砂浆饱满、相接紧密、坚实，每铺一块用水平尺进行校正（图 2.9、图2.10）。与地漏相接处，用砂轮锯将砖加工成与地漏相吻合。铺地砖时最好一次铺一间，大面积施工时，应采取分段、分部位铺砌。如设计有图案要求时，应按照设计图案弹出准确分格线，并做好标记，防止差错。

图 2.9 橡皮锤拍实

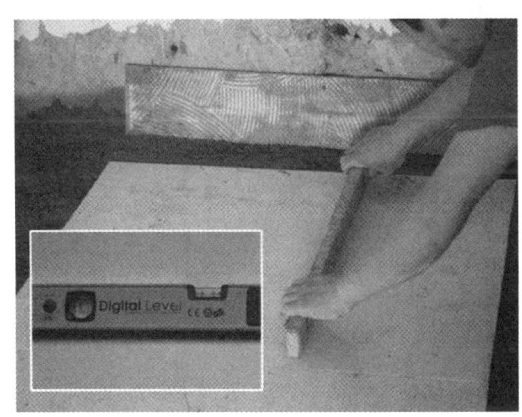

图 2.10 水平尺校正

（6）养护。当砖面层铺贴完 24h 内应开始洒水或喷水养护，养护时间不得小于 7d。

（7）勾缝。当砖面层的强度达到可上人的时候，进行勾缝，用同种、同强度等级、同色的水泥膏或 1∶1 水泥砂浆或同色填缝剂勾缝，要求缝清晰、顺直、平整、光滑、深浅一致，缝应低于砖面 0.5~1mm。

2.4.1.3 质量标准

1. 主控项目

(1) 砖面层所用板块产品应符合设计要求和国家现行有关标准的规定。

检验方法：观察检查和检查质量合格证明文件。

检查数量：同一工程、同一材料、同一生产厂家、同一型号、同一规格、同一批号检查一次。

(2) 砖面层所用板块产品进入施工现场时，应有放射性限量合格的检测报告。

检验方法：检查检测报告。

检查数量：同一工程、同一材料、同一生产厂家、同一型号、同一规格、同一批号检查一次。

(3) 面层与下一层应结合牢固，无空鼓（单块板块边角允许有局部空鼓，但每自然间或标准间的空鼓板块不应超过总数的5%）。

检验方法：用小锤轻击检查。

检查数量：按《建筑地面工程施工质量验收规范》（GB 50209—2010）第3.0.21条规定的检验批检查。

2. 一般项目

(1) 砖面层的表面应洁净、平整、无磨痕，且应图案清晰、色泽一致、接缝均匀、周边顺直、镶嵌正确、板块应无裂纹、掉角、缺棱等缺陷。

检验方法：观察检查。

检查数量：按《建筑地面工程施工质量验收规范》（GB 50209—2010）第3.0.21条规定的检验批检查。

(2) 面层邻接处的镶边用料及尺寸应符合设计要求，边角应整齐、光滑。

检验方法：观察和用钢尺检查。

检查数量：按《建筑地面工程施工质量验收规范》（GB 50209—2010）第3.0.21条规定的检验批检查。

(3) 踢脚线表面应洁净，与柱、墙面的结合应牢固。踢脚线高度及出柱、墙厚度应符合设计要求，且均匀一致。

检验方法：观察和用小锤轻击及钢尺检查。

检查数量：按《建筑地面工程施工质量验收规范》（GB 50209—2010）第3.0.21条规定的检验批检查。

(4) 楼梯、台阶踏步的宽度、高度应符合设计要求。踏步板块的缝隙宽度应一致；楼层梯段相邻踏步高度差不应大于10mm；每个踏步两端宽度差不应大于10mm；旋转楼梯梯段的每踏步两端款的允许偏差不应大于5mm。踏步面层应做防滑处理，齿角应整齐，防滑条应顺直、牢固。

检验方法：观察和用钢尺检查。

检查数量：按《建筑地面工程施工质量验收规范》（GB 50209—2010）第3.0.21条规定的检验批检查。

(5) 面层表面的坡度应符合设计要求，不倒泛水、无积水；与地漏、管道结合处应严密牢固,无渗漏。

检查方法:观察、泼水或坡度尺及蓄水检查。

检查数量:按《建筑地面工程施工质量验收规范》(GB 50209—2010)第 3.0.21 条规定的检验批检查。

(6) 砖面层的允许偏差应符合表 2.6 的规定。

表 2.6　　　　　　　　砖面层的允许偏差及检验方法

项次	项　目	允许偏差/mm	检验方法
1	表面平整度	2.0	用 2m 靠尺及楔形塞尺检查
2	缝格平直	3.0	拉 5m 线和用钢尺检查
3	接缝高低差	0.5	用钢尺和楔形塞尺检查
4	踢脚上口平直	3.0	拉 5m 线和用钢尺检查
5	板块间隙宽度	2.0	用钢尺检查

检查数量:按《建筑地面工程施工质量验收规范》(GB 50209—2010)第 3.0.21 条规定的检验批和第 3.0.22 条的规定检查。

3. 质量要求

(1) 面层所用材质的品种、强度(配合比)应符合设计要求和施工规范的规定。

(2) 面层与基层的结合必须牢固,无空鼓缺陷。

2.4.1.4　成品保护

(1) 施工时应注意对定位定高的标准杆、尺、线的保护,不得触动、移位。

(2) 对所覆盖的隐蔽工程要有可靠的保护措施,不得因浇筑砂浆造成漏水、堵塞、破坏或降低等级。

(3) 砖面层完工后在养护过程中应进行遮盖和拦挡,保持湿润,避免受侵害。当水泥砂浆结合层强度达到设计要求后,方可正常使用。

(4) 后续工程在砖面上施工时,必须进行遮盖、支垫,严禁直接在砖面上动火、焊接、和灰、调漆、支铁梯、搭脚手架等;进行上述工作时,必须采取可靠保护措施。

2.4.1.5　安全、环保措施

1. 安全措施

(1) 加强对作业人员的安全、环境意识教育,严格遵守公司关于环境、职业健康、安全作业指导的有关规定。

(2) 施工前应进行安全技术交底,使操作人员清楚地认识到该工程应注意哪些不利因素,并加以高度预防。施工过程中班组每天坚持班前安全例会,交代安全注意事项。

(3) 根据工程实际及所使用的机械设备等情况采取可行的安全防护措施。

(4) 水泥砂浆拌和面砖切割铺设,操作人员应戴口罩、风镜、手套、套袖等劳动防护用品,并站在上风头处作业。

(5) 电气装置应符合施工用电安全管理规定。

2. 环保措施

同 2.3.1.5。

2.4.2 大理石和花岗岩面层

2.4.2.1 施工准备

1. 技术准备

(1) 认真熟悉图纸,按照图纸核对结构施工的实际尺寸。

(2) 编制施工方案并经审查批准,按批准的施工方案进行技术交底。

(3) 按工艺要求进行选材和组配。

2. 材料准备

(1) 石材要求。石材必须符合甲方及设计要求。

(2) 水泥。采用32.5级以上的普通硅酸盐水泥,并备用适量擦缝用的白水泥。

(3) 砂。中粗砂,要求砂的含泥量小于5%。

(4) 填缝剂、矿物颜料(擦缝用)、草酸等。

3. 主要机具

主要机具包括激光投线仪(图2.11)、铁锹、靠尺、水桶、铁抹子、木抹子、墨斗、钢卷尺、尼龙线、橡皮锤(或木槌)、铁水平尺、弯角方尺、钢斧子、扫帚、砂轮、云石机(图2.12)、钢丝刷等。

图 2.11 激光投线仪

图 2.12 云石机

4. 作业条件

(1) 石材存放。石材进场后应侧立堆放在室内,并在其下加垫木方,按照石材的规格、使用部位分别标识放置;检查石材的质量是否符合设计要求。有损坏的石材提前将其挑选出来单独存放。

(2) 施工现场准备。室内抹灰、地面垫层、水电设备管线等施工完毕并办理完相关专业的交接手续。施工部位地面杂物等全部清理干净,避免施工过程中交叉影响。

(3) 控制线。在房间内四周墙上弹好+100cm水平线。

(4) 施工前技术准备。施工前必须熟悉施工大样图和加工计划单,清楚各部位的尺寸和做法,各部位的石材节点和收边。

2.4.2.2 施工工艺

1. 工艺流程

基层处理→弹线→正式铺贴石材→勾缝→贴踢脚线→饰面清理。

子项目2.4 块料面层

2. 操作工艺

(1) 基层处理。石材施工前将地面基层上的落地灰等杂物细致地清理干净,对地面刷一道水泥浆结合层(或水泥浆掺5%界面剂)。基层处理应注意达到施工条件的要求。考虑到装饰厚度的需要,在正式施工前用清水湿润地面但不得有积水。

(2) 弹线。在房间的中心弹垂直的十字控制线,用以检查和控制石材板块的位置,十字线可以弹在地面上并引至墙面底部。在房间的墙四周弹出标高控制线并作出标高控制,注意检查与楼梯或有其他不同面层材料部位的标高交圈和过渡。在地面弹出十字线后,根据石材规格在地面弹出石材分格线。

为避免弹线被后续工序掩埋,通常以拉十字线代替,如图2.13所示。

在实际铺贴中,一般用激光投线仪更方便、准确,如图2.14所示。

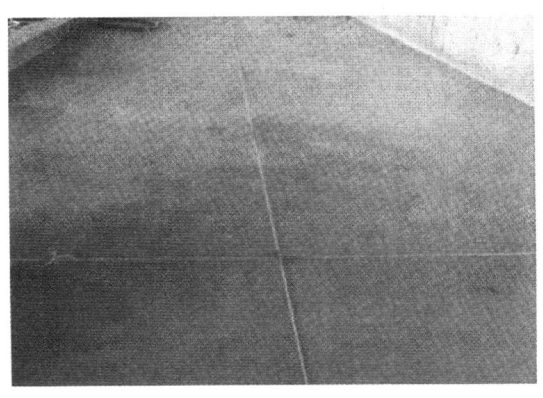 

图2.13 地面拉十字控制线　　　　　图2.14 激光投影仪测线

(3) 正式铺贴石材。

1) 结合层。在铺装砂浆前对基层清扫干净后用喷壶洒水湿润,刷素水泥浆(水灰比为0.5左右做到随刷随铺)。铺砂浆层:在地面上按照水平控制线确定找平层厚度,并用十字线纵横控制,石材镶贴应采用1:4(1:3)干硬性砂浆经充分搅拌均匀后进行施工(要求砂浆的干硬度以手捏成团不松散为宜),把已搅拌好的干硬性砂浆铺到地面,用灰板拍实,应注意砂浆铺设宽度应超过石材宽度1/3以上,并且砂浆厚度约高出水平标高3~4mm,砂浆厚度控制在30mm以内。

2) 铺装石材。

a. 把已编号的石材按照排列顺序从远离门口一侧开始,按照试拼编号依次铺砌至门口。铺装前将板材预先浸湿后阴干备用,先进行试铺,对好纵横缝,用橡皮锤敲击,振实砂浆至铺设高度(图2.15),检查砂浆上表面与板块之间是否吻合,如有空虚之处应填补干硬性砂浆,然后正式铺装。在板材上满涂一层水灰比为0.5的素水泥浆结合层,安放时要四角同时往下落,用橡皮锤或木槌轻击,用水平尺控制铺装标高,然后顺序

图2.15 轻击振实

安装镶铺。

b. 石材缝按照设计要求进行处理,设计无要求时需经公司技术部决定处理方案。

c. 将缝内杂物及板面清擦干净,用普通水泥或白水泥加氧化铁色粉,调成与板材近似颜色的水泥浆进行擦缝,缝填饱满,并随即用干布擦干净至无残灰、污迹为止。

d. 如选用专用填缝剂,必须严格按照其产品使用说明的规定进行施工。

（4）勾缝。

勾缝处理通常为擦缝、勾缝等。

1）在石材铺装完成后1~2昼夜后,方可进行擦缝、勾缝处理。

2）经检查石材表面无断裂、空鼓等缺陷后方可进行缝隙处理。

（5）贴踢脚线。根据墙面抹灰厚度,吊线确定踢脚线粘贴厚度,踢脚线粘贴完毕后与墙面平。在踢脚线上口拉水平线,将阴干的石材背面刮抹素水泥浆粘贴在基层上,用木槌敲实并依据水平线找直。

（6）饰面清理。地面石材和踢脚线的表面,应在贴完后即用干抹布基本擦净,待所有铺贴工作全部完成并勾缝完毕后,对饰面再进行一次全面的擦拭。

2.4.2.3 质量标准

1. 主控项目

（1）大理石、花岗石面层所用板块产品应符合设计要求和国家现行有关标准的规定。

检验方法：观察检查和检查质量合格证明文件。

检查数量：同一工程、同一材料、同一生产厂家、同一型号、同一规格、同一批号检查一次。

（2）大理石、花岗石面层所用板块产品进入施工现场时,应有放射性限量合格的检测报告。

检验方法：检查检测报告。

检查数量：同一工程、同一材料、同一生产厂家、同一型号、同一规格、同一批号检查一次。

（3）面层与下一层应结合牢固,无空鼓（单块板块边角允许有局部空鼓,但每自然间或标准间的空鼓板块不应超过总数的5%）。

检验方法：用小锤轻击检查。

检查数量：按《建筑地面工程施工质量验收规范》（GB 50209—2010）第3.0.21条规定的检验批检查。

2. 一般项目

（1）大理石、花岗石面层铺设前,板块的背面和侧面应进行防碱处理。

检验方法：观察检查和检查施工记录。

检查数量：按《建筑地面工程施工质量验收规范》（GB 50209—2010）第3.0.21条规定的检验批检查。

（2）大理石、花岗石面层的表面应洁净、平整、无磨痕,且应图案清晰、色泽一致、接缝均匀、周边顺直、镶嵌正确,板块应无裂纹、掉角、缺棱等缺陷。

检验方法：观察检查。

检查数量：按《建筑地面工程施工质量验收规范》（GB 50209—2010）第3.0.21条规定的检验批检查。

（3）踢脚线表面应洁净，与柱、墙面的结合应牢固。踢脚线高度及出柱、墙厚度应符合设计要求，且均匀一致。

检验方法：观察和用小锤轻击及钢尺检查。

检查数量：按《建筑地面工程施工质量验收规范》（GB 50209—2010）第3.0.21条规定的检验批检查。

（4）楼梯、台阶踏步的宽度、高度应符合设计要求。踏步板块的缝隙宽度应一致；楼层梯段相邻踏步高度差不应大于10mm；每个踏步两端宽度差不应大于10mm；旋转楼梯梯段的每踏步两端款的允许偏差不应大于5mm。踏步面层应做防滑处理，齿角应整齐，防滑条应顺直、牢固。

检验方法：观察和用钢尺检查。

检查数量：按《建筑地面工程施工质量验收规范》（GB 50209—2010）第3.0.21条规定的检验批检查。

（5）面层表面的坡度应符合设计要求，不倒泛水、无积水；与地漏、管道结合处应严密牢固，无渗漏。

检验方法：观察、泼水或坡度尺及蓄水检查。

检查数量：按《建筑地面工程施工质量验收规范》（GB 50209—2010）第3.0.21条规定的检验批检查。

（6）大理石和花岗石面层（或碎拼大理石面层、碎拼花岗石面层）的允许偏差应符合表2.7的规定。

表2.7　　　　　　　大理石和花岗石面层的允许偏差及检验方法

项次	项　目	允许偏差/mm	检验方法
1	表面平整度	1.0	用2m靠尺及楔形塞尺检查
2	缝格平直	2.0	拉5m线和用钢尺检查
3	接缝高低差	0.5	用钢尺和楔形塞尺检查
4	踢脚上口平直	1.0	拉5m线和用钢尺检查
5	板块间隙宽度	1.0	用钢尺检查

检查数量：按《建筑地面工程施工质量验收规范》（GB 50209—2010）第3.0.21条规定的检验批和第3.0.22条的规定检查。

3.质量要求

（1）加强养护。在铺设完毕后用围挡封闭，不许进入踩踏，也不允许在新铺的地面上推车送料。一般需养护5~7d，并派专人看守。

（2）为适应石材的温度胀缩一般应留设板缝，板缝的宽度必须严格控制，并确保板缝平直，横竖两条线，灌缝必须密实，板缝处用硅胶挤压密实，要特别注意十字缝的平直。

（3）要特别重视原材料检验，除花色应按上述方法严格控制外，每块石材的几何尺寸须按规定严格逐块检测验收，不符合规定者不准出厂。铺设时还要注意由于累计误差造成的后果，必要时用手提砂轮机临时对边缘打磨。在检测石材规格尺寸时，要特别注意每块板的平整度，严禁使用有起拱或两头翘的板。

（4）干硬性水泥砂浆必须手捏成团、落地即散。铺设时先用抹子压实（不宜太松散），找平后浇水泥素浆或在板块背面抹水泥素浆不宜过厚，水泥素浆的水灰比严格控制在 0.4 左右。

（5）在铺设干硬性砂浆前必须将基层打扫干净，用水湿润，并铺一层水泥素浆（水灰比为 0.4）。干硬性水泥砂浆一般在现场用人工搅拌，必须要特别注意计量准确，搅拌均匀。

（6）不得使用有裂缝（包括轻微裂缝）、缺棱掉角或四周边缘粗糙不平或有损坏的石块。

（7）为更稳妥地防止室内地面、墙面在用水泥砂浆粘贴后的泛碱污染，建议在石材六个面（或五个面）涂刷保护涂料，铺设在底层与混凝土、灰土垫层接触的石材和室外石材地面、花池、踏步等石材贴面涂刷防护涂料后将取得明显的效果。若采用该方法，应在大量铺设前做一些样板和试验。

2.4.2.4 成品保护

（1）保存措施。石材不得雨淋、水泡、长期日晒。采取板块立放，光面相对，板块的背面应支垫松木条，板块下面应垫木方，木方与板块之间衬垫软胶皮。施工现场应设立专门的库房保管。

（2）运输保护措施。运输石材板块、水泥砂浆时，应采取保护成品措施防止碰撞已做完的墙面门口等。

（3）试拼石材注意事项。试拼应在地面平整的房间或操作场地进行，施工人员宜穿干净软底鞋。

（4）铺砌石材要求。施工人员做到随铺随揩净，同时要求施工人员检查、调整石材过程中要穿软底鞋操作。

（5）石材地面铺装完后应将房间进行封闭，标识严禁交叉作业，待其强度达到要求后在表面加以覆盖保护。

2.4.2.5 安全、环保措施

1. 安全措施

（1）进入施工现场必须戴好安全帽，系好风紧扣。

（2）修整石块时，应戴防护眼镜，严禁两人面对面操作。

（3）施工现场临时用电线路必须按用电规范布设，严禁乱接乱拉，远距离电缆线不得随地乱拉，必须架空固定。

（4）小型电动工具，须安装"漏电保护"装置，使用时应经试运转合格后方可操作。

（5）电器设备应有接地、接零保护，现场维护电工应持证上岗，非维护电工不得乱接电源。

（6）电源、电压须与电动机具的铭牌电压相符，电动机具移动应先断电后移动，下班或使用完毕必须拉闸断电。

2. 环保措施

（1）切割石材时应湿作业，防止粉尘污染。清理施工现场时严禁从高处向下抛撒垃圾废料，以防造成粉尘污染。

（2）在施工过程中应防止噪声污染，在施工场界噪声敏感区域宜选择使用低噪声的设备，同时因场地位于办公区，白天及夜晚10点后尽量避免进行噪声大的工作。

2.4.3 活动地板面层

2.4.3.1 施工准备

1. 技术准备

（1）设计选定的活动地板应封样保存，大面积铺设应编制施工方案。

（2）面层下的各层作法应已按设计要求施工并验收合格。

2. 材料准备

（1）活动地板（图2.16）面层应包括标准地板、异形地板和地板附件（即支架和横梁组件），其规格、型号应由设计人确定，采购配套系列合格产品。

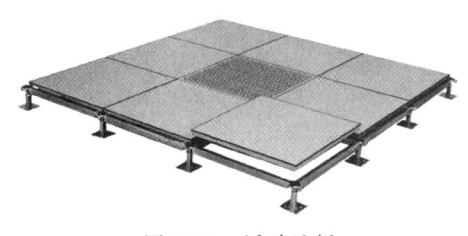

图2.16 活动地板

（2）活动地板应以特制的平压刨花板为基材，表面饰以装饰板和底层用镀锌钢板经黏结胶合组成的板块，应平整、坚实，并具有耐磨、防潮、阻燃、耐污染、耐老化和导静电等特点，其技术性能与技术指标应符合现行的有关产品标准的规定。

（3）环氧树脂胶、滑石粉、泡沫塑料条、木条、橡胶条，铝型材和角铁、铝型角铁等材质要符合要求。

3. 主要机具

主要机具包括水平仪、激光投（扫）线仪、铁制水平尺、铁制方尺、2～3m靠尺板、墨斗（或粉线包）、小线、线坠、笤帚、钢尺、钉子、铁丝、红铅笔、开刀、手推车、铁簸箕、小铁锤、裁改板面用的圆盘锯、无齿锯、木工用截料锯、刀锯、钢丝钳子、小水桶、棉丝、小方锹、螺丝扳手。

4. 作业条件

（1）地板面层下的基层已按设计要求施工并验收合格。

（2）样板间或样板块得到业主或监理认可。

（3）对所有作业人员进行了技术交底。

（4）作业时的施工条件（工序交叉、环境状况等）应满足施工质量可达到标准的要求。

（5）室内水电及其他装饰装修工程已完。

2.4.3.2 施工工艺

1. 工艺流程

基层处理→找中、套方、分格、弹线→安装支座和横梁组件→铺设活动地板面层→清擦和打蜡。

2. 操作工艺

（1）基层处理。活动地板面层的金属支架应支承在现浇混凝土基层上或规制小磨石地面上，基层表面应平整、光洁、不起灰。含水率不大于8%。安装前应认真清擦干净，必要时根据设计要求，在基层表面上涂刷清漆。

(2) 找中、套方、分格、弹线。首先量测房间的长、宽尺寸,找出纵横线中心交点。当房间是矩形时,用方尺量测相邻的墙体是否垂直,如互相不垂直,应预先对墙面进行处理,避免在安装活动板块时,在靠墙处出现梯形板块。

根据已量测好的平面长、宽尺寸进行计算,如果不符合活动板板块模数时,依据已找好的纵横中线交点,进行对称分格,考虑将非整块板放在室内靠墙处。在基层表面上按板块尺寸弹线并形成方格网,标出地板块安装位置和高度(标在四周墙上),并标明设备预留部位。此项工作必须认真细致,做到方格控制线尺寸准确(此时应插入铺设活动地板下的管线,操作时要注意避开已弹好支架底座的位置)。

(3) 安装支座和横梁组件。检查复核已弹在四周墙上的标高控制线,确定安装基准点,然后按基层面上已弹好的方格网交点处安放支座和横梁,并应转动支座螺杆,先用小线和水平尺调整支座面高度至全室等高,待所有支座柱和横梁构成一体后,应用水平仪找平。支座与基层面之间的空隙应灌注环氧树脂,应连接牢固。亦可根据设计要求用膨胀螺栓或射钉连接。

(4) 铺设活动地板面层。根据房间平面尺寸和设备等情况,应按活动地板模数选择板块的铺设方向。当平面尺寸符合活动地板板块模数,而室内无控制柜设备时,宜由里向外铺设;当平面尺寸不符合活动地板板块模数时,宜由外向里铺设;当室内有控制柜设备且需要预留洞口时,铺设方向和先后顺序应综合考虑选定。

先在横梁上铺设缓冲胶条,并用乳胶液与横梁粘合。铺设活动地板块时,应调整水平度,保证四角接触处平整、严密,不得采用加垫的方法。

铺设活动地板块不符合模数时,不足部分可根据实际尺寸将板面切割后镶补,并配装相应的可调支撑和横梁。切割的边应采用清漆或环氧树脂胶加滑石粉按比例调成腻子封边,或用防潮腻子封边,也可采用铝型材镶嵌。

在与墙边的接缝处,应根据接缝宽窄分别采用活动地板或木条刷高强胶镶嵌,窄缝宜用泡沫塑料镶嵌。随后立即检查调整板块水平度及缝隙。

活动地板面层铺设后,面层承载力不应小于 7.5MPa,其体积电阻率为 $105～109\Omega$。

(5) 清擦和打蜡。当活动地板面层全部完成,经检查平整度及缝隙均符合质量要求后,即可进行清擦。当局部沾污时,可用清洁剂或皂水用布擦净晾干后,用棉丝抹蜡,满擦一遍,然后将门封闭。如果还有其他专业工序操作时,在打蜡前先用塑料布满铺后,再用 3mm 以上的橡胶板盖上,等其全部工序完成后,再清擦打蜡交活。

2.4.3.3 质量标准

1. 主控项目

(1) 活动地板的品种、规格和技术性能必须符合设计要求、施工规范和现行国家标准的规定。

(2) 活动地板安装完后,行走必须无声响、无摆动,牢固性好。

2. 一般项目

(1) 表面洁净,图案清晰,色泽一致,接缝均匀,周边顺直,板块无裂纹、掉角和缺楞等现象。

(2) 各种面层邻接处的镶边用料及尺寸符合设计要求和施工规范的规定,边角整齐,光滑。

3. 质量要求

活动地板安装允许偏差见表2.8。

表2.8　　　　　　　　　　　　活动地板安装允许偏差

项次	项目	允许偏差/mm	检验方法
1	表面平整	2	用2m靠托线板和楔形塞尺检查
2	缝格平直	2.5	拉5m小线检查（不足5m拉通线）尺量
3	接缝高低差	0.4	用钢板短尺和楔形塞尺检查
4	板块间隙	0.3	用楔形塞尺检查

2.4.3.4　成品保护

（1）施工时应注意对定位定高的标准杆、尺、线的保护，不得触动、移位。

（2）对所覆盖的隐蔽工程要有可靠的保护措施，不得因铺设地板造成漏水、堵塞、破坏或降低等级。

（3）面层完工后，在养护过程中应进行遮盖和拦挡，保持湿润，避免受侵害。

（4）后续工程在活动地板面上施工时，必须进行遮盖、支垫，严禁直接在活动地板面上动火、焊接、和灰、调漆、支铁梯、搭脚手架等。进行上述工作时，必须采取可靠保护措施。

2.4.3.5　安全、环保措施

1. 安全措施

（1）～（5）同2.4.1.5。

（6）现场禁止明火作业，严禁吸烟，并在施工区域增设灭火器等防火设施。

2. 环保措施

（1）施工垃圾应装入水泥袋或编织袋内统一运走，不得到处抛撒，外运时应进行遮盖，防止尘土飞扬，造成大气污染。

（2）地板切割应选定地点，并进行封闭围护，防止粉尘飞扬，同时操作人员应佩戴口罩，防止吸入粉尘。

2.4.4　地毯面层

2.4.4.1　施工准备

1. 技术准备

（1）认真熟悉图纸，按照图纸核对结构施工的实际尺寸。

（2）编制施工方案并经审查批准，按批准的施工方案进行技术交底。

（3）按工艺要求进行选材和组配。

2. 材料准备

（1）地毯的品种、规格、颜色、主要性能和技术指标必须符合设计要求，有出厂质量证明书。

（2）衬垫（图2.17）。衬垫的品种、规格、颜色、主要性能和技术指标必须符合设计要求。应有出厂质量证明书。

（3）胶粘剂。环保无毒、不霉、快干，0.5h之内使用张紧器时不脱缝，对地面有足够的黏结强度，可剥离、施工方便的胶粘剂，均可用于地毯和地面、地毯与地毯连接拼缝处的黏结，一般采用天然乳胶添加增稠剂、防霉剂等制成的胶粘剂。

（4）倒刺顶板条（图2.18）。倒刺顶板条是1200mm×24mm×6mm的三合板条，其上钉有两排斜钉（间距35～40mm），还有5个高强钢钉均匀分布在全长上（钢钉间距约400mm左右，距两端各约100mm左右）。

图2.17　地毯衬垫

图2.18　倒刺顶板条

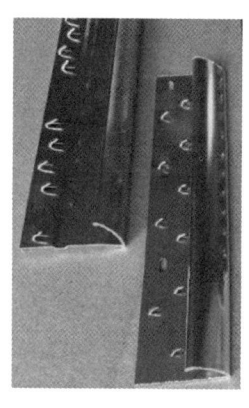

图2.19　铝合金倒刺条

（5）铝合金倒刺条（图2.19）。用于地毯端头露明处，起固定和收头作用。多用在外门口或与其他材料的地面交接处。

（6）铝（铜）压条。宜采用厚度为2mm的铝合金（铜）材料制成。用于门框下的地面处，压住地毯的边缘，使其免于被踢起或损坏。

3. 主要机具

主要机具包括裁毯刀、裁边机、地毯撑子（大撑子撑头、大撑子承脚、小撑子）、扁铲、墩拐、手枪钻、割刀、剪刀、尖嘴钳子、橡胶压边滚筒、熨斗、角尺、直尺、手锤、钢钉、小钉、吸尘器、胶管、钢卷尺、小线、扫帚、软底工作鞋等（图2.20）。

4. 作业条件

（1）在地毯铺设之前，室内装饰必须完毕。室内所有重型设备均已就位并调试，运转正常，并经专业验收合格后方可铺设。

（2）铺设地面地毯，基层要求表面平整、光滑、洁净，应具有C10的强度，含水率不大于10%；基层表面做好防水防潮处理。

（3）铺设楼面地毯的基层，一般是水泥楼面，也可以是木地板或其他材质的楼面。要求表面平整、光滑、洁净，如有油污，必须先清洁。如为水泥楼面，应具有一定的强度，含水率不大于8%。

（4）地毯、衬垫和胶粘剂等进场后，应检查核对数量、品种、规格、颜色、图案等是

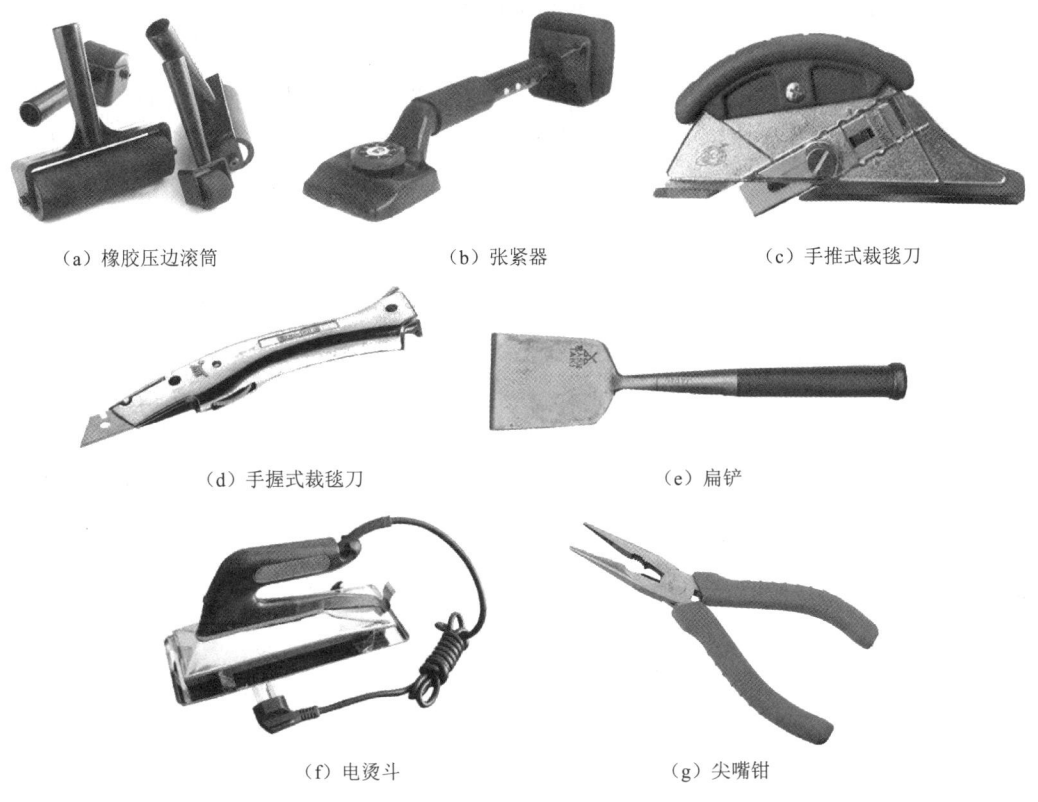

图 2.20 地毯部分施工机具

否符合设计要求,如符合,应按其品种、规格分别存放于干燥的仓库和房间内,用前要预铺、配花、编号,待铺设时按号使用。

(5)应事先把需铺设地毯的房间、走道等四周的踢脚板做好,踢脚板下口均应离开地面 8～15mm,以便将地毯毛边掩入踢脚板下。

(6)大面积施工前应先放出施工大样,并做样板,经过检验合格后,方可组织按样板要求施工。

2.4.4.2 施工工艺

1. 工艺流程

地毯的铺设分活动式和固定式两种。

固定式铺设工艺流程如下。

基层处理→找规矩→地毯剪裁→钉倒刺板→铺设衬垫→地毯拼缝→张平→固定、收边→修整及清理。

2. 操作工艺

(1)活动式铺设:是指不用胶粘剂粘贴在基层的一种方法,即不与基层固定的铺设,四周沿墙角修齐即可,一般仅适用于装饰性工艺地毯的铺设。

(2)固定式铺设操作工艺。

1)基层处理。铺设地毯的基层,一般是水泥地面,也可以是木地板或其他材质的地面。要求表面平整、光滑、洁净。如为水泥地面,应具有一定的强度,含水率不大于8%,表面平整度偏差不大于±3mm。

2)找规矩。要严格按照设计图纸对各个不同部位和房间的具体要求进行弹线、套方、分格。如图纸有规定和要求时,则严格按图施工;如图纸没有具体要求时,应找中并弹线,再定位铺设。

3)地毯剪裁。地毯剪裁应在比较宽阔的地方集中同时进行。一定要精确测量房间尺寸,并按房间和所用地毯型号逐一登记编号,然后根据房间尺寸、形状用裁边机下地毯料,每段地毯的长度要比房间长出2mm左右,宽度要以裁去地毯边缘线后的尺寸计算。弹线裁去边缘部分,然后以手推裁刀从毯背裁切,裁好后卷成卷编上号,放入对号房间里,大面积房厅应在施工地点剪裁拼缝。

4)钉倒刺板。沿房间或走道四周踢脚板边缘,用高强水泥钉将倒刺板钉在基层上(钉朝向墙的方向),其间距约400mm左右。倒刺板应离开踢脚板8~10mm,以便钉牢倒刺板。

5)铺设衬垫。将衬垫采用点粘贴法刷903胶,粘在地面基层上,要离开倒刺板10mm左右。

6)地毯拼缝。

a.拼缝前要判断好地毯编织方向,以避免缝两边的地毯绒毛排列方向不一致。

b.纯毛地毯多用缝接,将地毯翻过来,背面对齐缝接,用线缝实后,刷5~6cm宽的一道白胶,再贴上牛皮纸。

c.麻布衬底的化纤地毯多用黏结,将地毯胶刮在麻布上,然后将地毯对缝粘平。

d.胶带接缝法以简便、快速、高效的优点而得到越来越广泛的应用,在地毯拼缝位置的地面上弹一直线,按线将胶带铺好,两侧地毯对缝压在胶带上,然后用熨斗在胶带上熨烫使胶质融化,随熨斗的移动立即把地毯紧压在胶带上。

e.接缝以后用剪子把接口不齐的绒毛修齐。

7)张平。

a.将地毯短边的一角用扁铲塞进踢脚板下的缝隙,用撑子把这一短边撑平后,再用扁铲把整个短边都塞入踢脚板下的缝隙。

b.大撑子支撑脚顶住地毯固定端的墙式柱,用大撑子扒齿抓住地毯另一端,接装连接管,通过大撑子头的杠杆伸缩,将地毯拉平整(图2.21)。

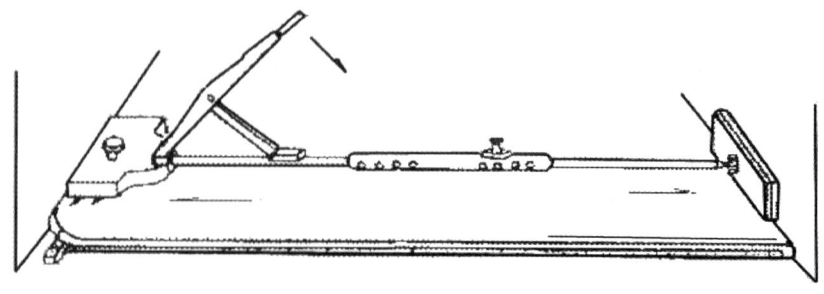

图2.21 大撑子张平地毯

c. 大撑子张拉力量应适度,张拉后的伸长量一般控制在 1.5%~2%。伸长量过大会撕破地毯,过小则达不到张平的目的,以将地毯展平为准。

d. 小范围不平整可用小撑子展平,用手压住撑子,用扒齿抓住地毯,通过膝盖撞击后部的胶垫将地毯推向前方,使地毯张平。

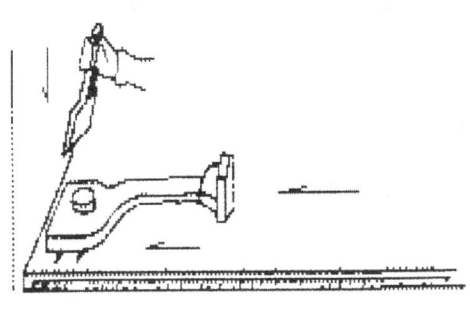

图 2.22 扁铲、小撑子用法

8）固定、收边。

a. 地毯挂在倒刺板上要轻轻敲击一下,使倒刺板全部钩住地毯,以免挂不实,而引起地毯松弛。

b. 地毯全部伸张拉直后,应把多余的毯边截去,再用扁铲将地毯边缘塞入踢脚板和倒刺板之间（图 2.22、图 2.23）。

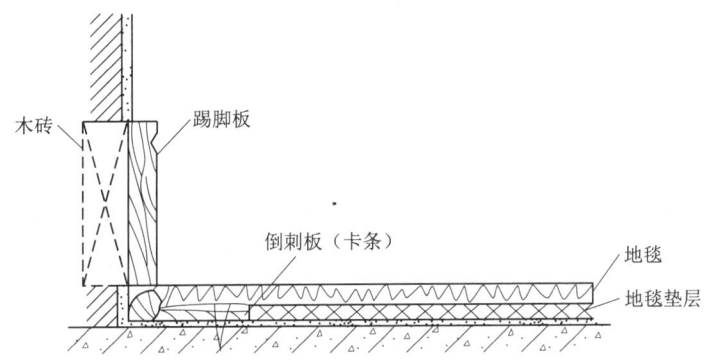

图 2.23 将地毯边缘塞入踢脚板下

c. 在门口或与其他地面的分界处,弹线后用螺钉固定铝压条,再将地毯塞入铝压条口内,使之压紧地毯。

9）修整及清理。铺设工作完成后,因接缝、收边裁下的边料和固扒齿拉伸下的绒毛、纤维应打扫干净,并用吸尘器将地毯表面全部清理一遍。

2.4.4.3 质量标准

1. 主控项目

(1) 各种地毯的材质、规格、技术指标必须符合设计要求和施工规范的规定。

(2) 地毯与基层固定必须牢固,无卷边、翘起现象。

2. 一般项目

(1) 拼缝表面平整,无打皱,鼓包现象。

(2) 拼缝平整、密实,在视线范围内不显拼缝。

(3) 地毯与其他地面的收口或交接处应顺直。

(4) 地毯的绒毛应理顺,表面洁净,无油污杂物等。

3. 质量要求

(1) 避免压边黏结产生松动及发霉等现象：地毯、胶粘剂等材质的规格和技术指标,要有产品出厂合格证,必要时须进行复验。并事先做好试铺工作。

(2) 避免地毯表面不平、起皱、鼓包等。此类问题主要发生在铺设地毯这道工序时,未认真按照操作工艺中的缝合、拉伸与固定、用胶粘剂黏结固定等要求而造成。

(3) 避免拼缝不平、不实,尤其是地毯与其他地面的收口或交接处。例如,门口、过道与门厅、拼花及变换材料等部位,往往容易出现拼缝不平、不实。因此在施工时要特别注意上述部位的基层本身接缝是否平整,如问题严重者应返工处理,如问题不太大,可采取加衬垫的方法用胶粘剂把衬垫粘牢,同时要把面层和垫层拼缝处的胶粘好,要严密、紧凑、结实,避免过度涂刷胶粘剂黏结牢固。

(4) 涂刷胶粘剂时由于不注意,往往容易污染踢脚板、门框扇及地弹簧等,应认真精心操作,并采取轻便可移动的保护挡板或随污染随时清擦等措施保护成品。

(5) 暖气片、空调回水和立管根部及卫生间与走道应设有防水坎等,防止渗漏,以免将已铺好的地毯成品泡湿损坏。

(6) 应具备质量记录。地毯及其衬垫的出厂合格证、地毯铺设分项质量检验评定资料。

2.4.4.4 成品保护

(1) 要注意保护好上道工序已完成的各分项分布工程成品的质量。在运输和施工操作中,要注意保护好门窗框扇,特别是铝合金门窗框扇、墙纸踢脚板等成品不遭损坏和污染。应采取保护和固定措施。

(2) 地毯等材料进场后,要注意堆放、运输和操作过程中的保管工作,应避免风吹雨淋,要防潮、防火、防人踩、物压等,应设专人加强管理。

(3) 要注意倒刺板挂毯条和钢钉等的使用和保管工作,尤其要注意及时回收和清理截断下来的零头、倒刺板、挂毯条和散落的钢钉,避免钉子扎脚、划伤地毯以及散落在地毯垫层和面层的下面,否则必须返工取出重铺。

(4) 每道工序施工完毕,应及时清理地毯上的杂物,及时清扫被操作污染的部分。

2.4.4.5 安全、环保措施

1. 安全措施

(1)~(5) 同 2.4.2.5 安全措施 (1)、(3)~(6)。

(6) 现场禁止明火作业,严禁吸烟,并在施工区域增设灭火器等防火设施。

2. 环保措施

(1) 清理施工现场时严禁从高处向下抛撒垃圾废料,以防造成粉尘污染。

(2) 在施工过程中应防止噪声污染,在施工场界噪声敏感区域宜选择使用低噪声的设备,夜晚 10 点后尽量避免进行噪声大的工作。

子项目 2.5 木 竹 面 层

2.5.1 实木地板

2.5.1.1 施工准备

1. 技术准备

(1) 实木地板的质量应符合规范和设计要求,在铺设前,应得到业主对地板质量、数

量、品种、花色、型号、含水率、颜色、油漆、尺寸偏差、加工精度、甲醛含量等的验收认可。

(2) 认真审核图纸，结合现场尺寸进行深化设计，确定铺设方法、拼花、镶边等，并经监理、建设单位认可。

(3) 根据选用的板材和设计图案进行试拼、试排，达到尺寸准确、均匀美观。

(4) 选定的样品板材应封样保存。提前做好样板间或样板块，经监理、建设单位验收合格。

(5) 对操作人员进行安全技术交底，铺设面积较大时，应编制施工方案。

2. 材料准备

(1) 实木地板。实木地板面层所采用的材料，其技术等级和质量应符合设计要求，含水率长条木地板不大于12%，拼花木地板不大于10%。实木地板面层的条材和块材应采用具有商品检验合格证的产品，其产品类别、型号、适用树种、检验规则及技术条件等均应符合现行国家标准《实木地板 第1部分：技术要求》(GB/T 15036.1—2009) 的规定。

(2) 木材。木龙骨、垫木、剪刀撑和毛地板等应做防腐、防蛀及防火处理。木龙骨要用变形较小的木材，常用红松和白松等；毛地板常选用红松、白松、杉木或整张的细木工板等。木材的材质、品种、等级应符合现行国家标准《木结构工程施工质量验收规范》(GB 50206—2012) 的有关规定，铺设时的含水率不大于12%。拼花木地板的长度、宽度和厚度均应符合设计要求。双层板下的毛地板、木地板面下木格栅和垫木均要做防腐处理，其规格、尺寸应符合设计要求。

(3) 硬木踢脚板。宽度、厚度应按设计要求的尺寸加工，其含水率不大于12%，背面应满涂防腐剂，花纹和颜色应力求与面层地板相同。

(4) 其他材料。防腐剂、防火涂料、胶粘剂、8～10号镀锌铅丝、50～100mm钉子（地板钉）、扒钉、角码、膨胀螺栓、镀锌木螺钉、隔声材料等。防腐剂、防火涂料、胶粘剂应具有环保检测报告。

(5) 地面所用材料应符合《民用建筑工程室内环境污染控制规范》(2013年版) (GB 50325—2010) 的规范要求。

3. 主要机具

(1) 机械。多功能木工机床、刨地板机、磨地板机、平刨、压刨、小电锯、电锤等。

(2) 工具。斧子、冲子、凿子、手锯、手刨、锤子、墨斗、錾子、扫帚、钢丝刷、气钉枪、割角尺等。

(3) 计量检测用品。水准仪、水平尺、方尺、钢尺、靠尺等。

4. 作业条件

(1) 顶棚、墙面的各种湿作业已完，粉刷干燥程度达到80%以上。

(2) 地板铺设前应清理基层，不平的地方应剔除或用水泥砂浆找平。

(3) 墙面已弹好标高控制线（+1000mm），并预检合格。

(4) 门窗玻璃、油漆、涂料已施工完，并验收合格。

(5) 水暖管道、电气设备及其他室内固定设施安装完，上下水及暖气试压通过验收并合格。

(6) 房间四周弹好踢脚板上口水平线,并已预埋好固定木踢脚的木砖(必须经过防腐处理)。

(7) 凡是与混凝土或砖墙基体接触的木材,如木格栅、踢脚板背面、地板地面、剪力撑、木楔子、木砖等,均预先涂满木材防腐材料。

(8) 木地板采用空铺法时,按设计要求的尺寸砌好地垄墙,每道墙预留120mm×120mm通风孔2个,并预埋好铁丝,墙顶抹一层防水砂浆。

(9) 实木地板采用实铺法时,预先在垫层内预埋好铁丝。

2.5.1.2 施工工艺

1. 工艺流程

基层清理、测量弹线→安装木龙骨→铺钉毛地板→铺钉实木地板面层→刨平、磨光→安装木踢脚板→油漆、打蜡→收口处理。

2. 操作工艺

实木地板按构造方法不同,有实铺和空铺两种。实铺木地板,是将木龙骨铺在钢筋混凝土板或垫层上,由木龙骨、毛地板及实木地板面层等组成。空铺是由木龙骨、剪刀撑、毛地板、实木地板面层等组成,一般设在首层房间。采用空铺法当龙骨跨度较大时,应加设地垄墙,地垄墙顶上要铺防水卷材或抹防水砂浆及放置垫木。

(1) 基层清理、测量弹线。对基层空鼓、麻点、掉皮、起砂、高低偏差等部位先进行返修,并把沾在基层上的浮浆、落地灰等用錾子或钢丝刷清理掉,再用扫帚将浮土清扫干净。待所有清理工作完成后进行验收,合格后方可弹线。

(2) 安装木龙骨。

1) 实铺法。楼层木地板的铺设,通常采用实铺法施工。

图2.24 木格栅安装

a. 先在基层上弹出木龙骨的安装位置线(间距不大于400mm或按设计要求)及标高,将龙骨(断面呈梯形,宽面在下)放平、放稳,并找好标高,再用电锤钻孔,用膨胀螺栓、角码固定木龙骨或采用预埋在楼板内的钢筋(铁丝)绑牢,木龙骨与墙间留出不小于30mm的缝隙,以利于通风防潮。木龙骨的表面应平直。若表面不平可用垫板垫平,也可刨平,或者在底部砍削找平,但砍削深度不宜超过10mm,砍削处要刷防火涂料和防腐剂处理。采用垫板找平时垫板要与龙骨钉牢,如图2.24所示。

b. 木龙骨的断面选择应符合设计要求。实铺法木龙骨常加工成梯形(俗称燕尾龙骨),这样不仅可以节省木材,同时也有利于稳固。也可采用30mm×40mm的木龙骨,木龙骨的接头应采用平接头,每个接头用双面木夹板,每面钉牢,亦可以用扁铁双面夹住钉牢。

c. 木龙骨之间还要设置横撑,横撑的含水率不得大于18%,横撑间距800mm左右,与龙骨垂直相交,用铁钉固定,其目的是为了加强龙骨的整体性。如图2.25所示。

2）空铺法。

a. 空铺法的地垄墙高度应根据架空的高度及使用的条件计算后确定，地垄墙的质量应符合有关验收规范的技术要求，并留出通风孔洞。

b. 在地垄墙上垫放通长的压沿木或垫木。压沿木或垫木应进行防腐、防蛀处理，并用预埋在地垄墙里的铁丝将其绑扎拧紧，绑扎固定的间距不超过 300mm，接头采用平接，在两根接头处，绑扎的铅丝应分别在接头处两端 150mm 以内进行绑扎，以防接头处松动。

c. 在压沿木表面划出各龙骨的中线，然后将龙骨对准中线摆好，端头离开墙面的缝隙约

图 2.25 木横撑示意图

30mm，木龙骨一般与地垄墙成垂直，摆放间距一般为 400mm，并应根据设计要求，结合房间的具体尺寸均匀布置。当木龙骨顶面不平时，可用垫木或木楔在龙骨底下垫平，并将其钉牢在压沿木上。为防止龙骨活动，应在固定好的木龙骨表面临时钉设木拉条，使之互相牵拉。

d. 龙骨摆正后，在龙骨上按剪刀撑的间距弹线将剪刀撑钉于龙骨侧面，同一行剪刀撑要对齐顺线，上口齐平。

（3）铺钉毛地板（图 2.26）。实木地板有单层和双层两种。单层实木地板是将条形实木地板直接钉牢在木龙骨上，条形板与木龙骨垂直铺设。双层实木地板是在木龙骨上先钉一层毛地板，再钉实木条板。毛地板可采用较窄的松、杉木板条，其宽度不宜大于 120mm，或按设计要求选用。毛地板的表面应刨平。毛地板与木龙骨成 30°或 45°角斜向铺钉。毛地板铺设时，木材髓心应向上，其板间缝隙不大于 3mm，与墙之间应留 10～20mm 的缝隙。毛地板用铁钉与龙骨钉紧，宜选用长度为板厚 2～2.5 倍的铁钉，每块毛地板应在每根龙骨上各钉两个钉子固定，钉帽应砸扁并冲进毛地板表面 2mm。毛地板的接头必须设在龙骨中线上，表面要调平，板长不应小于两档木龙骨，相邻板条的接缝要错开。毛地板使用前必须做防腐与防潮处理，并将其上所有垃圾、杂物清理干净，方可执行下一步铺设工作。

图 2.26 毛地板安装

（4）铺钉实木地板面层。

1）条板铺钉。单层实木地板，在木龙骨完成后即进行条板铺钉。双层实木地板在毛地板完成后，为防止使用中发生响声和潮气侵蚀，通常在毛地板上干铺一层防水卷材。铺设时应从距门较近的墙一边开始铺钉企口条板，靠墙的一块板应离墙面留 10～20mm 缝隙，用木楔塞紧。以后逐块排紧，用地板钉从板侧企口处斜向钉入，钉长为板厚 2～2.5 倍，钉帽要砸扁冲入地板表面

2mm，企口条板要钉牢、排紧。板端接缝应错开，其端头接缝一般是有规律地排在一条直线上。每铺设600~800mm宽应拉线找直修整，板缝宽度不大于0.5mm。

板的排紧方法一般可在木龙骨上钉扒钉，在扒钉与板之间加一对硬木楔，打紧硬木楔就可以使板排紧。钉到最后一块企口板时，因无法斜着钉，可用明钉钉牢，钉帽要砸扁，冲入板内。企口板的接口要在龙骨中间，接头要互相错开，龙骨上临时固定的木拉条，应随企口板的安装随时拆去，铺钉完之后及时清理干净，对表面不平处，应进行刨光，先垂直木纹方向粗刨一遍，再顺木纹方向细刨一遍。实铺条板铺钉方法同上。

2) 拼花木地板铺钉。拼花实木地板是在毛地板上进行拼花铺钉。铺钉前，应根据设计要求的地板图案进行弹线，一般有正方格形、斜方格形、人字形等。

在毛地板上弹出图案墨线，分格定位。有镶边的，距墙边留出200~300mm做镶边。按墨线从中央向四边铺钉，各块木板应互相排紧。对于企口拼装的硬木地板，应将地板钉从板的侧边斜向钉入毛地板中，钉帽不外露，钉长为板厚2~2.5倍。当木板长度小于300mm时，侧边应钉两个钉子；长度大于300mm时，应钉入3个钉子。板的两端应各钉1个钉固定，宜钉在距板端20mm处。板块缝隙不应大于0.3mm，毛地板与墙之间应留10~20mm的缝隙。面层与墙之间缝隙，应加木踢脚板封盖。有镶边时，在大面积铺贴完后，再铺镶边部分。铺钉拼花地板前，宜先铺设一层沥青纸（或油毡），以隔声和防潮用。钉完后，清扫干净刨光，刨刀吃口不应过深，防止板面出现刀痕。

3) 胶粘剂铺贴拼花木地板。铺贴时，先处理好基层，表面应平整、洁净、干燥。在基层表面和拼花木地板背面分别涂刷胶粘剂（胶粘剂应通过试验确定，胶粘剂应放置在阴凉通风、干燥的室内，超过生产期3个月的产品，应取样检验，合格后方可使用，超过保质期的产品，不得使用），其厚度：基层表面控制在1mm左右，地板背面控制在0.5mm左右，待胶表面稍干后（不粘手时）即可铺贴就位，并用小锤轻敲，使地板与基层粘牢，对溢出的胶粘剂应随时擦净。刚铺贴好的木板面应用重物加压，使之黏结牢固，防止翘曲、空鼓。

(5) 刨平、磨光。地板刨光宜采用地板刨光机（或六面刨），转速在5000r/min以上。长条地板应顺木纹刨，拼花地板应与地板木纹成45°斜刨。刨时不宜走得太快，刨刀吃口不应过深，要多走几遍。地板刨光机不用时应先将机器提起关闭，防止啃伤地面。所刨厚度应小于1.5mm，要求无刨痕。机器刨不到的地方要用手刨，并用细刨净面。地板刨平后，用砂布磨光。所用砂布应先粗后细，砂布应绷紧绷平，磨光方向及角度与刨光方向相同。

(6) 安装木踢脚板。实木地板安装完毕后，静放2h后方可拆除木楔子，并安装踢脚板。踢脚板的厚度应以能压住实木地板与墙面的缝隙为准，通常厚度为15mm，以钉固定。木踢脚板应提前刨光，背面开成凹槽，以防翘曲，并每隔1m钻直径6mm的通风孔。在墙上每隔750mm设防腐木砖或在墙上钻孔打入防腐木砖，在防腐木砖外面钉防腐木块，再把踢脚板用钉子钉牢在防腐木块上，钉帽砸扁冲入木板内，踢脚板板面应垂直，上口水平。木踢脚板阴阳角交接处，钉三角木条，以盖住缝隙，木踢脚板阴阳角交角处应切割成45°角拼装，踢脚板的接头也应固定在防腐木块上。安装时注意不要把有明显色差的踢脚板连在一起。

(7) 油漆、打蜡。油漆、打蜡应在房间内所有装饰工程完工后进行。硬木拼花地板花纹明显，所以，多采用透明的清漆刷涂，这样可透出木纹，增强装饰效果。打蜡可用地板蜡，以增加地板的光洁度，打蜡时均匀喷涂1~2遍，稍干后用净布擦拭，直至表面光滑、光亮。面积较大时用机械打蜡，可增加地板的光洁度，使木材固有的花纹和色泽最大限度地显示出来。

(8) 收口处理。木地板与其他饰面材料交接处宜用T形铜条压缝收口。

2.5.1.3 质量标准

1. 主控项目

(1) 实木地板面层所采用的材质和铺设时的木材含水率必须符合设计要求。木龙骨、垫木和毛地板等必须做防腐、防蛀处理。

检验方法：观察检查和检查材质合格证明文件及检测报告。

(2) 木龙骨安装应牢固、平直，其间距和稳固方法必须符合设计要求，粘贴使用的胶必须符合设计环保要求。

检验方法：观察，脚踩检查，检查胶粘剂的合格证明文件及环保检测报告。

(3) 面层铺设应牢固；粘贴无空鼓。

检验方法：观察，脚踩或用小锤轻击检查。

(4) 木板和拼花板面层刨平磨光，无刨痕创面和毛刺等现象，图案清晰美观，面层颜色均匀一致。

检验方法：观察。

2. 一般项目

(1) 实木地板面层应刨平、磨光，无明显刨痕和毛刺等现象；图案清晰、颜色均匀一致。

检验方法：观察，手摸和脚踩检查。

(2) 面层缝隙应严密；接头位置应错开、表面洁净。

检验方法：观察检查。

(3) 拼花地板接缝应对齐，粘、钉严密；缝隙宽度均匀一致；表面洁净，胶粘无溢胶。

检验方法：观察检查。

(4) 踢脚线表面应光滑，接缝严密，高度一致。

检验方法：观察和钢尺检查。

(5) 实木地板面层的允许偏差和检验方法见表 2.9。

表 2.9　　　　实木地板面层的允许偏差和检验方法

项　目	允许偏差/mm			检验方法
	松木地板	硬木地板	拼花地板	
板面缝隙宽度	1.0	0.5	0.2	用钢尺检查
表面平整度	3.0	2.0	2.0	用2m靠尺和楔形塞尺检查
踢脚线上口平直	3.0	3.0	3.0	拉5m线，不足5m拉通线
板面拼缝平直	3.0	3.0	3.0	用钢尺检查

续表

项 目	允许偏差/mm			检验方法
	松木地板	硬木地板	拼花地板	
相邻板材高差	0.5	0.5	0.5	用钢尺和楔形塞尺检查
踢脚线与面层的接缝	1.0	1.0	1.0	楔形塞尺检查
踢脚线上口平直	3.0	3.0	3.0	拉5m线，不足5m拉通线
板面拼缝平直	3.0	3.0	3.0	用钢尺检查

3．质量要求

（1）木地板粘贴式铺贴要确保水泥砂浆地面不起砂、不空裂，基层必须清理干净。

（2）基层不平整应用水泥砂浆找平后再铺贴木地板。基层含水率不大于15%。

（3）粘贴木地板涂胶时，要薄且均匀。相邻两块木地板高差不超过1mm。

（4）铺钉毛地板前应检查木龙骨安装是否牢固，如有不牢固之处，应及时加固，防止行走时有响声。

（5）安装木龙骨时严格控制木材的含水率，基层充分干燥后方可进行。施工时不要将水遗洒到木地板上，铺完的实木地板要做好成品保护，防止面层起鼓、变形。

（6）木地板安装前检查好地板的规格、尺寸、颜色、纹理、企口质量等，保证板边顺直、板面平整，防止板缝不严、花色不均。

（7）施工前各种控制线、点应校核准确，施工时随时与其他地板作业面照应，协调统一，防止接槎处出现高差。

（8）按规定留好龙骨、毛地板、木地板面层与墙之间的间隙，并预留木地板的通风排气孔，防止木地板受潮变形。

（9）木踢脚板安装前，先检查墙面是否垂直、平整及木砖间距，有偏差时应及时修整，防止踢脚板与墙面接触不严和翘曲、变形。安装时注意不要把有明显色差的木地板连在一起。

（10）雨季施工时，如空气湿度超出施工条件，除开启门窗通风外，还应增加人工排风设施（排风扇等）控制湿度。遇大雨、持续高湿度等天气时应停止施工。

（11）冬期施工时，应在采暖条件下进行，室温保持均衡，使用胶粘剂时室温不宜低于10℃。

2.5.1.4 成品保护

（1）地板材料应码放整齐，使用时轻拿轻放，不得乱扔乱堆，以免损坏棱角。

（2）在铺好的实木地板上作业时，应穿软底鞋，不得在地板面上敲砸，防止损坏面层。

（3）实木地板铺设时应保证施工环境的温度、湿度。通水和通暖时应检查阀门及管道是否严密，以防渗漏浸湿地板造成地板开裂、起鼓。

（4）木地板基层内有管道时，应做好标记，有管线处不得打眼、钉钉子，防止损坏管线。

（5）实木地板面层完工后应进行遮盖和拦挡，并设专人看护。如可用纸皮遮盖并用胶带进行拼接，以避免松动、移位，如图2.27所示。

(6) 后续工程在地板面层上施工时，必须进行遮盖、支垫，严禁直接在木地板面层上动火、焊接、和灰、调漆、支铁梯、搭脚手架等。

(7) 指定专人负责成品保护工作，特别是门口交接处和交叉作业施工时，须协调好各项工作。

2.5.1.5 安全、环保措施

1. 安全措施

(1) ~ (3) 同 2.1.1.5。

(4) 作业区域严禁明火作业。木材、油漆、胶粘剂等应避免高温烘烤。

图 2.27 木地板的保护

(5) 存放木材、实木地板和胶粘剂的库房应阴凉、通风且远离火源，库房内配备消防器材。

(6) 使用胶粘剂铺贴木地板，房间应做好通风。

2. 环保措施

(1) 铺地板的作业区应及时清理边角余料、刨花木屑等，装袋外运，做到活完场清。

(2) 装卸材料应做到轻拿轻放，减少噪声。夜间材料运输车辆进入施工现场时，严禁鸣笛。

(3) 木材加工间应封闭，并采取措施降低噪声。采用机械刨木地板时，不得在夜间施工。

(4) 清理地面基层时，应随时洒水，减少扬尘污染。

(5) 油漆、胶粘剂的空桶应及时集中处理，剩余的油漆、胶粘剂不用时要封闭保存，禁止长时间暴露，以免污染环境。

(6) 施工所采用的原材料应符合现行国家标准《民用建筑室内环境污染控制规范》(2013年版) (GB 50325—2010) 的规定。

2.5.2 实木复合地板

2.5.2.1 施工准备

1. 技术准备

(1) 实木复合地板的质量应符合规范和设计要求，在铺设前，应得到业主对地板质量、数量、品种、花色、型号、含水率、颜色、油漆、尺寸偏差、加工精度、甲醛含量等验收认可。

(2) 认真审核图纸，结合现场尺寸进行深化设计，确定铺设方法、拼花、镶边等，并经监理、建设单位认可。

(3) 根据选用的板材和设计图案进行试拼、试排，达到尺寸准确、均匀美观。

(4) 选定的样品板材应封样保存。提前做好样板间或样板块，经监理、建设单位验收合格。

(5) 对操作人员进行安全技术交底，铺设面积较大时，应编制施工方案。

2. 材料准备

(1) 实木复合地板。实木复合地板面层所采用的材料，其技术等级和质量应符合设计要求，含水率长条木地板不大于12%，拼花木地板不大于10%。实木复合地板面层的条材

和块材应采用具有商品检验合格证的产品，其产品类别、型号、适用树种、检验规则及技术条件等均应符合现行国家标准《实木地板　第1部分：技术要求》（GB/T 15036.1—2009）的规定。

（2）木材。木龙骨、垫木、剪刀撑和毛地板等应做防腐、防蛀及防火处理。木材的材质、品种、等级应符合现行国家标准《木结构工程施工质量验收规范》（GB 50206—2012）的有关规定，铺设时的含水率不大于12%。拼花木地板的长度、宽度和厚度均应符合设计要求。双层板下的毛地板、木地板面下木格栅和垫木均要做防腐处理，其规格、尺寸应符合设计要求。

（3）硬木踢脚板。宽度、厚度应按设计要求的尺寸加工，其含水率不大于12%，背面应满涂防腐剂，花纹和颜色应力求与面层地板相同。

（4）其他材料。防腐剂、防火涂料、胶粘剂、8～10号镀锌铅丝、50～100mm钉子（地板钉）、扒钉、角码、膨胀螺栓、镀锌木螺钉、隔声材料等。防腐剂、防火涂料、胶粘剂应具有环保检测报告。

（5）地面所用材料应符合《民用建筑工程室内环境污染控制规范》（2013年版）（GB 50325—2010）的规范要求。

3．主要机具

主要机具包括木工手刨、电刨、电锯、手提钻、刮刀（铲刀）、橡皮（木）锤、锤子、螺丝刀、量具等。

4．作业条件

（1）基层无浮土，无明显施工废弃物。

（2）基层应达到或低于当地平衡湿度和含水率，严禁含湿施工，并防止有水源处向地面渗漏，如暖气出水处、厨房和卫生间接口处等。

（3）基层平整度用2m靠尺检验，允许偏差应小于3mm（拼花地板）或5mm（其他实木复合地板）。

（4）基层应牢固，基层材料应是优质合格产品，并按序固接在地基上，不得松动。龙骨两端应钉实或粘实，严禁用水泥砂浆填充。毛地板四周应钉牢，钉距应不小于350mm。

（5）龙骨间、龙骨与墙体间、毛地板间、毛地板与墙体间均应留有伸缩缝。

（6）用干燥耐腐材（宽度>35mm）做龙骨，严禁用细木工板料做龙骨。用针叶板材做毛地板料，严禁整张使用，必要时须进行涂防腐油漆处理和防虫害处理。

（7）把地板包装全部解开，在房间里放置7～10d，采用"时效法"让实木复合地板逐步适应使用环境的温度及湿度等。

（8）所有实木复合地板基层验收，应在木地板面层施工前达到验收合格，否则不允许进行面层铺设施工。

（9）严禁在木地板铺设时与其他室内装饰装修工程交叉混合施工。

2.5.2.2 施工工艺

1．工艺流程

（1）粘贴式施工。

基层清理→弹线、找平→满铺地垫（或点铺）→安装实木复合地板满粘或点粘。

(2)实铺式施工。

1)单层条式。

基层清理→弹线、找平→安装木格栅(木龙骨)→填充轻质材料→安装实木复合地板→安装木踢脚板。

2)双层条式。

基层清理→弹线、找平→安装木格栅(木龙骨)→铺毛地板→铺防潮垫→安装实木复合地板→安装木踢脚板。

(3)架空式施工。

基层清理→弹线、找平→砌筑地垄墙→铺设垫木→安装木格栅(木龙骨)→设置剪刀撑→铺钉毛地板→铺钉实木复合地板→安装木踢脚板。

2. 操作工艺

(1)粘贴式施工。

1)基层清理。将基层(找平层)表面打扫干净,浮浆清除。

2)弹线、找平。弹好水平标高控制线。

3)满铺地垫(或点铺)。在找平层上满铺防潮垫,不用打胶;若采用条铺,可采用点铺方法。

4)安装实木复合地板满粘或点粘。

a. 在防潮垫上铺装实木复合地板,宜采用点粘法铺设。

b. 防潮垫及实木复合地板面层与墙面之间应留不小于10mm空隙,相邻板材接头位置应错开不小于300mm距离。

c. 实木复合地板粘铺后可用橡皮锤子敲击使其粘接均匀、牢固。

d. 粘贴踢脚板。

(2)实铺式(单层条式)施工

1)基层清理。将基层(找平层)表面打扫干净,浮浆清除。

2)弹线、找平。在基层(找平层)上弹出木龙骨位置线及标高控制线。

3)安装木搁栅(木龙骨)。木龙骨断面呈梯形,宽面在下,其截面尺寸及间距应符合设计要求。按线将龙骨放平放稳,用垫木找平,垫实钉牢,木龙骨与墙之间留出30mm的缝隙,再依次摆正中间的龙骨,若设计无要求则龙骨间距按300mm,且表面应平直。

4)填充轻质材料。在龙骨之间填充干炉渣或其他保温、隔声等轻质材料。

5)安装实木复合地板。实木复合地板面层与墙面之间应留不小于10mm的空隙,以后逐条板排紧,实木复合地板与龙骨间应钉牢、排紧;铺钉方法宜采用暗钉,钉子以45°或60°角钉入,可使接缝进一步靠紧。

实木复合地板的接头要在龙骨中间,相邻板材接头位置应错开不小于300mm距离。

6)安装木踢脚板。粘贴或铺钉均可。

(3)实铺式(双层条式)施工。

1)基层清理。将基层(找平层)表面打扫干净,浮浆清除。

2)弹线、找平。在基层(找平层)上弹出木龙骨位置线及标高控制线。

3)安装木搁栅(木龙骨)。按木龙骨位置线将龙骨放平放稳,用垫木找平,垫实钉牢。木龙骨断面呈梯形，宽面在下，其截面尺寸及间距应符合设计要求，木龙骨距墙留出30mm的缝隙，再依次摆正中间的龙骨，龙骨间距若设计无要求按300mm。

4）铺毛地板。将毛地板钉在木龙骨上。毛地板与木龙骨垂直铺钉，若大面积宜斜向铺设，与木龙骨角度为30°或45°，毛地板应四周钉头，钉距应不小于350mm。

5）铺防潮垫。在毛地板上满铺一层防潮垫，不用打胶。

6）安装实木复合地板。安装实木复合地板，不用打胶，直接拼铺。实木复合地板拼缝若是普通企口，板材间接缝必须打胶，其他拼缝形式直接拼装，也可打胶进行封闭。

实木复合地板面层与墙面之间应留不小于10mm空隙。

7）安装木踢脚板。粘贴或铺钉均可。

（4）架空式施工。

1）基层清理。将基层（找平层）表面打扫干净，浮浆清除。

2）弹线、找平。弹出地垄墙和木龙骨位置线，弹出地垄墙、木龙骨和木地板水平标高控制线。

3）砌筑地垄墙。一般采用红砖、水泥砂浆或混合砂浆砌筑，其厚度应根据架空的高度及使用条件来确定。垄墙与垄墙的间距一般不宜大于2m，地垄墙的高度应符合设计标高，必要时其顶面层可考虑以水泥砂浆或豆石混凝土找平。地垄墙在砌筑时要预留120mm×120mm的通风孔洞，外墙每隔3～5m开设180mm×180mm的孔洞；如果该架空层内敷设了管道设备，需兼做维修空间时，则需考虑预留进人孔。

4）铺设垫木。在地垄墙与木格栅（木龙骨）之间用垫木连接，垫木的厚度一般为50mm。垫木与地垄墙的连接，通常用18号铅丝绑扎，铅丝预先埋在砖砌体之中，垫木宜分段直接铺放于格栅之下。也可用混凝土圈梁或压顶代替垫木，在地垄墙上部现浇混凝土圈梁，并预埋钢筋。

5）安装木格栅（木龙骨）。木格栅（木龙骨）的断面尺寸应根据地垄墙的间距来确定，其布置与地垄墙成垂直方向安放，间距应视房间的具体尺寸、设计要求来确定，一般为400mm，铺设找平后与垫木钉牢即可。

6）设置剪刀撑。剪刀撑布置于木格栅之间，将每根木格栅连成一个整体。

7）铺钉毛地板。在木格栅之上铺钉的一层窄木板条，宜斜向铺设，与木格栅成30°或45°角。

8）铺钉实木复合地板。在毛地板上满铺一层防潮垫，不用打胶。铺装实木复合地板，不用打胶，直接拼铺。实木复合地板拼缝若是普通企口，板材间接缝必须打胶，其他拼缝形式直接拼装，也可打胶进行封闭。地面与墙面之间留缝8～12mm。

9）安装木踢脚板。粘贴或铺钉均可。

2.5.2.3 质量标准

1. 主控项目

（1）实木复合地板面层所采用的材质和铺设时的木材含水率必须符合设计要求。木龙骨、垫木和毛地板等必须做防腐、防蛀处理。

检验方法：观察检查和检查材质合格证明文件及检测报告。

（2）木龙骨安装应牢固、平直，其间距和稳固方法必须符合设计要求，粘贴使用的胶必须符合设计环保要求。

检验方法：观察，脚踩检查，检查胶粘剂的合格证明文件及环保检测报告。

（3）面层铺设应牢固；粘贴无空鼓。

检验方法：观察，脚踩或用小锤轻击检查。

2．一般项目

（1）实木复合地板面层图案和颜色应符合设计要求，图案清晰，颜色一致，板面无翘曲。

检查方法：观察，用2m靠尺和楔形塞尺检查。

（2）面层的接头应错开，缝隙严密，表面洁净。

检查方法：观察检查。

（3）踢脚线表面光滑，接缝严密，高度一致。

检查方法：观察和钢尺检查。

（4）实木复合地板面层的允许偏差应符合表2.10的规定。

表2.10　　　　　　　　　　　实木复合地板面层的允许偏差

项次	项　目	允许偏差/mm	检　验　方　法
1	板面缝隙宽度	0.5	用钢尺检查
2	表面平整度	2.0	用2m塞尺和楔形塞尺检查
3	踢脚线上口平齐	3.0	拉5m通线，不足5m拉通线和用钢尺检查
4	板面拼缝平直	3.0	
5	相邻板材高差	0.5	用钢尺和楔形塞尺检查
6	踢脚线与面层的接缝	1.0	楔形塞尺检查

3．质量要求

同2.5.1.3。

2.5.2.4　成品保护

同2.5.1.4。

2.5.2.5　安全、环保措施

1．安全措施

同2.5.1.5。

2．环保措施

同2.5.1.5。

2.5.3　中密度（强化）复合木地板

2.5.3.1　施工准备

1．技术准备

（1）中密度（强化）复合木地板的质量应符合规范和设计要求，在铺设前，应得到业主对地板质量、数量、品种、花色、型号、含水率、颜色、油漆、尺寸偏差、加工精度、甲醛含量等验收认可。

（2）认真审核图纸，结合现场尺寸进行深化设计，确定铺设方法、拼花、镶边等，并经监理、建设单位认可。

（3）根据选用的板材和设计图案进行试拼、试排，达到尺寸准确、均匀美观。

（4）选定的样品板材应封样保存，提前做好样板间或样板块，经监理、建设单位验收合格。

（5）对操作人员进行安全技术交底，铺设面积较大时，应编制施工方案。

2．材料准备

（1）中密度（强化）复合木地板。中密度（强化）复合木地板所采用的材料，其技术等级和质量应符合设计要求，应为具有商品检验合格证的产品。

（2）踢脚板。宽度、厚度应按设计要求的尺寸加工，花纹和颜色应力求与面层地板相同。

（3）其他材料。防腐剂、防火涂料、胶粘剂、8～10号镀锌铅丝、50～100mm钉子（地板钉）、扒钉、角码、膨胀螺栓、镀锌木螺钉、隔声材料等。防腐剂、防火涂料、胶粘剂应具有环保检测报告。

（4）地面所用材料应符合国家规范《民用建筑工程室内环境污染控制规范》（2013年版）（GB 50325—2010）的要求。

3．主要机具

主要机具包括木工手刨、电刨、电锯、手提钻、刮刀（铲刀）、橡皮（木）锤、锤子、螺丝刀、量具等。

4．作业条件

（1）基层干净、无浮土，无施工废弃物，基层干燥，含水率在8%以下。

（2）干燥。应达到或低于当地平衡湿度和含水率，严禁含湿施工，并防止有水源处向地面渗漏，如暖气出水处、厨房和卫生间接口处等。

（3）平整。基层平整度用2m靠尺检验，应小于5mm。

（4）牢固。基层材料应是优质合格产品，并按序固接在地基上，不松动。

（5）伸缩缝。龙骨间、龙骨与墙体间、毛地板间、毛地板与墙体间均应留有伸缩缝。

（6）耐腐。用干燥耐腐材（宽度＞35mm）做龙骨，严禁用细木工板料做龙骨。用针叶板材、优质多层胶合板（厚度＞9mm）做毛地板料，严禁整张使用，必要时须进行涂防腐油漆处理和防虫害处理。

（7）与厕浴间、厨房等潮湿场所相邻的木地板面层连接处应做防水（防潮）处理。

（8）所有中密度（强化）复合木地板基层验收，应在木地板面层施工前达到验收合格，否则不允许进行面层铺设施工。

（9）严禁在木地板铺设时与其他室内装饰装修工程交叉混合施工。

2.5.3.2 施工工艺

1．工艺流程

（1）粘贴式施工。

基层清理→弹线、找平→满铺地垫（或点铺）→安装中密度（强化）复合木地板满粘或点粘。

（2）实铺式施工。

1）单层条式。

基层清理→弹线、找平→安装木格栅（木龙骨）→填充轻质材料→安装中密度（强化）复合木地板→安装踢脚板。

2）双层条式。

基层清理→弹线、找平→安装木格栅（木龙骨）→铺毛地板→铺防潮垫→安装中密度（强化）复合木地板→安装踢脚板。

（3）架空式施工。

基层清理→弹线、找平→砌筑地垄墙→铺设垫木→安装木格栅（木龙骨）→设置剪刀撑→铺钉毛地板→安装中密度（强化）复合木地板→安装踢脚板。

2. 操作工艺

（1）粘贴式施工。

1）基层清理。将基层（找平层）表面打扫干净，浮浆清除。

2）弹线、找平。在基层（找平层）上弹出木龙骨位置线及标高控制线。

3）满铺地垫（或点铺）。在找平层上满铺防潮垫，不用打胶；若采用条铺，可采用点铺方法。

4）安装中密度（强化）复合木地板：在防潮垫上铺装中密度（强化）复合木地板，宜采用点粘法铺设。

a. 防潮垫及中密度（强化）复合木地板面层与墙面之间应留不小于10mm空隙，相邻板材接头位置应错开不小于300mm距离。

b. 中密度（强化）复合木地板粘铺后可用橡皮锤子敲击使其粘接均匀、牢固。

（2）实铺式（单层条式）施工。

1）基层清理。将基层（找平层）表面打扫干净，浮浆清除。

2）弹线、找平。在基层（找平层）上弹出木龙骨位置线及标高控制线。

3）安装木搁栅（木龙骨）。木龙骨断面呈梯形，宽面在下，其截面尺寸及间距应符合设计要求。按线将龙骨放平放稳，用垫木找平，垫实钉牢，木龙骨与墙之间留出30mm的缝隙，再依次摆正中间的龙骨，若设计无要求则龙骨间距按300mm，且表面应平直。

4）填充轻质材料。在龙骨之间填充干炉渣或其他保温、隔声等轻质材料。

5）安装中密度（强化）复合木地板：中密度（强化）复合木地板面层与墙面之间应留不小于10~20mm的空隙，以后逐条板排紧，中密度（强化）复合木地板与龙骨间应钉牢、排紧；铺钉方法宜采用暗钉，钉子以45°或60°角钉入，可使接缝进一步靠紧。

中密度（强化）复合木地板的接头要在龙骨中间，相邻板材接头位置应错开不小于300mm距离。

6）安装踢脚板。粘贴或铺钉均可。

（3）实铺式（双层条式）施工。

1）基层清理。将基层（找平层）表面打扫干净，浮浆清除。

2）弹线、找平。在基层（找平层）上弹出木龙骨位置线及标高控制线。

3）安装木搁栅（木龙骨）。按木龙骨位置线将龙骨放平放稳，用垫木找平，垫实钉牢。木龙骨断面呈梯形，宽面在下，其截面尺寸及间距应符合设计要求，木龙骨距墙留出30mm的缝隙，再依次摆正中间的龙骨，龙骨间距若设计无要求按300mm。

4）满铺毛地板。将毛地板钉在木龙骨上。毛地板与木龙骨垂直铺钉，若大面积宜斜向铺设，与木龙骨角度为30°或45°，毛地板应四周钉头，钉距应不小于350mm。

5）铺防潮垫。在毛地板上满铺一层防潮垫，不用打胶。

6）安装中密度（强化）复合木地板。铺装中密度（强化）复合木地板，不用打胶，直接拼铺。中密度（强化）复合木地板拼缝若是普通企口，板材间接缝必须打胶，其他拼缝形式直接拼装，也可打胶进行封闭。

中密度（强化）复合木地板面层与墙面之间应留不小于10mm空隙。

7）安装踢脚板。粘贴或铺钉均可。

（4）架空式施工。

1）基层清理：将基层（找平层）表面打扫干净，浮浆清除。

2）弹线、找平：在基层（找平层）上弹出地垄墙位置线及地垄墙、木龙骨和木地板标高控制线。

3）砌筑地垄墙。一般采用水泥砂浆或混合砂浆砌筑，其厚度应根据架空的高度及使用条件来确定。垄墙与垄墙的间距一般不宜大于2m，地垄墙的高度应符合设计标高，必要时其顶面层可考虑以水泥砂浆或豆石混凝土找平。地垄墙在砌筑时要预留120mm×120mm的通风孔洞，外墙每隔3～5m开设180mm×180mm的孔洞；如果该架空层内敷设了管道设备，需兼做维修空间时，则需考虑预留进人孔。

4）铺设垫木。在地垄墙与木格栅（木龙骨）之间用垫木连接，垫木的厚度一般为50mm。垫木与地垄墙的连接，通常用18号铅丝绑扎，铅丝预先埋在砖砌体之中，垫木宜分段直接铺放于格栅之下。也可用混凝土圈梁或压顶代替垫木，在地垄墙上部现浇混凝土圈梁，并预埋钢筋。

5）安装木格栅（木龙骨）。木格栅（木龙骨）的断面尺寸应根据地垄墙的间距来确定，其布置与地垄墙成垂直方向安放，间距应视房间的具体尺寸、设计要求来确定，一般为400mm，铺设找平后与垫木钉牢即可。

6）设置剪刀撑。剪刀撑布置于木格栅之间，将每根木格栅连成一个整体。

7）铺钉毛地板。在木格栅之上铺钉的一层窄木板条，宜斜向铺设，与木格栅成30°或45°角。

8）安装中密度（强化）复合木地板。在毛地板上满铺一层防潮垫，不用打胶。铺装中密度（强化）复合木地板，不用打胶，直接拼铺。中密度（强化）复合木地板拼缝若是普通企口，板材间接缝必须打胶，其他拼缝形式直接拼装，也可打胶进行封闭。

9）安装踢脚板：粘贴或铺钉均可。

2.5.3.3 质量标准

1. 主控项目

（1）中密度（强化）复合木地板面层所采用的材质和铺设时的木材含水率必须符合设计要求。木龙骨、垫木和毛地板等必须做防腐、防蛀处理。

检验方法：观察检查和检查材质合格证明文件及检测报告。

（2）木龙骨安装应牢固、平直，其间距和稳固方法必须符合设计要求，粘贴使用的胶必须符合设计环保要求。

检验方法：观察，脚踩检查，检查胶粘剂的合格证明文件及环保检测报告。

（3）面层铺设应牢固；粘贴无空鼓。

检验方法：观察，脚踩或用小锤轻击检查。

2．一般项目

（1）中密度（强化）复合木地板面层图案和颜色应符合设计要求，图案清晰，颜色一致，板面无翘曲。

检查方法：观察，用2m靠尺和楔形塞尺检查。

（2）面层的接头应错开，缝隙严密，表面洁净。

检查方法：观察检查。

（3）踢脚线表面光滑，接缝严密，高度一致。

检查方法：观察和钢尺检查。

（4）中密度（强化）复合地板面层的允许偏差应符合表2.11的规定。

表2.11　　　中密度（强化）复合木地板面层的允许偏差和检验方法

项次	项　　目	允许偏差/mm	检　验　方　法
1	板面缝隙宽度	0.5	用钢尺检查
2	表面平整度	2.0	用2m塞尺和楔形塞尺检查
3	踢脚线上口平齐	3.0	拉5m通线，不足5m拉通线和用钢尺检查
4	板面拼缝平直	3.0	
5	相邻板材高差	0.5	用钢尺和楔形塞尺检查
6	踢脚线与面层的接缝	1.0	楔形塞尺检查

3．质量要求

同2.5.1.5。

2.5.3.4　成品保护

同2.5.1.5。

2.5.3.5　安全、环保措施

1．安全措施

同2.5.1.5。

2．环保措施

同2.5.1.5。

2.5.4　竹地板

2.5.4.1　施工准备

1．技术准备

（1）设计选定的竹地板应封样保存，大面积铺设应编制施工方案。

（2）面层下的各层做法应已按设计要求施工并验收合格。

2．材料准备

（1）竹地板。竹地板面层所采用的材料，其技术等级及质量要求必须符合设计要求，木格栅、垫木和毛地板等必须做防腐、防蛀、防火处理。

(2) 踢脚板。宽度、厚度、含水率均应符合设计要求，背面应满涂防腐剂，花纹颜色应力求与面层地板相同。

(3) 粘胶剂。满足耐老化、防菌、有害物的限量标准。

3. 主要机具

主要机具包括刨地板机、电锯、手刨、角度锯、冲击电钻、水准仪、水平尺、方尺、钢尺、小线、刷子、钉锤、扳手、电刨。

4. 作业条件

(1) 竹地板面层下的基层已按设计要求施工并验收合格。

(2) 样板间或样板块得到业主或监理认可。

(3) 对所有作业人员进行了技术交底。

(4) 作业时的施工条件（工序交叉、环境状况等）应满足施工质量可达到标准的要求。

(5) 室内水电及其他装饰装修工程已完。

2.5.4.2 施工工艺

1. 工艺流程

基层处理→找标高、弹线→安装木格栅→铺毛地板→铺竹地板→刨平磨光。

2. 操作工艺

(1) 基层处理。先将基层上的灰尘扫掉，用钢丝刷和錾子刷净、剔掉灰浆皮和灰渣层。

(2) 找标高、弹线。根据墙上的+100cm水平线，往下量测出面层标高，并弹在墙上。

(3) 安装木格栅。先按设计要求在楼板上弹出各木格栅的安装位置线及标高，将格栅放平、放稳，并找好标高，用膨胀螺栓和角钢（带钻孔）把格栅固定在基层上，木格栅下与基层间缝隙应用干硬性砂浆填密实。

(4) 铺毛地板。毛地板下料应根据木格栅的模数和房间的情况，将下好的毛地板牢固钉在木格栅上。采用直钉和斜钉交叉混用，直钉钉帽不得突出板面。毛地板可采用条板，也可采用整张的细木工板或中密度板等类产品。

(5) 铺竹地板。从墙的一边开始铺钉企口竹地板，靠墙的一块板应离开墙面10mm左右，以后逐块排紧。钉法采用斜钉，竹地板面层的接头应按设计要求留置。铺竹地板时应从房间内退着往外铺设。

(6) 刨平磨光。需要刨平磨光的地板应先粗刨后细刨，使面层完全平整后再用砂带机磨光。

2.5.4.3 质量标准

1. 主控项目

(1) 材料应符合设计的要求。

检验方法：观察检查和检查材质合格证明文件及检测报告。

(2) 木格栅安装应牢固、平直。

检验方法：观察，脚踩检查。

(3) 毛地板铺设应牢固，表面平整。

检验方法：观察，脚踩和用靠尺检查。

(4) 竹地板面层铺设应牢固，黏结无空鼓。

检验方法：观察，脚踩或用小锤轻击检查。

2．一般项目

(1) 竹地板面层品种与规格应符合设计要求，板面无翘曲。

检验方法：观察和用靠尺检查。

(2) 面层缝隙应均匀；接头位置应符合设计要求、表面洁净。

检验方法：观察检查。

(3) 踢脚线表面应光滑，接缝严密，高度一致。

检验方法：观察和用钢尺检查。

3．质量要求

铺钉竹地板的关键控制点及控制方法见表2.12。

2.5.4.4 成品保护

同2.6.3.4。

2.5.4.5 安全、环保措施

1．安全措施

(1)～(4) 同2.2.5安全措施(1)～(4)。

(5) 电气装置应符合施工用电安全管理规定。

表2.12 关键控制点及控制方法

序号	关键控制点	主 要 控 制 方 法
1	木材含水率	含水率不得超过12%，施工中特别注意对格栅木枋和毛地板材含水率的控制
2	格栅安装验收	①木格栅间距；②木格栅固定的牢固程度；③木格栅净料截面尺寸；④脚踩检查有无响声；⑤拉线检查顶面标高和平整度
3	细部	①拼缝应严密，钉子的入木方向应该是斜向的；②木板与墙、木板与木板的碰头缝不应硬挤，必须留缝处理；③相邻板材接头位置应错开不小于300mm距离

2．环保措施

同2.4.3.4。

项目3 门 窗 安 装

【学习目标】

通过本项目的操作，掌握木门窗、铝合金门窗、塑钢门窗及门窗玻璃的安装所需要的条件、工艺流程、施工要点，熟悉安装施工与质量验收规范，能进行基本的质量验收及通病防治。

子项目3.1 木 门 窗

3.1.1 施工准备

3.1.1.1 技术准备

设计图纸已通过自审与会审，熟悉施工图纸设计文件，其内容应包括胶合板厚度、木材的种类、规格、油漆颜色和燃料性能等级和环保等要求。检查材料出厂合格证、抽样检测报告。基层处理已施工完毕，已进行隐蔽验收。

根据施工图纸和方案编制技术交底文件，组织进行技术交底。

3.1.1.2 材料准备

（1）材料选用。

木方料：根据设计选用。一般有红松、白松、棒子松、水曲柳、柞木、柳桉等。

木门面板：根据设计选用。一般有胶合板、硬质纤维板、刨花板、中密度纤维板等。

玻璃：根据设计选用。一般有平板玻璃、钢化玻璃、钢化中空玻璃、钢化夹胶玻璃等。

其他材料：锚固件、五金配件、胶粘剂、木材防腐剂、防火涂料、防虫剂等。

木门窗框扇的木材类别、木材等级、含水率和框扇的规格型号和质量，应符合设计要求规范规定，并须有出厂质量合格证。人造板的质量和甲醛含量应符合设计和《住宅建筑室内装修污染控制技术标准》（JGJ/T 436—2018）。防火、防腐、防蛀、防潮等处理及胶粘剂的质量和性能应符合设计要求和其他有关专业规范的规定。

（2）质量要求。对称层和同一层单板应是同一树种，同一厚度，并考虑成品结构的均匀性。表板应紧面向外，各层单板不允许端拼。板均不许有脱胶鼓泡，一等品上允许有极轻微边角缺损，二等板的面板上不得留有胶纸带和明显的胶纸痕。公称厚度6mm以上的板，其翘曲度：一、二等板不得超过1%，三等板不得超过2%。木门窗含水率应控制在6%～13%，且比使用地区的木材年平衡含水率低1%～3%。

3.1.1.3 主要机具

木门窗安装施工主要机具包括：经纬仪、水准仪、水平尺、直尺、丁字尺、木工三角尺、吊角线、木工钻床、开榫机、榫槽机、刨光机、凿刀、木工斧、羊角锤、手电钻、电刨、电锯、电锤、锯、刨。

3.1.1.4　作业条件

（1）门窗框和扇进场后，及时组织油工将框靠墙靠地的一面涂刷防腐涂料。然后分类水平堆放平整，底层应搁置在垫木上，在仓库中垫木离地面高度不小于200mm，临时的敞篷垫木离地面高度应不小于400mm，每层间垫木板，使其能自然通风。木门窗严禁露天堆放。

（2）安装前先检查门窗框和扇有无翘扭、弯曲、窜角、劈裂、榫槽间结合处松散等情况，如有则应进行修理。

（3）预先安装的门窗框，应在楼、地面基层标高或墙砌到窗台标高时安装。后装的门窗框，应在主体工程验收合格、门窗洞口防腐木砖埋设齐备后进行。

（4）门窗扇的安装应在饰面完成后进行。没有木门框的门扇，应在墙侧处安装预埋件。

3.1.2　施工工艺

3.1.2.1　工艺流程

放样→配料、截料→刨料→画线→打眼→开榫、拉肩→裁口与倒棱→拼装→门窗框安装→门窗框的塞缝→门窗扇安装→玻璃安装→门窗五金安装。

3.1.2.2　操作工艺

1. 放样

放样是根据施工图纸上设计好的木制品，按照足尺1∶1将木制品构造画出来，做成样板（或样棒）。样板采用松木制作，双面刨光，厚约25cm，宽等于门窗樘子梃的断面宽，长比门窗高度大200mm左右，经过仔细校核后才能使用，放样是配料和截料、划线的依据，在使用的过程中，注意保持其划线的清晰，不要使其弯曲或折断。

2. 配料、截料

配料是在放样的基础上进行的，因此，要计算出各部件的尺寸和数量，列出配料单，按配料单进行配料。

配料时，对原材料要进行选择，有腐朽、斜裂节疤的木料，应尽量避开不用；不干燥的木料不能使用。精打细算，长短搭配，先配长料，后配短料；先配框料，后配扇料。门窗樘料有顺弯时，其弯度一般不超过4mm，扭弯者一律不得使用。

配料时，要合理地确定加工余量，各部件的毛料尺寸要比净料尺寸加大些。断面尺寸：单面刨光加大1~1.5mm，双面刨光加大2~3mm。机械加工时单面刨光加大3mm，双面刨光加大5mm。

长度余量的加工余量见表3.1。

表3.1　门窗构件长度加工余量

序号	构件名称	加工余量
1	门樘立梃	按图纸规格放长7cm
2	门窗樘冒头	按图纸规格放长10cm，无走头时放长4cm
3	门窗樘中冒头、窗樘中竖梃	按图纸规格放长1cm

续表

序号	构件名称	加工余量
4	门窗扇梃	按图纸规格放长4cm
5	门窗扇冒头、玻璃棂子	按图纸规格放长1cm
6	门扇中冒头	在五根以上者，有一根可考虑做半
7	门芯板	按图纸冒头及扇梃内净距放长各半

配料时还要注意木材的缺陷，节疤应躲开眼和榫头的部位，合理确定截料范围，防止凿劈或榫头断掉；起线部位也禁止有节疤。

在选配的木料上按毛料尺寸画出截断、锯开线，考虑到锯解木料的损耗，一般留出2～3mm的损耗量。锯时要注意锯线直，端面平。

3. 刨料

刨料时，宜将纹理清晰的里材作为正面，对于樘子料任选一个窄面为正面。对于门、窗框的梃及冒头可只刨面，不刨靠墙的一面；门、窗扇的上冒头和梃也可先刨三面，靠樘子的一面待安装时根据缝的大小再进行修刨。刨完后，应按同类型、同规格樘扇分别堆放，上、下对齐。每个正面相合，堆垛下面要垫实平整。

4. 画线

画线是根据门窗的构造要求，在各根刨好的木料上画出榫头线，打眼线等。

画线前，先要弄清楚榫、眼的尺寸和形式，什么地方做榫，什么地方凿眼，弄清图纸要求和样板式样，尺寸、规格必须一致，并先做样品，经审查合格后再正式画线。门窗樘无特殊要求时，可用平肩插。樘梃宽超过80mm时，要画双实榫；门扇梃厚度超过60mm时，要画双头榫，60mm以下画单榫。冒头料宽度大于180mm者，一般画上下双榫。榫眼厚度一般为料厚的1/4～1/3。半榫眼深度一般不大于料断面的1/4，冒头拉肩应和榫吻合。

成批画线应在画线架上进行。把门窗料叠放在架子上，将螺钉拧紧固定，然后用丁字尺一次画下来，既准确又迅速，并标识出门窗料的正面或背面。所有榫、眼注明是全眼还是半眼，透榫还是半榫。正面眼线画好后，要将眼线画到背面，并画好倒棱、裁口线，这样所有的线就画好了。要求线要画得清楚、准确、齐全。

5. 打眼

打眼之前，应选择与眼同宽的凿刀，凿出的眼，顺木纹两侧要直，不得出错。先打全眼，后打半眼。全眼要先打背面，凿到一半时，翻转过来再打正面直到贯穿。眼的正面要留半条里线，反面不留线，但比正面略宽。这样装榫头时，可减少冲击，以免挤裂眼口四周。成批生产时，要经常核对，检查眼的位置尺寸，以免发生误差。

6. 开榫、拉肩

开榫又称打卯，就是按榫头线纵向锯开。拉肩就是锯掉榫头两旁的肩头，通过开榫和拉肩操作就制成了榫头。

拉肩、开榫要留半个墨线。锯出的榫头要方正、平直，榫眼处完整无损，没有被拉肩操作面锯伤。半榫的长度应比半眼的深度少2～3mm。锯成的榫要求方、正，不能伤榫根。楔头倒棱，以防装楔头时将眼背面顶裂。

7. 裁口与倒棱

裁口即刨去框的一个方形角部分，供装玻璃用。用裁口刨子或用歪嘴子刨。快刨到目标位置时，用单线刨子刨，去掉木屑，刨到目标位置为止。裁好的口要求方正平直，不能有戗槎起毛、凹凸不平的现象。倒棱也称为倒八字，即沿框刨去一个三角形部分。倒棱要平直、板实，不能过线。裁口也可用电锯切割，需留1mm，再用单线刨子刨到需求位置为止。

8. 拼装

拼装前对部件应进行检查，要求部件方正、平直，线脚整齐分明，表面光滑，尺寸规格、式样符合设计要求。并用细刨将遗留墨线刨光。

门窗框的组装，是在一根边梃的眼里，再装上另一边的梃，用锤轻轻敲打拼合。敲打时要垫木块防止打坏榫头或留下敲打的痕迹。待整个拼好归方以后，再将所有榫头敲实，锯断露出的榫头。拼装时先将楔头沾抹上胶再用锤轻轻敲打拼合。

门窗扇的组装方法与门窗框基本相同。但木扇有门心板，须先把门心板按尺寸裁好，一般门心板应比门扇边上量得的尺寸小3～5mm，门心板的四边去棱，刨光磨好。然后，先把一根门梃平放，将冒头逐个装入，门心板嵌入冒头与门梃的凹槽内，再将另一根门梃的眼对准榫装入，并用锤垫木块敲紧。

门窗框、扇组装好后，为使其成为一个结实的整体，必须在眼中加木楔，将榫在眼中挤紧。木楔长度为榫头的2/3，宽度比眼宽窄1/2，比如4吋眼宽，楔子宽为3.5英寸❶。楔子头用扁铲顺木纹铲尖，加楔时应先检查门窗框、扇的方正，掌握其歪扭情况，以便在加楔时调整、纠正。

一般每个榫头内必须加两个楔子。加楔时，用凿子或斧子把榫头凿出一道缝，将楔子两面抹上胶插进缝内。敲打楔子要先轻后重，逐步撑入，不要用力太猛。当楔子已打不动，眼已扎紧饱满，就不要再敲，以免将木料撑裂。在加楔的过程中，对框、扇要随时用角尺或尺杆卡窜角找方正，并校正框、扇的不平处，加楔时注意纠正。

组装好的门窗、扇用细刨刨平，先刨光面。双扇门窗要配好对，对缝的裁口刨好。安装前，门窗框靠墙的一面，均要刷一道防腐剂，以增强防腐能力。

为了防止在运输过程中门窗框变形，在门框下端钉上拉杆，拉杆下皮正好是锯口。大的门窗框，在中贯档与梃间要钉八字撑杆，外面四个角也要钉八字撑杆。

门窗框组装、净面后，应按房间编号，按规格分别码放整齐，堆垛下面要垫木块。禁止在露天堆放，须用油布盖好，以防止日晒雨淋。门窗框进场后应尽快刷一道底油防止风裂和污染。

9. 门窗框安装

(1) 主体结构完工后，复查洞口标高、尺寸及木砖位置。

(2) 将门窗框用木楔临时固定在门窗洞口内相应位置。

---

❶ 1英寸＝2.54cm。

(3) 用吊线坠校正框的正、侧面垂直度,用水平尺校正框冒头的水平度。

(4) 用砸扁钉帽的钉子钉牢在木砖上,钉帽要冲入木框内 1～2mm,每块木砖要钉两处。

(5) 高档硬木门框应用钻打孔,用木螺丝拧固并拧进木框 5mm,并用同等木补孔。

10. 门窗框的塞缝

(1) 塞缝前保证缝隙垃圾清理彻底,剔除浮浆及表面的碎渣,用毛刷扫除阴角容易残留的垃圾,塞缝前清除缝隙杂物并浇水润湿,并在界面处用水泥浆扫浆。清理并扫浆后应做工序验收,做好验收记录。

(2) 门窗采用 1∶2 干硬性水泥砂浆塞缝,掺防水剂,加 10% 的微膨胀剂,塞缝分两次进行。第一次塞缝至门窗框表面凹进 3mm;第二次塞缝至与门窗框平,用直径 15mm 的 PVC 管勾槽。门窗框与墙体间的缝隙填嵌饱满密实,表面平整。塞缝时手工塞缝,并保证挤压密实。

(3) 安装框时使用的木楔、垫块待砂浆达到强度后取出,补塞砂浆。

(4) 每个门窗框固定件位置应作为重点来填补捣实。塞缝完成后应进行工序验收,并做好验收记录。

(5) 外墙窗框底部位置要求找 5% 斜坡,且禁止外墙抹灰收口覆盖泄水孔,抹灰面宜低于泄水孔 5mm。

(6) 洞口外侧四周涂刷两遍 JS 防水涂膜(厚度控制 1.0mm),须压门窗框 5mm,且涂刷到过门窗洞阳角 200mm 处。基面必须平整、牢固、干净、无明水、无渗漏,凹凸不平及裂缝等缺陷必须填平,阴阳角应做成圆弧角。防水完成后应进行工序验收,做好验收记录。

(7) 外墙窗边底涂施工完毕后,将门窗内外框边与洞口相接处用嵌缝胶进行密封处理,要求连续、均匀、薄厚合适。

11. 门窗扇的安装

(1) 量出樘口净尺寸,考虑留缝宽度。确定门窗扇的高、宽尺寸,先画出中间缝处的中线,再画出边线,并保证梃宽一致,四边画线。

(2) 若门窗扇高、宽尺寸过大,则刨去多余部分。修刨时应先锯余头,再行修刨。门窗扇为双扇时,应先作打叠高低缝,并以开启方向的右扇压左扇。

(3) 若门窗扇高、宽尺寸过小,可在下边或装合页一边用胶和钉子绑钉刨光的木条。钉帽砸扁,钉入木条内 1～2mm。然后锯掉余头刨平。

(4) 平开扇的底边、中悬扇的上下边、上悬扇的下边、下悬扇的上边等与框接触且容易发生摩擦的边,应刨成 1mm 斜面。

(5) 试装门窗扇时,应先用木楔塞在门窗扇下边,然后再检查缝隙,并注意窗楞和玻璃芯子平直对齐。合格后画出合页的位置线,再剔槽装合页。

(6) 安装合页时,合页槽应里平外卧,木螺丝严禁一次钉入,钉与抹灰面平齐。

12. 玻璃安装

(1) 门窗扇和门窗固定玻璃应在洞口墙体表面装饰完工验收后安装。

(2) 固定扇玻璃框应按设计要求垫上橡胶垫块,玻璃与槽两边亦应按设计要求保留空隙，以防玻璃自爆，玻璃与木框边缘应以硅酮密封胶密封，注胶应光滑、连续、无气泡。

13. 门窗五金安装

（1）所有五金必须用木螺丝固定安装，严禁用钉子代替。使用木螺丝时，先用手锤钉入全长的1/3，接着用螺丝刀拧入。当木门窗为硬木时，先钻孔径为木螺丝直径0.9倍的孔，孔深为木螺丝全长的2/3，然后再拧入木螺丝。

（2）铰链距门窗扇上下两端的距离为扇高的1/10，且避开上下冒头。安好后必须灵活。

（3）门锁距地面高约0.9~1.05m，应错开中冒头和边梃的榫头。

（4）门窗拉手应位于门窗扇中线以下，窗拉手距地面1.5~1.6m。

（5）窗风钩应装在窗框下冒头与窗扇下冒头夹角处，使窗开启后成90°角，并使上下各层窗扇开启后角度一致。

（6）门插销位于门拉手下边。装窗插销时应先固定插销底板，再关窗打插销压痕，凿孔，打入插销。

（7）门扇开启后易碰墙的门，为固定门扇应安装门吸。

（8）门窗五金应安装齐全，位置适宜，固定可靠。

3.1.3 质量标准

3.1.3.1 主控项目

（1）木门窗的木材品种、材质等级、规格、尺寸、框扇的线型及人造木板的甲醛含量应符合设计要求。

检验方法：观察，检查材料进场验收记录和复验报告。

（2）木门窗应采用烘干的木材，含水率应符合《木门窗》（GB/T 29498—2013）的规定。

检验方法：检查材料进场验收记录。

（3）木门窗的防火、防腐、防虫处理应符合设计要求。

检验方法：观察，检查材料进场验收记录。

（4）木门窗的结合处和安装配件处不得有木节或已填补的木节。木门窗如有允许限值以内的死节及直径较大的虫眼时，应用同一材质的木塞加胶填补。对于清漆制品，木塞的木纹和色泽应与制品一致。

检验方法：观察。

（5）门窗框和厚度大于50mm的门窗扇应用双榫连接。榫槽应采用胶料严密嵌合，并应用胶楔加紧。

检验方法：观察，手扳检查。

（6）胶合板门、纤维板门和模压门不得脱胶。胶合板不得刨透表层单板，不得有戗槎。制作胶合板门、纤维板门时，边框和横楞应在同一平面上，面层、边框及横楞应加压胶结。横楞和上、下冒头应各钻两个以上的透气孔，透气孔应通畅。

检验方法：观察。

（7）木门窗的品种、类型、规格、开启方向、安装位置及连接方式应符合设计要求。

检验方法：观察，尺量检查，检查成品门的产品合格证书。

（8）木门窗框的安装必须牢固。预埋木砖的防腐处理、木门窗框固定点的数量、位置及固定方法应符合设计要求。

检验方法：观察；手扳检查；检查隐蔽工程验收记录和施工记录。

（9）木门窗扇必须安装牢固，并应开关灵活，关闭严密，无倒翘。

检验方法：观察，开启和关闭检查，手扳检查。

（10）在正常情况下，当门窗关闭时，门窗扇的上端本应与下端同时或上端略早于下端贴紧门窗的止框。所谓"倒翘"通常是指当门窗扇关闭时，门窗扇的下端已经贴紧门窗下框，而门窗扇的上端由于翘曲未能与门窗的上框贴紧，尚有离缝的现象。

（11）木门窗配件的型号、规格、数量应符合设计要求，安装应牢固，位置应正确，功能应满足使用要求。

检验方法：观察，开启和关闭检查，手扳检查。

（12）考虑到材料的发展，本教材将门窗五金件统一称为配件。门窗配件不仅影响门窗功能，也有可能影响安全，故本教材将门窗配件的型号、规格、数量及功能列为主控项目。

3.1.3.2 一般项目

（1）木门窗表面应洁净，不得有刨痕、锤印。

检验方法：观察。

（2）木门窗的割角、拼缝应严密平整。门窗框、扇裁口应顺直，刨面应平整。

检验方法：观察。

（3）木门窗上的槽、孔应边缘整齐，无毛刺。

检验方法：观察。

（4）木门窗与墙体间缝隙的填嵌材料应符合设计要求，填嵌应饱满。寒冷地区外门窗（或门窗框）与砌体间的空隙应填充保温材料。

检验方法：轻敲门窗框检查；检查隐蔽工程验收记录和施工记录。

（5）木门窗批水、盖口条、压缝条、密封条安装应顺直，与门窗结合应牢固、严密。

检验方法：观察，手扳检查。

（6）木门窗制作的允许偏差和检验方法应符合表3.2的规定。

表3.2　　　　　　　木门窗制作的允许偏差和检验方法

项次	项目	构件名称	允许偏差/mm		检验方法
			普通	高级	
1	翘曲	框	3	2	将框、扇平放在检查台上，用塞尺检查
		扇	2	2	
2	对角线长度差	框、扇	3	2	用钢直尺检查，框量裁口里角，扇量外角
3	表面平整度	扇	2	2	用1m靠尺和塞尺检查
4	高度、宽度	框	0；-2	—	用钢直尺检查，框量裁口里角，扇量外角
		扇	+2；0	+1；0	
5	裁口、线条结合处高低差	框、扇	1	0.5	用钢直尺和塞尺检查
6	相邻棂子两端间距	扇	2	1	用钢直尺检查

(7) 平开木门窗安装的留缝限值、允许偏差和检验方法应符合表3.3的规定。

表3.3　　　　　　　平开木门窗安装的留缝限值、允许偏差和检验方法

序号	项目		留缝限值/mm		允许偏差/mm		检验方法
			普通	高级	普通	高级	
1	门窗槽口对角线长度差		—	—	3	2	用钢尺检查
2	门窗框的正、侧面垂直度		—	—	2	1	用1m垂直检测度检查
3	框与扇、扇与扇接缝高低差		—	—	2	1	用钢直尺和塞尺检查
4	门窗扇对角缝		1~2.5	1.5~2	—	—	用塞尺检查
5	工业厂房双扇大门对口缝		2~5	—	—	—	用塞尺检查
6	门窗扇与上框间留缝		1~2	1~1.5	—	—	用塞尺检查
7	门窗扇与侧框间留缝		1~2.5	1~1.5	—	—	用塞尺检查
8	窗扇与下框间留缝		2~3	2~2.5	—	—	用塞尺检查
9	门扇与下框间留缝		3~5	3~4	—	—	用塞尺检查
10	双层门窗内外框间距		—	—	4	3	用钢尺检查
11	无下框时门扇与地面间留缝	外门	4~7	5~6	—	—	用塞尺检查
		内门	5~8	6~7	—	—	
		卫生间门	8~12	8~10	—	—	
		厂房大门	10~20	—	—	—	

3.1.3.3　质量要求

(1) 各分项工程的检验批应按下列规定划分。

1) 同一品种、类型和规格的木门窗及门窗玻璃每100樘应划分为一个检验批，不足100樘也应划分为一个检验批。

2) 同一品种、类型和规格的特种门每50樘应划分为一个检验批，不足50樘也应划分为一个检验批。

(2) 检查数量应符合下列规定。

1) 木门窗及门窗玻璃，每个检验批应至少抽查5%，并不得少于3樘，不足3樘时应全数检查；高层建筑的外窗，每个检验批应至少抽查10%，并不得少于6樘，不足6樘时应全数检查。

2) 特种门每个检验批应至少抽查50%，并不得少于10樘，不足10樘时应全数检查。

(3) 木门窗的品种、类型、规格、开启方向、安装位置及连接方式应符合设计要求。

(4) 木门窗框的安装必须牢固，预埋木砖的防腐处理、木门窗框固定点的数量、位置及固定方法应符合设计要求。

(5) 木门窗扇必须安装牢固，并应开关灵活，关闭严密，无倒翘。

(6) 木门窗配件的型号、规格、数量应符合设计要求，安装应牢固，位置应正确，功能应满足使用要求。

(7) 木门窗与墙体间缝隙的填嵌材料应符合设计要求，填嵌应饱满。

(8) 木门窗批水、盖口条、压缝条、密封条的安装应顺直，与门窗结合应牢固、严密。

3.1.4 成品保护

(1) 木门窗进入施工现场后应在室内竖直摆放，成品和材料不能接触地面，底部用枕木垫起高于地面10mm以上，避免与酸、碱性材料一起存放，室内保持整洁、干燥、通风。

(2) 上墙的木门窗型材框贴好保护膜，防止水泥溅到框表面上使型材表面受到腐蚀。

(3) 木门窗玻璃内外贴好保护膜，以防表面刮伤以及污染。木门窗玻璃外保护膜在外架拆除时可撕掉（底层除外），内保护膜在室内精装修最后一遍乳胶漆完成前撕掉。

(4) 禁止人员踩踏门窗，不得在门窗框架上安放脚手架、悬挂物品，经常进行施工作业的门窗洞口，由总包用废报纸等填充密实，并在上表面用厚木板等材料钉成Ⅱ形盒将门窗框下槛保护好，防止门窗变形损坏。

(5) 打玻璃、墙体密封胶时需贴保护胶带，防止打胶时污染玻璃和型材表面。

3.1.5 安全、环保措施

3.1.5.1 安全措施

(1) 安装门窗用的梯子必须结实牢固，不应缺档，不应放置过陡，梯子与地面夹角以60°～70°为宜。严禁两人同时站在一个梯子上作业。高凳不能站在端头，防止跌落。

(2) 严禁穿拖鞋、高跟鞋、带钉易滑鞋或光脚进入施工现场，进入现场必须戴安全帽。

(3) 材料要堆放平稳。工具要随手放入工具袋内，上下传递物件、工具时不得抛掷。

(4) 电器工具应安装触电保护器，以确保安全。

(5) 应经常检查锤把是否松动，手电钻等电器工具是否有漏电现象，一经发现立即修理，坚决不能勉强使用。

(6) 制定并落实消防安全制度、消防安全操作规程。

(7) 对施工人员进行消防安全教育和培训。

(8) 制定并落实消防安全检查制度和火灾隐患整改制度。

(9) 制定易燃易爆化学物品使用与储存时的防火、灭火制度和措施。

(10) 按照有关规定配置消防器材。

3.1.5.2 环保措施

(1) 在施工过程中对于电锤等施工机具产生的噪声，施工人员应严格按工程确定的环保措施进行控制。

(2) 废弃物按指定位置分类储存，集中处置。

(3) 施工后的废料应及时清理，做到工完场清，坚持文明施工。

(4) 在木门窗的制作与安装过程中对环境的影响因素，见表3.4。

对于在施工过程中可能出现的影响环境的因素，在施工中应采取相应的措施减少对周围环境的污染。

表 3.4　　　　　　木门窗制作与安装工程中对环境的影响因素

序号	影响环境的因素	排放去向	对环境的影响
1	水、电的消耗	周围空间	资源消耗、污染土地
2	电锯、切割机等施工机具产生的噪声排放	周围空间	影响人体健康
3	锯末粉尘的排放	周围空间	污染大气
4	电钻粉尘的排放	周围空间	污染大气
5	甲醛等有害气体的排放	大气	污染大气
6	油漆、稀料、胶、涂料的气味的排放	大气	污染大气
7	油漆刷、涂料滚筒的废弃	垃圾场	污染土地
8	油漆桶、涂料桶的废弃	垃圾场	污染土地
9	油漆、稀料、胶、涂料的气味的泄漏	土地	污染土地
10	油漆、稀料、胶、涂料的气味的运送遗洒	土地	污染土地
11	防火、防腐涂料的废弃	周围空间	污染土地
12	废夹板等施工垃圾的排放	垃圾场	污染土地
13	木制作、加工现场火灾的发生	大气	污染土地、影响安全

子项目 3.2　铝合金门窗

3.2.1　铝合金门窗施工准备

3.2.1.1　施工条件

(1) 结构质量经验收后达到合格标准，工种之间办理了交接手续。

(2) 按图示尺寸弹好窗中线，并弹好+50cm水平线，校正门窗洞口位置尺寸及标高是否符合设计图纸要求，如有问题应提前剔凿处理。

(3) 检查铝合金门窗两侧连接铁脚的位置与墙体预留孔洞位置是否吻合，若有问题应提前处理，并将预留孔洞内的杂物清理干净。

(4) 铝合金门窗进行拆包检查。将窗框周围的包扎布拆去，按图纸要求核对型号，检查外观质量和表面的平整度。如发现有劈棱、窜角和翘曲不平、严重超标、严重损伤、外观色差大等缺陷时，应找有关人员协商解决，经修整鉴定合格后才可安装。

(5) 认真检查铝合金门窗保护膜的完整性，如有破损的，应补粘后再安装。

(6) 玻璃安装前应对安装的框、扇几何尺寸，表面平整度，拼接节点等是否牢固进行认真的检查。

(7) 根据安装需要将玻璃运到指定地点，并按安装顺序码放于安全处备用。

(8) 安装所需的垫片、橡胶条、密封胶等应提前准备，运到现场备用。

(9) 安装玻璃所用的脚手架及高凳等提前准备好。

3.2.1.2　施工材料

(1) 铝合金门窗的规格、型号应符合设计要求，且应有出厂合格证。

(2) 铝合金门窗所用的五金配件应与门窗型号相匹配。所用的零件、附件及固定件最好采用不锈钢件，若用其他材质，必须进行防腐处理。

（3）防腐材料及保温材料均应符合图纸要求，且应有产品的出厂合格证。

（4）发泡剂、强度等级为32.5以上水泥、中砂按要求备齐。

（5）与结构固定的连接铁脚、连接铁板，应按图纸要求的规格备好，并做好防锈处理。

（6）焊条的规格、型号应与焊件相符，且应有出厂合格证。

（7）尼龙毛条嵌缝材料、密封膏的品种、型号应符合设计要求。

（8）防锈漆、铁纱（或铝纱）、压纱条等均应符合设计要求，且有产品的出厂合格证。

（9）密封条的规格、型号应符合设计要求，胶粘剂应与密封条的材质相匹配，且具有产品的出厂合格证。

（10）玻璃胶的选用应与铝合金相匹配，并应有出厂合格证。

（11）平板玻璃、磨砂玻璃、彩色玻璃、压花玻璃等品种或已加工好的（按门窗扇的尺寸加工）中空玻璃等玻璃，规格按设计要求选用，进场的玻璃必须有产品合格证、出厂合格证。

（12）橡胶压条，规格应符合设计要求。

（13）氯丁橡胶垫片及铝合金垫片，根据需要准备。

3.2.1.3　施工机具

1. 门窗框安装施工机具准备

门窗框安装施工机具主要包括铝合金切割机、手电钻、圆锉刀、半圆锉刀、十字螺钉旋具、划针、铁脚、圆规、钢尺、钢直尺、钢板尺、钻子、锤子、铁锹、抹子、水桶、灌浆器、水刷子、激光投线仪、电焊机、焊把线、面罩、焊条等，如图3.1所示。

2. 玻璃安装施工机具准备

玻璃安装施工机具主要包括工作台、玻璃刀、直尺、钢丝钳、毛笔、手动吸盘、电动真空吸盘、电动吊篮（安装玻璃幕墙）、运玻璃小车、钢卷尺、工具袋、抹布或棉丝、安全带、注胶枪等，如图3.2所示。

3.2.2　施工工艺

3.2.2.1　工艺流程

弹线定位→门窗框安装→洞口四周嵌缝→抹面→门窗扇安装→玻璃安装→清理。

3.2.2.2　操作工艺

1. 弹线定位

门窗安装前应根据设计要求弹出门、窗的安装位置线和控制检查线。注意同一立面的门窗在水平和垂直方向应整齐一致，地弹簧的表面应与室内地面标高一致。高层建筑或超高层建筑的外墙窗口，应用经纬仪从顶至底逐层施测边线，再定中心线，水平方向和垂直方向偏差均不超过5mm。

2. 门窗框安装

（1）门窗框安装前后不应撕掉或损坏铝框上保护胶膜。

（2）框子安装在洞口的安装线上，调整正、侧面垂直度、水平度和对角线合格后，用木楔临时固定。木楔应垫在边、横框能受力的部位，以防框子被挤压变形。临时固定方式

子项目 3.2　铝 合 金 门 窗

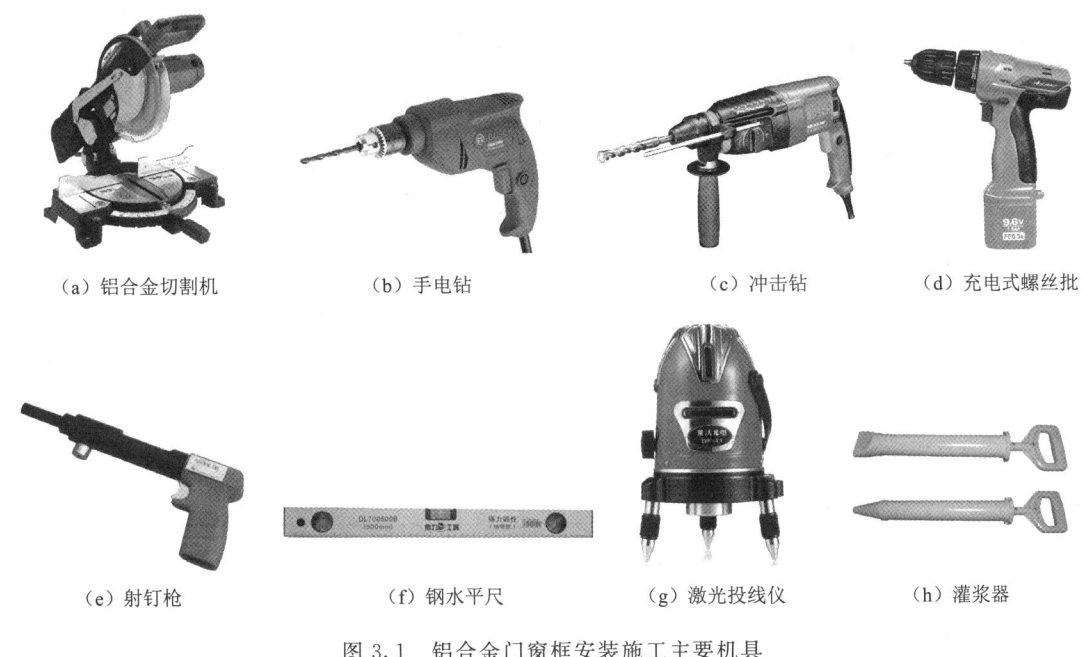

（a）铝合金切割机　　（b）手电钻　　（c）冲击钻　　（d）充电式螺丝批

（e）射钉枪　　（f）钢水平尺　　（g）激光投线仪　　（h）灌浆器

图 3.1　铝合金门窗框安装施工主要机具

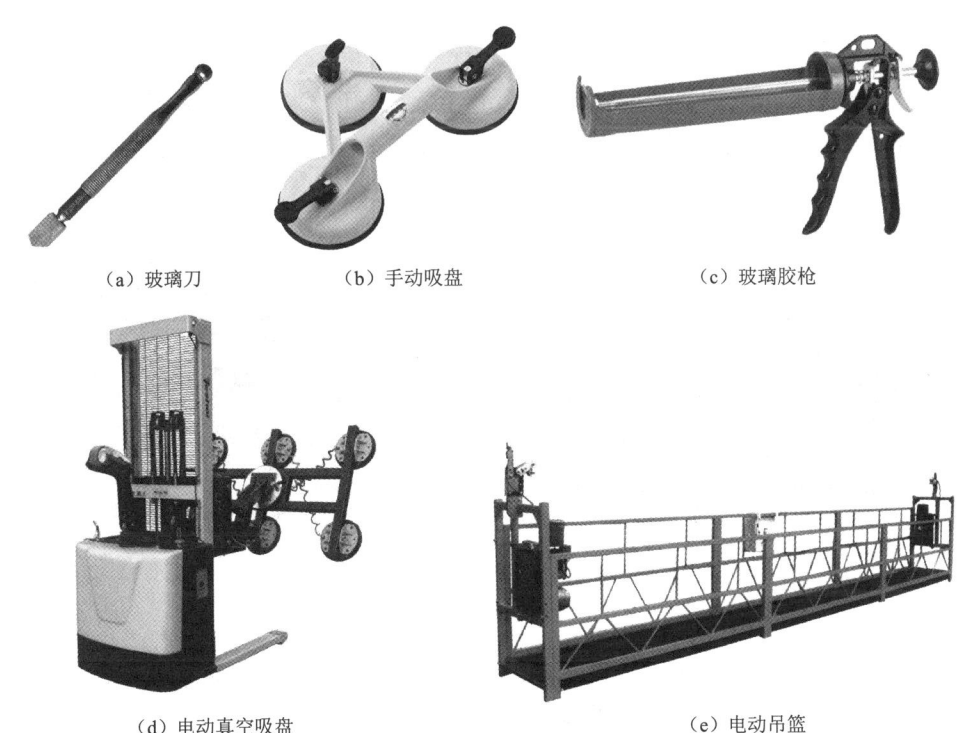

（a）玻璃刀　　（b）手动吸盘　　（c）玻璃胶枪

（d）电动真空吸盘　　（e）电动吊篮

图 3.2　铝合金门窗玻璃安装施工主要机具

89

如图 3.3 所示。

(3) 组合门窗框应先按设计要求进行预拼装，然后按先装通长拼樘料、后安装分段拼樘料、最后安装基本门窗框的顺序进行。

(4) 门窗框固定。待立面垂直、左右间隙、上下位置均符合要求以后，再用射钉或膨胀螺栓将镀锌锚固板固定在结构上，砖砌体严禁用射钉固定。锚固板厚度为 1.5mm，长度根据需要加工。锚固板间距应不大于 40cm，其方向宜内外交错布置（图 3.4）。

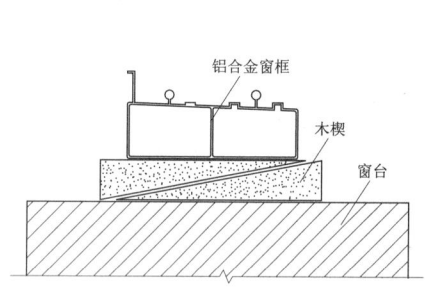

图 3.3 临时固定窗框方式

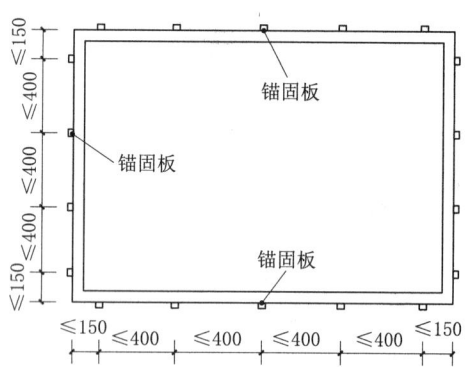

图 3.4 铝合金门窗锚固板的安装间距（单位：mm）

3. 洞口四周嵌缝

门窗框与墙体间隙处理：填缝前经过平整度、垂直度的安装质量复查后，再将框四周清扫干净，洒水湿润基层。填充材料和填充方法应按设计要求处理，若设计无要求时，应采用发泡剂、矿棉条或玻璃棉毡条分层填塞，缝隙外表面留 5mm 的槽口，嵌填密封材料。

砂浆塞缝法如图 3.5～图 3.7 所示。

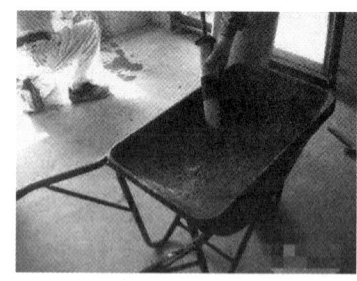

图 3.5 抽浆

图 3.6 塞浆

图 3.7 修整

4. 抹面

铝框四周的塞缝砂浆达到一定的强度后（一般需 24h），才能轻轻取下框旁的木楔，继续补灰，然后才能抹面层，压平抹光。

5. 门窗扇安装

铝合金门窗扇安装，应在室内外装饰基本完成后进行。

(1) 推拉门窗扇的安装。门窗扇分内扇和外扇，先将外扇插入上滑道的外槽内，自然下落于对应的下滑道的外滑道内，然后再用同样的方法安装内扇。

（2）对于可调导向轮，应在门窗扇安装之后调整导向轮，调节门窗扇在滑道上的高度，并使门窗扇与边框间平行。

（3）平开门窗扇安装。应先把铰链按要求位置固定在铝合金门窗框上，然后将门窗扇嵌入框内临时固定，调整合适后，再将门窗扇固定在铰链上。必须保证上、下两转动部分在同一个轴线上。

（4）地弹簧门扇安装。应先将地弹簧主机埋设在地面上，并浇筑混凝土使其固定。主机轴线与中横档上的顶轴在同一垂线上，主机表面与地面齐平。待混凝土达到设计强度后，调节上门顶轴将门扇装上，最后调整门扇间隙及门扇开启速度。

6. 玻璃安装

玻璃安装是门窗安装的最后一道工序，其内容包括玻璃裁割、玻璃就位、玻璃密封与固定。

玻璃就位后，应及时用胶条固定。型材镶嵌玻璃的凹槽内，一般有三种做法：一种做法是用橡胶条挤紧，然后再在胶条上面注入硅酮系列密封胶。另外一种做法是用10mm左右长的橡胶块，将玻璃挤住，然后再注入硅酮系列密封胶。注胶使用胶枪，要注得均匀、光滑，注入的深度不宜小于5mm。第三种做法是用橡胶压条封缝、挤紧，表面不再注胶。

玻璃应该摆在凹槽的中间，内、外两侧的间隙应不少于2mm，否则会造成密封困难。但也不宜大于5mm，否则胶条起不到挤紧、固定的目的。玻璃的下部不能直接坐落在金属面上，而应用氯丁橡胶垫块将玻璃垫起。氯丁橡胶垫块厚3mm左右。玻璃的两侧及上部，都应脱开金属面一段距离，避免玻璃胀缩发生变形。

7. 清理

铝合金门窗交工前，应将型材表面的塑料胶纸撕掉。如果发现塑料胶纸在型材表面留有胶痕，宜用香蕉水清理干净。玻璃应进行擦洗，对浮灰或其他杂物，应全部清理干净。待定位销孔与销对上后，再将定位销完全调出，并插入定位销孔中。最后，用双头螺杆将门拉手固定在门扇边框两侧。至此，铝合金门窗的安装操作基本完成。

3.2.3 质量标准

3.2.3.1 主控项目

（1）铝合金门窗及其附件质量必须符合设计要求和有关标准的规定。

（2）铝合金门窗的安装位置、开启方向必须符合设计要求。

（3）铝合金门窗安装必须牢固，预埋件的数量、位置、埋设连接方法必须符合设计要求。

（4）铝合金门窗框与非不锈钢紧固件接触面之间，必须做防腐处理；严禁用水泥砂浆作门窗框与墙体之间的填塞材料。

3.2.3.2 一般项目

（1）铝合金门窗扇安装应符合以下规定。

1）平开门窗扇关闭严密，间隙均匀，开关灵活。

2）推拉门窗扇关闭严密，间隙均匀，扇与框搭接量应符合设计要求。

3) 弹簧门扇自动定位准确,开启角度(90±1.5)°,关闭时间在6～10s范围之内。

(2) 铝合金门窗附件齐全,安装位置正确、牢固、灵活适用,达到各自的功能,端正美观。

(3) 铝合金门窗框与墙体间缝隙填嵌饱满密实,表面平整、光滑,无裂缝,填塞材料、方法符合设计要求。

(4) 铝合金门窗表面洁净,无划痕、碰伤,无锈蚀;涂胶表面平滑、平整,厚度均匀,无气孔。

3.2.3.3 质量要求

(1)～(2)同3.1.3.3(1)～(2)。

(3) 所用铝合金门窗的品种、规格、开启方向及安装位置应符合设计要求。

(4) 铝合金门窗安装必须牢固,横平竖直,高低一致。框与墙体缝隙应填嵌饱满密实,表面平整光滑,无裂缝,填塞材料与方法等应符合设计要求。

(5) 预埋件的数量、位置、埋设连接方法必须符合设计要求。

(6) 铝合金门窗扇应开启灵活,无倒翘、阻滞及反弹现象,五金配件应齐全,位置正确,关闭后密封条应处于压缩状态。

(7) 铝合金门窗安装后外观质量应表面洁净,大面无划痕、碰伤、无腐蚀,涂膜大面平整光滑、厚度均匀、无气孔。

(8) 铝合金门窗安装的质量要求和检验方法见表3.5。

表3.5 铝合金门窗安装的质量要求和检验方法

项次	项目	质量等级	质量要求	检验方法
1	平开门窗扇	合格	关闭严密,间隙基本均匀,开关灵活	观察、开闭检查
		优良	关闭严密,间隙均匀,开关灵活	
2	推拉门窗扇	合格	关闭严密,间隙基本均匀,扇与框搭接量不小于设计要求的80%	观察、用深度尺检查
		优良	关闭严密,间隙均匀,扇与框搭接量符合设计要求	
3	弹簧门扇	合格	自动定位准确,开启角度为(90±3)°,关闭时间在3～15s范围之内	用秒表、角度尺检查
		优良	自动定位准确,开启角度为(90±1.5)°,关闭时间6～10s范围之内	
4	门窗附件安装	合格	附件齐全,安装牢固,灵活适用,达到各自的功能	观察、手扳和尺量检查
		优良	附件齐全,安装位置正确、牢固、灵活适用,达到各自的功能,端正美观	
5	门窗框与墙体间缝隙填嵌	合格	填嵌基本饱满密实,表面干整,填塞材料、方法基本符合设计要求	
		优良	填嵌饱满密实,表面干整,光滑,无裂缝,填塞材料、方法符合设计要求	

续表

项次	项目	质量等级	质量要求	检验方法
6	门窗外观	合格	表面洁净，无明显划痕、碰伤，基本无锈蚀；涂胶表面基本光滑，无气孔	
		优良	表面洁净，无划痕、碰伤，无锈蚀；涂胶表面光滑、平整，厚度均匀，无气孔	
7	密封质量	合格	关闭后各配合处无明显缝隙，不透气、透光	
		优良	关闭后各配合处无缝隙，不透气、透光	

（9）铝合金门窗安装质量的允许偏差和检验方法，应符合表3.6的规定。

表3.6　　　　铝合金门窗安装质量的允许偏差和检验方法

项次	项目		允许偏差/mm	检验方法
1	门窗框宽度、高度	≤2000mm	2	用钢卷尺检查
		>2000mm	3	
2	门窗框对角线长度差	≤2500mm	4	用钢卷尺检查
		>2500mm	5	
3	门窗框的正、侧面垂直度		2	用1m垂直检测尺检查
4	门窗横框的水平度		2	用1m水平尺和塞尺检查
5	门窗横框标高		5	用钢卷尺检查
6	门窗竖向偏离中心		5	用钢卷尺检查
7	双层门窗内外框间距		4	用钢卷尺检查
8	推拉门窗扇与框搭接宽度	门	2	用钢直尺检查
		窗	1	

3.2.4　成品保护

同3.1.4。

3.2.5　安全、环保措施

3.2.5.1　安全措施

（1）施工机具在使用前，应进行严格检验。手电钻、电动改锥、焊钉枪等电动工具作绝缘电压试验；手持玻璃吸盘和玻璃吸盘安装机应进行吸附重量和吸附持续时间试验。

（2）施工人员应配备安全帽、安全带、工具袋等。

（3）在高层门窗安装与上部结构施工交叉作业时，结构施工层下方应架设防护网；在离地面3m高处，应搭设挑出6m的水平安全网。

（4）现场焊接时，在焊件下方应设接火斗。

（5）高处作业时，应执行《建筑施工高处作业安全技术规范》（JGJ 80—2016）。

（6）防火安全措施。

1) 动火前"八不"。

a. 防火、灭火措施不落实不动火。

b. 周围的易燃杂物未清除不动火。

c. 附近难移动的易燃结构未采取安全防范措施不动火。

d. 凡盛装过油类等易燃液体的容器、管道,未经洗刷干净、排除残存的油质不动火。

e. 凡盛装过受热膨胀有爆炸危险气体的容器和管道不动火。

f. 凡储存有易燃、易爆物品的车间、仓库和场所,未经排除易燃、易爆危险的不动火。

g. 在高空进行焊接或切割作业时,下面的可燃物品未清理或未采取防护措施的不动火。

h. 未有配备相应的灭火器材不动火。

2) 动火中"四要""一清"。

a. 动火前要指定现场安全负责人。

b. 现场安全负责人和动火人员必须经常注意动火情况,发现不安全苗头时,要立即停止动火。

c. 发现火灾、爆炸事故时,要及时扑救。

d. 动火人员要严格执行安全操作规程。

e. 动火人员和现场安全责任人在动火后,应彻底清理现场火种后,才能离开现场。

3.2.5.2 环保措施

(1) 合理安排作业时间,尽量减少夜间作业,以减少施工时机具噪声污染;避免影响施工现场内或附近居民的休息。

(2) 完成每项工序后,应及时清理施工后滞留的垃圾,比如胶、胶瓶、胶带纸等,保证施工现场的清洁。

(3) 在施工过程中应防止噪声污染,在施工场界噪声敏感区域宜选择使用低噪声的设备,也可以采取其他降低噪声的措施。

子项目3.3 塑 钢 门 窗

【任务导航】

完成卫生间塑钢门窗的安装,熟悉塑钢门窗安装前应具备的条件,正确认识和准备施工材料和施工机具,掌握施工操作前的准备条件。

3.3.1 施工准备

3.3.1.1 施工条件

(1) 结构工程已完,经验收达到合格标准,已办好工种之间的交接手续。

(2) 按图纸尺寸弹好门窗位置线,并根据已弹好的+50cm水平线,确定好安装标高。

(3) 校核已留置的门窗洞口尺寸及标高是否符合设计要求,有问题应及时改正。

(4) 检查塑钢门窗安装时的连接件位置排列是否符合要求。

(5) 检查塑钢门窗表面色泽是否均匀,是否无裂纹、麻点、气孔和明显擦伤。

(6) 准备好安装时的脚手架及做好安全防护措施。

3.3.1.2　施工材料

(1) 硬 PVC 塑料门窗的规格、型号、尺寸均应符合设计要求。

(2) 门窗框连接件（铁脚）与洞口墙体连接，一般采用机械冲孔胀管螺栓固定；或预埋木砖螺钉固定；应根据需要备齐。

(3) 门窗小五金应按门窗规格、型号配套。

(4) 门窗安装时应准备木楔、钢钉。

(5) 密封膏应按设计要求准备，并应有出厂证明及产品生产合格证。

(6) 嵌缝材料的品种应按设计要求选用。

(7) 自攻螺钉、木螺钉根据需要准备。

(8) 水泥：325 号以上普通硅酸盐水泥或矿渣水泥。砂：过 5mm 筛子，筛好备用。豆石：准备少许。

3.3.1.3　施工机具

施工机具主要包括线坠、粉线包、水平尺、托线板、手锤、扁铲、钢卷尺、螺钉施具、冲击电钻、射钉枪、锯、刨子、小平锹、小水桶、水泥灌浆器、钻子等。主要机具与铝合金门窗安装的基本相同，部分机具如图 3.8 所示。

(a) 电焊机　　　　(b) 水泥灌浆器　　　　(c) 钢锯

图 3.8　主要施工机具

3.3.2　施工工艺

3.3.2.1　工艺流程

门窗洞口的检查与清理→弹线→安装固定片→门窗框的安装→门窗框四周嵌缝→安装五金配件→清理。

3.3.2.2　操作工艺

1. 门窗洞口的检查与清理

塑钢门窗采用后塞口的做法，而且安装时要求的精度比钢木门窗高，所以，施工时一定要按设计要求严格掌握门窗洞口的尺寸及预埋木砖或铁件的位置及数量，发现问题及时处理，安装前要将门窗洞口内的杂物清理干净。

2. 弹线

(1) 弹线找规矩：在最高层找出门窗口边线，用大线坠将门窗口边线下引，并在每层门窗口处画线标记,对个别不直的口边应剔凿处理。高层建筑可用经纬仪找垂直线。

(2) 门窗口的水平位置应以楼层+50cm或+100cm水平线为准,往上反,量出窗下皮标高,弹线找直,每层窗下皮(标高相同)则应在同一水平线上。

3. 安装固定片

在门窗的上框和边框上安装固定片时,应符合下列要求。

(1) 检查门窗框的上下边位置及其内外朝向,经确认无误后,再安固定片。

(2) 固定片的位置应距门窗角、中竖框、中横框150~200mm,固定片之间的间距应不大于400mm。不得将固定片直接装在中横框、中竖框的档头上。

(3) 安装时应先钻孔,后用自攻螺钉拧入,严禁直接锤击钉入。

(4) 确定门窗框的安装位置,固定窗框的连接点的位置及数量应从力的传递和窗的伸缩变形需要来考虑。具体布置时,首先应保证在与铰链水平的位置上,设置连接点,连接点的间距不大于400mm。一般不允许在横档或竖梃的地方设连接点,相邻的连接点应相距150mm,而且在拐角、直档及有搭钩处的间距应更小一些。

4. 门窗框的安装

门窗框的安装位置确定之后,将门窗框装入洞口,并使其上下框中线与洞口的中线对齐,然后将上框的一个固定片固定在墙体上,随即调整水平度、垂直度和方正,并用木楔临时固定,再一次调整水平度、垂直度和方正。检查无误后,可以进行门窗框的固定。

门窗框的固定应先固定上框,后固定边框。具体固定方法如下。

(1) 混凝土墙洞口:应采用射钉或膨胀螺栓固定。

(2) 加气混凝土洞口:采用木螺钉将固定片固定在预埋木砖上。

(3) 砖砌墙体洞口:采用塑料膨胀螺栓或水泥钢钉固定,但不得固定在砖缝处。

(4) 对于有预埋铁件的洞口:有预埋木砖时,安装时先在框上用电钻打孔,然后用木螺钉拧入墙内预埋的木砖内,将框与墙体牢固连接。如果是预埋铁件,可先钻孔、攻丝,拧入平头螺钉加以固定。

(5) 框墙之间留出10~20mm的间隙,作为热胀冷缩的安全余量;此间隙内用发泡剂或沥青油毡条嵌填,外面用水泥砂浆抹面,但应注意沥青油毡不能直接接触塑料门窗,因为沥青对塑料有软化作用。

5. 门窗框四周嵌缝

门窗框正确就位,经中线、水平、垂直度找正无误后,用木楔固定,框墙之间的间隙用发泡剂、沥青油毡垫等弹性材料填充,然后用壁纸刀切除挤出的发泡剂或沥青油毡等,再用3~5mm厚的胶合板条挡到塑钢窗处的外边缘。水泥砂浆抹面,等水泥砂浆干后,再把胶合板条抽出,形成一个浅槽。这样,可保证塑料框有微量的伸缩余地,然后在浅槽处打上防水密封胶,保持原有的密封性能。不宜采取框墙之间直接填充刚性水泥的做法,因这种方法极易引起门窗的变形(图3.9)。

6. 安装五金配件

五金配件包括门窗锁、拉手(执手)、铰链以及门窗扇的水平调节等,需要保证门窗扇的正常开启和关闭,保证气密性和水密性。

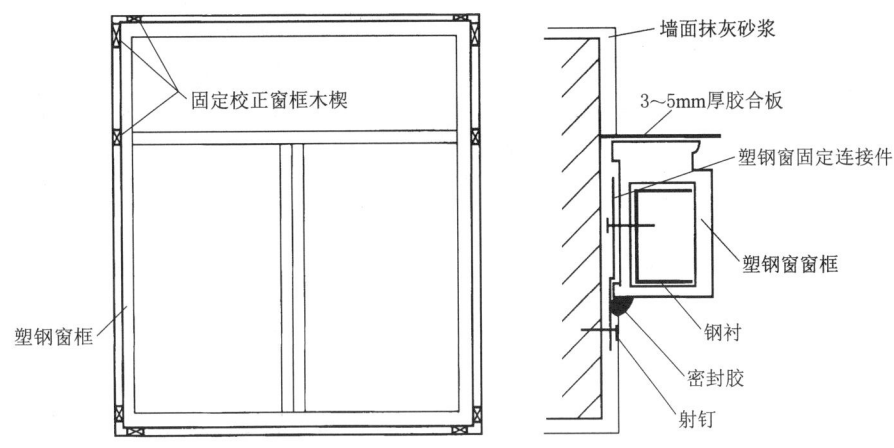

图 3.9 窗框就位、固定

7. 清理

清理工作主要指保护膜的清除和门窗框（扇）上灰浆、杂物的清理等。对于残留的玻璃胶等污染物，可使用醋酸进行擦除。

3.3.3 质量标准

1. 主控项目

（1）塑钢门窗及其附件和玻璃的质量，必须符合设计要求和有关标准的规定。

（2）塑钢门窗必须安装牢固，预埋铁件的数量、位置、埋设和连接方法应符合设计要求和有关标准的规定。

（3）塑钢门窗安装位置及开启方向必须符合设计要求。

2. 一般项目

（1）塑钢门窗扇关闭紧密，开关灵活，无阻滞回弹，无变形和倒翘。

（2）塑钢门窗附件安装齐全，安装牢固，位置正确、端正，启闭灵活，适用美观。

（3）塑钢门窗框与墙体间的缝隙填嵌饱满密实，表面平整，嵌塞材料符合设计要求。

（4）塑钢门窗表面洁净、平整，颜色一致，无划痕碰伤，无污染，拼接缝严密。

（5）允许偏差项目见表 3.7。

表 3.7 塑钢门窗安装允许偏差与检验方法

项次	项 目			允许偏差	检验方法
1	门窗框两对角线长度		≤2000mm	3mm	用钢卷尺检查
			>2000mm	5mm	
2	平开窗	窗扇与框搭接宽度差		1mm	用深度尺或钢板尺检查
		同樘门窗相邻扇的横端角宽度差		2mm	用拉线和钢板尺检查
3	推拉窗	门窗扇开启力限值	扇面积不大于1.5m²	≤40N	用100N弹簧秤钩住拉手处，启闭5次取平均值
			扇面积大于1.5m²	≤60N	
		门窗扇与框或相邻扇立边平行度		2mm	用1m钢尺检查

续表

项次	项　目		允许偏差	检验方法
4	弹簧门扇	门扇对口缝或扇与框间立、横缝留缝限值	2～4mm	用楔形塞尺检查
		门扇与地面间隙留缝限值	2～7mm	用楔形塞尺检查
		门扇对口缝关闭时平整	2mm	用深度尺检查
5	门窗框（含拼樘料）正、侧面垂直度	≤2000mm	2mm	用1m托线板检查
		>2000mm	3mm	
6	门窗框（含拼樘料）水平度		2mm	用1m水平尺和楔形塞尺检查
7	门窗横框标高		5mm	用钢板尺检查，与基准线比较
8	双层门窗内外框、梃（含拼樘料）中心距		4mm	用钢板尺检查

3. 质量要求

（1）～（2）同3.1.3.3（1）～（2）。

（3）塑钢门窗安装正确，符合图纸设计要求和规范规定。

（4）塑钢门窗框（扇）安装牢固，无变形、翘曲、窜角现象。

（5）塑钢门窗框（扇）割角、拼缝严密，横平、竖直、表面平整洁净，无划痕碰伤，无锈蚀。

（6）塑钢门窗扇缝隙均匀、平直、关闭严密，开启灵活。

（7）合页、拉手、插销、门锁等小五金附件齐全，位置统一，安装牢固，使用灵活。

（8）塑钢门窗框与墙体间缝隙填嵌饱满密实，涂胶表面平整、光滑、无裂缝，厚度均匀无气孔。

3.3.4 成品保护

（1）塑钢门窗在安装过程中及工程验收前，应采取防护措施，不得污损。

（2）已装门窗框、扇的洞口，不得再作运料通道。

（3）严禁在门窗框、扇上安装脚手架、悬挂重物；外脚手架不得顶压在门窗框、扇或窗撑上，并严禁蹬踩门窗框、窗扇或窗撑。

（4）应防止利器划伤门窗表面，并应防止电、气焊火花烧伤或烫伤面层。

（5）立体交叉作业时，门窗严禁碰撞。

3.3.5 安全、环保措施

1. 安全措施

（1）建立健全安全生产责任制，进入施工现场人员，应严格遵守安全生产规章制度，做好各级安全技术交底，加强安全教育和安全检查，做好新工人、零散作业人员的安全培训工作。

（2）工作前应检查各种机械设备漏电保护装置是否完好正常。

（3）电动机具的绝缘应可靠，使用时不得过热，并应有良好的接地装置。

（4）搬运塑钢门窗时，注意不要碰脚伤人，放置应平稳。

（5）安装较大型的塑钢门窗时，应搭设脚手架；高空作业时，必须系好安全带。

（6）高空作业，必须思想集中，不准嬉戏打闹，以防发生事故。

（7）在储存、使用化学品时，应当根据化学品的种类、特性，在库房等作业场所设置相应的通风、防晒、防火、灭火、消毒、防潮、防渗漏或者隔离操作等安全设施、设备，并按照国家标准和国家有关规定进行维护、保养，保证符合安全运行要求。

2. 环保措施

（1）处置废弃危险化学品，依照固体废物污染环境防治法和国家有关规定执行。

（2）若发生危险化学品事故时，单位主要负责人应当按照本单位制定的应急救援预案，立即组织救援，营救受害人员；组织撤离或者采取其他措施保护危害区域内的其他人员，并立即报告当地负责危险化学品安全监督管理综合工作的部门和公安、环境保护、质检部门；迅速控制危害源，针对事故对人体、动植物、土壤、水源、空气造成的现实危害和可能产生的危害，迅速采取封闭、隔离、洗消等措施。

子项目 3.4 玻 璃 安 装

3.4.1 施工准备

1. 技术准备

施工图纸已通过内部审核和会审，熟悉施工图纸设计文件，其内容应包括玻璃的种类、规格等要求。检查材料出厂合格证、抽样检测报告。根据施工图纸和方案编制技术交底文件，组织进行技术交底。

2. 材料准备

（1）建筑物可根据功能要求选用普通平板玻璃、浮法玻璃、中空玻璃、钢化玻璃、夹层玻璃、镀膜玻璃、夹丝玻璃、吸热玻璃、防弹玻璃、单片防火玻璃等。玻璃品种规格可根据设计要求定做。

（2）建筑玻璃的外观质量和性能应符合下列国家现行标准的规定：

《平板玻璃》	GB 11614—2009
《半钢化玻璃》	GB/T 17841—2008
《中空玻璃》	GB/T 11944—2002
《夹丝玻璃》	JC 433—91
《防弹玻璃》	GB 17840—1999
《建筑用安全玻璃 防火玻璃》	GB 15763.1—2009
《建筑用安全玻璃 钢化玻璃》	GB 15763.2—2005
《建筑用安全玻璃 夹层玻璃》	GB 15763.3—2009
《建筑用安全玻璃 均质钢化玻璃》	GB 15763.4—2009

（3）玻璃安装材料应符合下列国家现行标准规定。

《塑料门窗用密封条》	GB/T 12002—1989
《建筑用硅酮结构密封胶》	GB 16776—2005
《硅酮和改性硅酮建筑密封胶》	GB/T 14683—2017
《中空玻璃用硅酮结构密封胶》	GB 24266—2009

《建筑密封胶分级和要求》　　　　　　　　　　　　　　　　　GB/T 22083—2008

（4）门窗玻璃质量要求。

1）建筑平板玻璃外观质量要求见表3.8。

表3.8　　　　　　　　　　　　　建筑平板玻璃外观质量

缺陷种类	质　量　要　求			
气泡	长度及个数允许范围			
	长度，L 0.5mm≤L≤1.5mm	长度，L 1.5mm<L≤3.0mm	长度，L 3.0mm<L≤5.0mm	长度，L L>5.0mm
	5.5S	1.1S	0.44S	0
夹杂物	长度及个数允许范围			
	长度，L 0.5mm≤L≤1.0mm	长度，L 1.0mm<L≤2.0mm	长度，L 2.0mm<L≤3.0mm	长度，L L>3.0mm
	5.5S，个	5.5S，个	5.5S，个	5.5S，个
点状缺陷密集度	长度大于1.5mm的气泡和长度大于1.0mm的夹杂物；气泡与气泡、类杂物与夹杂物或气泡与夹杂物的间距应大于300mm			
线道	按标准规定的方法检验，肉眼不应看见			
划伤	长度和宽度允许范围及条数			
	宽0.5mm，长60mm，3S，条			
光学变形	入射角：2mm 40°；3mm 45°；4mm以上 45°			
表面裂纹	按标准规定的方法检验，肉眼不应看见			
断面缺陷	爆边、凹凸、缺角等不应超过玻璃板的厚度			

注　S为以平方米单位的玻璃板面积，保留小数点后两位。气泡、夹杂物的个数及划伤条数允许范围为各系数与S相乘所得的数值，应按《数值修约规则与极限数值的表示和判定》（GB/T 8170—2008）修约至整数。

2）钢化玻璃外观质量要求见表3.9。

表3.9　　　　　　　　　　　　　钢化玻璃外观质量

缺陷名称	说　　明	允许缺陷数
爆边	每片玻璃每米边长上允许有长度不超过10mm，自玻璃边部向玻璃板表面延伸深度不超过2mm，自板面向玻璃厚度延伸深度不超过厚度1/3的爆边个数	1处
划伤	宽度在0.1mm以下的轻微划伤，每平方米面积内允许存在条数	长度≤100mm时，4条
	宽度大于0.1mm的划伤，每平方米面积内允许存在条数	宽度0.1～1mm，长度≤100mm，4条
夹钳印	夹钳印与玻璃边缘的距离≤20mm，边部变形量≤2mm	
裂纹、缺角	不允许存在	

3）夹丝玻璃外观质量要求见表3.10。

4）夹层玻璃外观质量要求见表3.11。

表3.10　　　　　　　　　　　　　　夹丝玻璃外观质量

项目	说　明	优等品	一等品	合格品
气泡	直径3～6mm的圆气泡每平方米内允许个数	5	数量不限，但不允许密集	
	每平方米面积内允许长泡个数	长6～8mm，2	长6～10mm，10	长6～10mm，10；长6～20mm，4
花纹变形	花纹变形程度	不允许有明显的花纹变形		不规定
异物	破坏性的	不允许		
	直径0.5～2.0mm非破坏性的，每平方米内允许个数	3	5	10
裂纹		目测不能看出	不影响使用	
磨伤		轻微	不影响使用	
金属丝	金属丝夹入玻璃体内状态	应夹入玻璃体内，不得露出表面		
	脱焊	不允许	距边部30mm内不限	距边部100mm内不限
	断线	不允许		
	接头	不允许		目测看不见

表3.11　　　　　　　　　　　　　　夹层玻璃外观质量

缺陷名称	优　等　品	合　格　品
胶合层气泡	不允许存在	直径在300mm圆内允许长度为1～2mm的胶合板气泡2个
胶合层杂层	直径在500mm圆内允许长2mm以下的胶合层杂质2个	直径在500mm圆内允许长3mm以下的胶合层杂质4个
裂痕	不允许存在	
爆边	每平方米玻璃允许有长度不超过20mm，自玻璃边部向玻璃表面延伸深度不超过4mm，自板面向玻璃厚度延伸深度不超过厚度一半的爆边	
	4个	6个
叠边磨伤脱胶	不得影响使用，可由供需双方商定	

夹层玻璃可使用符合《平板玻璃》（GB 11614—2009）一等品的平板玻璃、磨光玻璃板、夹丝抛光玻璃板、平面钢化玻璃板、吸热浮法及磨光玻璃板，但是Ⅲ类夹层玻璃不使用夹丝玻璃板及钢化玻璃板。

3. 主要机具

门窗玻璃安装施工主要机具包括：工作台、钢直尺、钢卷尺、木折尺、毛笔、玻璃刀、丝钳、十字螺丝刀、扁铲、油灰刀、木柄小锤、玻璃吸盘、磨边机、锉刀、棉丝或擦布、打胶枪、注胶机、长安全带。

4. 作业条件

（1）门窗五金安装完，经检查合格，并在涂刷最后一道油漆前进行玻璃安装。

（2）钢门窗在安装玻璃前，要求认真检查是否有扭曲变形等情况，应修整和挑选后，再进行玻璃安装。

（3）玻璃安装前，应按照明设计要求的尺寸及结合实测尺寸，预先集中裁制，并按不同规格和安装顺序码放在安全地方待用。

（4）由市场直接购买到的成品油灰，或使用熟桐油等天然干性油自行配制的油灰，可直接使用；如用其他油料配制的油灰，必须经过检验合格后方可使用。

3.4.2 施工工艺

3.4.2.1 工艺流程

玻璃挑选、裁制→分规格码放→安装前擦净→镶嵌玻璃、压线条→打玻璃胶密封。

3.4.2.2 操作工艺

1. 玻璃挑选、裁制

（1）建筑门窗玻璃若是钢化玻璃、半钢化玻璃、夹胶玻璃和夹丝玻璃等，玻璃厂家按照设计下的材料单生产，在玻璃安装前，将它们按编码与对应的铝型材窗框对应，放在合适的安装位置备用。

（2）建筑门窗玻璃若是平板玻璃，则需要加工厂按照设计出的加工图尺寸下料加工，将需要安装的玻璃，按部位分规格、数量裁制，已裁好的玻璃按规格码放；分送的数量应以当天安装的数量为准，不宜过多，以减少搬运和减少玻璃的损耗。

（3）对集中加工后进场的半成品，应有针对性地选择几樘进行核实来料的尺寸留量长宽，各应缩小1个裁口宽的1/4，一般每块玻璃的上下余量3mm，宽窄余量4mm，边缘不得有斜曲或缺口等情况。铝合金框、扇裁割应符合国家标准玻璃与玻璃框之间配合尺寸的规定，满足设计及安装要求。

2. 分规格码放

（1）门窗在正式安装玻璃前，要检查是否有扭曲及变形等情况，遇有不合格的，应整修后再安装玻璃。

（2）玻璃安装前应按照设计要求的尺寸或实测尺寸，预先集中裁制。裁制好的玻璃应按不同规格和安装顺序码放在安全地方备用。

3. 安装前擦净

玻璃安装前应清理裁口。先在玻璃底面与裁口之间，沿裁口的全长均匀涂抹1～3mm厚的底油灰，接着把玻璃推铺平整、压实，然后收净底油灰。玻璃表面要用抹布清理干净。

4. 镶嵌玻璃、压线条

（1）木门窗玻璃推平、压实后，四边分别钉上钉子，钉子间距150～200mm，每边不少于2个钉子，钉完后用手轻敲玻璃，响声坚实，说明玻璃安装平实；如果响声"啪啦啪啦"，说明油灰不严，要重新取下玻璃，铺实底油灰后，再推压挤平，然后用油灰填实，将灰边压平压光，并不得将玻璃压得过紧。

（2）木门窗固定扇（死扇）玻璃安装，应先用扁铲将木压条撬出，同时退出压条上的小钉，并将裁口处抹上底油灰，把玻璃推铺平整，然后嵌好四边木压条并将钉子钉牢，底灰修好、刮净。

(3) 钢门窗安装玻璃，应先将玻璃装进框口内轻压使玻璃与底油灰粘住，然后沿裁口玻璃边外侧装上钢丝卡。钢丝卡要卡住玻璃，其间距不得大于300mm，而且窗框每边至少有两个。经检查玻璃无松动时，再沿裁口全长抹油灰，油灰应抹成斜坡，表面抹光平。如框口玻璃采用压条固定时，则不抹底油灰。应先将橡胶垫嵌入裁口内，装上玻璃，随即装压条并用螺丝钉固定。

(4) 安装斜天窗的玻璃，应采用夹胶玻璃，并应从顺流方向用压块压住安装。压块安装搭接长度应视天窗的坡度而定，当坡度为1/4或大于1/4时，压块长度不小于50mm；坡度小于1/4时，压块长度不小于30mm，并应按设计要求。压块安装用不锈钢螺栓固定，并在缝隙中用密封胶嵌填密实。

(5) 门窗安装彩色玻璃和压花，应按照设计图案仔细裁割，拼缝必须吻合，不允许出现错位、松动和斜趋等缺陷。

(6) 安装窗中玻璃，按开启方向确定定位垫块，宽度应大于玻璃的厚度，长度不宜小于25mm，并应按设计要求。

(7) 铝合金框扇安装玻璃，安装前，应清除铝合金框槽口内所有灰渣、杂物等，畅通排水孔。在框口下边槽口放入橡胶垫块，以免玻璃直接与铝合金框接触。

安装玻璃时，使玻璃在框口内准确就位，玻璃安装在凹槽内，内外侧间隙应相等，间隙宽度一般在2～5mm。

采用橡胶压条固定玻璃时，先将橡胶压嵌入玻璃两侧密封，容纳后将玻璃挤紧，上面不再注密封胶。橡胶压条长度不得短于所需嵌入长度，不得强行嵌入胶条。

5．打玻璃胶密封

(1) 玻璃安装后，应进行清理，将油灰、钉子、钢丝卡及木压条等随即清理干净，关好门窗。

(2) 铝合金门窗或塑钢门窗采用橡胶条固定玻璃时，先用10mm长的橡胶块断续地将玻璃挤住，再在胶条上注入密封胶，密封胶要连续注满在周边内，注得均匀。

(3) 铝合金门窗或塑钢门窗采用橡胶块固定玻璃时，先将橡胶压条嵌入玻璃两侧密封，然后将玻璃挤住，再在其上面注入密封胶。

3.4.3 质量标准

1．主控项目

(1) 玻璃的品种、规格、尺寸、色彩、图案和涂膜朝向应符合设计要求。单块玻璃大于1.5m^2时应使用安全玻璃。

检验方法：观察；尺量检查；检查产品合格证书、性能检测报告、进场验收记录。

(2) 玻璃的安装方法应符合设计要求。固定玻璃的钉子或钢丝卡的数量、规格应保证玻璃安装牢固。

检验方法：观察；检查施工记录。

(3) 镶钉木压条接触玻璃处，应与裁口边缘平齐。木压条应互相紧密连接，并与裁口边缘紧贴，割角应整齐。

检验方法：观察。

(4) 密封条与玻璃、玻璃槽口的接触应紧密、平整。密封胶与玻璃、玻璃槽口的边缘应黏结牢固、接缝平齐。

检验方法：观察。

(5) 带密封条的玻璃压条，其密封条必须与玻璃全部贴紧，压条与型材之间应无明显缝隙，压条接缝应不大于0.5mm。

检验方法：观察；尺量检查。

2. 一般项目

(1) 玻璃表面应洁净，不得有腻子、密封胶、涂料等污渍。中空玻璃内外表面均应洁净，玻璃中空层内不得有灰尘和水蒸气。

检验方法：观察。

(2) 门窗玻璃不应直接接触型材。单面镀膜玻璃的镀膜层及磨砂玻璃的磨砂面应朝向室内。中空玻璃的单面镀膜玻璃应在最外层，镀膜层应朝向室内。

检验方法：观察。

(3) 腻子应填抹饱满、黏结牢固；腻子边缘与裁口应平齐。固定玻璃的卡子不应在腻子表面显露。

检验方法：观察。

(4) 彩色玻璃、压花玻璃拼装的图案，颜色应符合设计要求，接缝吻合。

检验方法：观察。

3. 质量要求

(1) 玻璃安装后，表面应洁净，无油灰、浆灰、密封膏、涂料、密封胶等斑污，有正反面的玻璃，其安装的朝向应正确。玻璃颜色应符合设计要求。

(2) ～ (3) 同3.1.3.3 (1) ～ (2)。

3.4.4 成品保护

(1) 已安装好的门窗玻璃，必须设专人负责看管维护，按时开关门窗，尤其在五级以上大风天气，更应该注意，以防玻璃的损坏。

(2) 门窗玻璃安装完，应随手挂好风钩或插上插销，以防刮风损坏玻璃。

(3) 对面积较大、造价昂贵的玻璃，宜在该项工程交工验收前安装，若提前安装，应采取保护措施，以防损伤玻璃。

(4) 安装玻璃时，操作人员要加强对窗台及门窗口抹灰等项目的成品保护。

3.4.5 安全、环保措施

1. 安全措施

(1) 高处安装玻璃时，检查架子是否牢固。严禁上下两层、垂直交叉作业。

(2) 玻璃安装时，避免与太多工种交叉作业，以免在安装时，各种物体与玻璃碰撞。

(3) 在安装玻璃下方，必须搭设防坠落保护。安装玻璃时，施工点的下面及附近应该拉设警示带，严禁行人通过，以防玻璃及工具掉落伤人。

(4) 搬运玻璃时，应戴上手套。玻璃堆放应紧靠墙面，成75°角倾斜摆放。

(5) 裁割玻璃，应在指定场所进行。裁下的边角余料应集中投入木箱，及时处理。

(6) 安装玻璃时应带工具袋。木门窗玻璃安装时，严禁将钉子含在口内进行操作。同一垂直面上不得上下交叉作业。玻璃未固定前,不得歇工或休息,以防工具或玻璃掉落伤人。

(7) 安装门窗或隔断玻璃时,不得将梯子靠在门窗扇或玻璃框上操作。脚手架、脚手板、吊篮、长梯、高凳等,应认真检查是否牢固、绑扎有无松动、梯脚有无防滑护套、人字梯中间有无拉绳,符合要求后方可用以进行操作。

2. 环保措施

(1) 玻璃加工剩下的余料和边角料,应集中投入木箱,及时处理,不得将废弃的玻璃乱扔,以免伤害到其他作业人员,影响环境安全。

(2) 玻璃安装用到的油灰、钉子、密封胶条、密封胶等应及时清理干净,合理回收,以免影响环境。

(3) 玻璃清洁用的天那水,抹布等有机溶剂应及时清理,以免影响环境。

项目4 吊 顶 工 程

【学习目标】

通过本项目的操作,学习掌握暗龙骨和明龙骨吊顶棚安装所需要的条件、工艺流程、施工要点、成品保护等,熟悉安装施工与质量验收规范,能进行基本的质量验收及记录。

子项目4.1 暗 龙 骨 吊 顶

4.1.1 施工准备

1. 技术准备

(1) 熟悉施工图纸,依据技术交底和安全交底作好施工准备。

(2) 材料的产品合格证书、性能检测报告、进场验收记录和复验报告完成。

(3) 根据现场各工序、工种、不同队伍之间的相互制约条件,确定施工顺序。

(4) 组织结构工程验收和工序交接检查工作,水电安装等隐蔽工程应完成。施工前对结构工程以及其他配合工种项目进行检查是确保吊顶工程质量和进度的关键。

2. 材料准备

(1) 轻钢龙骨主要有C形、U形、T形、L形和卡式龙骨,对应型号主要有:不上人主龙骨C38×12、C50×20、C60×27[1],上人主龙骨CS45×15、CS50×15、CS60×20、CS60×24、CS60×27(单位mm),次龙骨C50×19、C50×20、C60×27、DF47,收边龙骨DU27、DU30,V形直卡式承载龙骨DV20×37、DV22×37、DV25×37、DV20×20、DV25×20、DV50×20。

(2) 轻钢龙骨主要配件有吊挂件、连接件、插接件、吊杆、转角连接件、双扣卡挂件、卡扣件、挂插件(水平件)、卡插件(水平件)、快装水平连接件(水平件)、伸缩缝配件、平行接头等。

(3) 吊顶板主要品种规格。

硅酸钙板:平板2440×1220×(4~20),装饰板600×600×(4/5/8/10/12),穿孔板1200×600×(6/8),产品质量应符合《纤维增强硅酸钙板》(JC/T 564.1—2008)规定。

无石棉纤维增强硅酸盐平板:低密度2440×1220×(7/9/10/12),中密度2440×1220×(6/8)。

纤维增强水泥加压板:FC板1800×1200×(5/6/8/10/12)、2400×1200×(5/6/8/

---

[1] 本项目未注明单位均为mm。

10/12)、3000×1200×（5/6/8/10/12），产品质量应符合《维纶纤维增强水泥平板》（JC/T 671—2008）规定。

纸面石膏板：普通型 2400×1200×（9.5/12/15）、2700×1200×（9.5/12/15）、3000×1200×（9.5/12/15），耐水型 2400×1200×（9.5/12/15）、2700×1200×（9.5/12/15）、3000×1200×（9.5/12/15），耐火型 2400×1200×（9.5/12/15）、2700×1200×（9.5/12/15）、3000×1200×（9.5/12/15），耐水耐火型 2400×1200×15、2700×1200×15、3000×1200×15，产品质量应符合《纸面石膏板》（GB/T 9775—2008）。

穿孔吸声石膏板：分为穿孔石膏板和覆膜石膏板两类，规格有 600×600×（9.5/12）、600×1200×（9.5/12）、2400×1200×（9.5/12）、2700×1200×（9.5/12）、3000×1200×（9.5/12），产品质量应符合《吸声用穿孔石膏板》（JC/T 803—2007）规定。

装饰纸面石膏板：覆膜石膏板，规格有 600×600×（9.5/12）、600×1200×（9.5/12）、2400×1200×（9.5/12）、2700×1200×（9.5/12）、3000×1200×（9.5/12），产品质量应符合《装饰石膏板》（JC/T 799—2007）规定。

纤维石膏板：纸纤维石膏板 2400×1200×（10/12.5/15）、2440×1220×（10/12.5/15）、3000×1200×（10/12.5/15），木纤维石膏板（石膏刨花板）3050×1200×（8/10/12/15），产品质量应符合《石膏刨花板》（LY/T 1598—2002）。

（4）轻钢骨架、罩面板及其他吊顶材料在入场存放、使用过程中应严格管理，保证不变形、不受潮、不生锈。

（5）检查材料出厂合格证、性能检测报告、出厂日期及使用说明书、进场验收记录和复验报告。

（6）预埋件、钢筋吊杆、型钢吊杆等应进行防锈处理。

3．主要机具

（1）电动机具：电锯、无齿锯、手电钻、冲击电锤、电动螺丝刀、电焊机、曲线锯。

（2）手动机具：射钉枪、拉铆枪、气动直钉枪、气动码钉枪、激光投线仪、手锯、手刨子、钳子、扳子、水平胶管、靠尺、钢卷尺（图4.1）。

4．作业条件

（1）主体结构已经过相关单位（建筑单位、施工单位、监理单位、设计单位）检验合格，并已验收。

（2）对房间的净高、洞口标高和吊顶内的管道、设备及其支架的标高已进行交接检验。

（3）水电等设备安装完成，罩面板安装前，上述设备应检验、试压验收合格，已进行隐蔽工程验收，且应合格。

（4）面板安装前，墙、柱面装饰基本完成。

（5）检查材料出厂合格证，抽样检查检测报告。

4.1.2 施工工艺

1．工艺流程

弹吊顶水平线，画龙骨分档线 → 固定吊挂杆件 → 安装边龙骨 → 安装主龙骨 → 安装次龙骨 → 罩面板安装。

图 4.1 主要施工机具

2. 操作工艺

(1) 弹吊顶水平线,画龙骨分档线。用水准仪在房间内每个墙(柱)角上抄出水平点(若墙体较长,中间也应适当抄几个点),弹出水准线(水准线距地面一般为1000mm,如图4.2、图4.3所示),从水准线量至吊顶设计高度加上12mm(一层石膏板的厚度),用粉线沿墙(柱)弹出水准线,即为吊顶次龙骨的下皮线。同时,按吊顶平面图,在混凝土顶板弹出主龙骨及吊杆的位置。主龙骨宜平行房间长向布置,一般从吊顶中心向两边分。主龙骨与吊杆间距为900~1200mm,一般取1000mm。如遇到梁和管道固定点大于设计和规程要求,应增加吊杆的固定点。

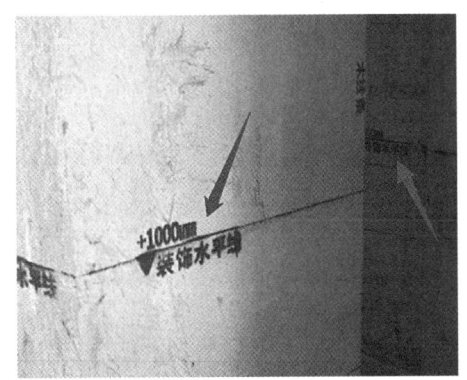

图4.2 室内墙面+1000mm水准线

图4.3 弹水准线

(2) 固定吊挂杆件。采用膨胀螺栓固定吊挂杆件(图4.5)。不上人的吊顶,吊杆长度不大于1000mm时,可以采用 $\phi 6$ 的吊杆,如果吊杆长度大于1000mm,应采用 $\phi 8$ 的吊杆,还应设置反向支撑。吊杆可以采用冷拔钢筋或盘圆钢筋,盘圆钢筋应采用机械将其拉直。上人的吊顶,吊杆长度不大于1000mm时,可以采用 $\phi 8$ 的吊杆,如果吊杆长度大于1000mm,应采用 $\phi 10$ 的吊杆,吊杆的一端与∟30mm×30mm×3mm、L(长)=50mm的角钢焊接(角钢的孔径应根据吊杆和膨胀螺栓的直径确定),另一端套出丝扣,丝扣长度不小于100mm,也可以买成品丝杆与吊杆焊接。制作好的吊杆应做防锈处理,吊杆用膨胀螺栓固定在楼板上,用冲击电锤打孔,孔径应稍大于膨胀螺栓的直径(图4.6)。

吊挂杆件应垂直并有足够的承载能力。吊杆的安装示意图如图4.4所示。当预埋的杆件需要接长时,必须搭接焊牢,搭接长度为10d,焊缝要均匀饱满。吊杆距主龙骨端部距离不得超过300mm,否则应增加吊杆。灯具、风口及检修口等应设附加吊杆。重型灯具、电扇及其他重型设备严禁安装在吊顶工程的龙骨上。

轻钢骨架及罩面板安装时应注意保护顶棚内各种管线。轻钢骨架的吊杆、龙骨不得固定在通风管道及其他设备管道上。

龙骨在安装前,一般在吊杆安装完毕即安装好吊挂件,吊挂件与吊杆的安装方法如图4.5所示。

(3) 安装边龙骨。边龙骨的安装应按设计要求弹线,沿墙(柱)上的水平龙骨线把L形镀锌轻钢条用自攻螺丝固定在预埋木砖上,如为混凝土墙(柱)可用射钉固定,射钉间距应不大于吊顶次龙骨的间距。

图 4.4　带膨胀螺栓的吊杆安装

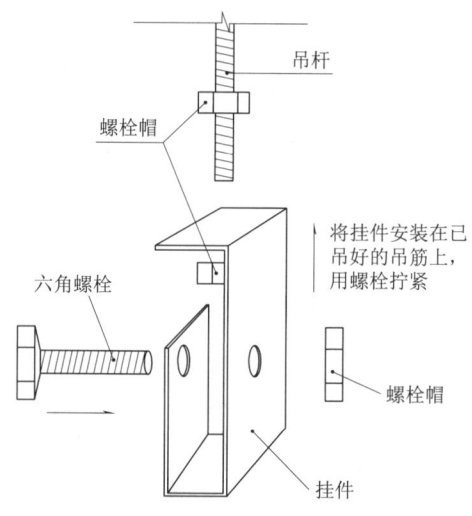

图 4.5　吊杆与吊挂件的安装

安装边龙骨时，首先在墙面标高线的位置上进行冲击钻打眼（图 4.6），钻孔打眼的间距不大于 400mm（图 4.7），在眼孔中下木楔（木楔蘸油防腐），用螺钉固定边龙骨，边龙骨底面沿墙面标高线齐平固定于墙上。

图 4.6　墙面钻孔

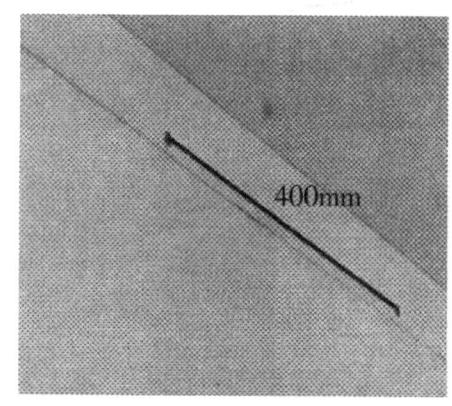

图 4.7　孔距规定

（4）安装主龙骨。主龙骨应吊挂在吊杆上（图 4.8），主龙骨间距 900～1200mm，一般取 1000mm。主龙骨分为不上人龙骨和上人龙骨两种。主龙骨应起拱，起拱高度为房间短向跨度的 1‰～3‰。主龙骨的悬臂段不应大于 300mm，否则应增加吊杆。主龙骨的接头应采取对接方式，相邻龙骨的对接接头要相互错开。主龙骨挂好后应调平，跨度大于 15m 以上的吊顶，应在主龙骨上，每隔 15m 加一道大龙骨，并垂直主龙骨连接牢固。如有大的造型顶棚，造型部分应用角钢或扁钢焊接成框架，并应与楼板连接牢固。

吊顶如设检修走道，应另设独立吊挂系统，检修走道应根据设计要求选用材料。

（5）安装次龙骨（图 4.9）。次龙骨分为 U 形和 T 形两种，U 形龙骨一般用在钉固定面板，T 形龙骨一般用在暗插面板；次龙骨应紧贴主龙骨安装。次龙骨间距 300～

600mm，固定次龙骨的间距，一般不应大于600mm，特殊的情况除外；在潮湿地区，间距应适当减小，以300mm为宜。

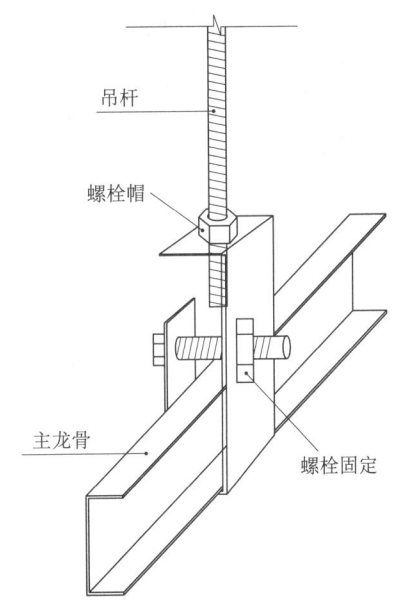

图4.8 主龙骨的固定

图4.9 主、次龙骨的安装

用T形镀锌铁片连接件把次龙骨固定在主龙骨上时，次龙骨的两端应搭在L形边龙骨的水平翼缘上。当用自攻螺丝钉安装板材时，板材接缝处必须安装在宽度不小于40mm的次龙骨上。次龙骨不得搭接。在通风、水电等洞口周围应根据设计要求设附加龙骨，附加龙骨的连接用拉铆钉铆固。灯具、风口及检修口等应设附加吊杆和补强龙骨。

（6）罩面板安装。吊挂顶棚罩面板常用的板材有纸面石膏板、埃特板、木质多层板、大芯板等。

1）纸面石膏板、埃特板安装。饰面板应在自由状态下固定，防止出现弯棱、凸鼓的现象；还应在房间具备封闭的条件下安装固定，防止板面受潮变形。纸面石膏板、埃特板的长边（既包封边）应沿纵向次龙骨铺设。单层板自攻螺钉选用25mm×3.5mm；双层板的第二层板自攻螺钉选用35mm×3.5mm。

自攻螺丝与板边（纸面石膏板既包封边）的距离，以10～15mm为宜，切割的板边以15～20mm为宜；自攻螺钉钉距板边以150～170mm为宜，板中钉距不超过300mm，螺钉应与板面垂直，已弯曲、变形的螺钉应剔除，并在离原钉位50mm处另安螺钉（图4.10）。安装双层板时，面层板与基层板的接缝应错开，不得在一根龙骨上。板的接缝，应按设计要求进行处理。纸面石膏板、埃特板与龙骨固定时，应从一块板的中间向板的四边进行固定，不得多点同时作业。螺丝钉头宜略埋入板面，但不得损坏纸面，钉眼应做防锈处理并用石膏腻子抹平（图4.11）。拌制石膏腻子时，必须用清洁水和清洁容器。

2）木质多层板安装。龙骨间距、螺丝与板边的距离及螺丝间距等应满足设计要求和有关产品的要求。木质多层板与龙骨固定时，所用手电钻钻头的直径应比选用螺丝直径小

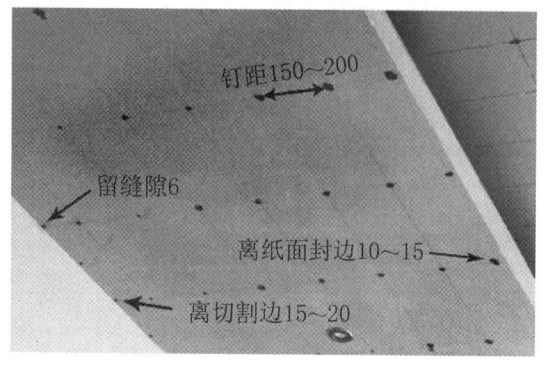

图 4.10 纸面石膏板的安装（单位：mm）

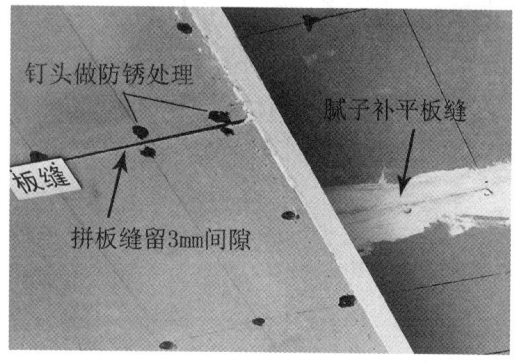

图 4.11 板缝腻子处理

0.5~1.0mm。固定后，钉帽应做防锈处理，并用油性腻子嵌平；所有板缝宜用布带粘贴覆盖（图 4.12），再用原子灰腻子刮平，硬化后用砂纸磨光。不同材料相接缝宜采用明缝处理。板材的开孔和切割，应按产品的有关要求进行。

3) 大芯板安装。饰面板应在自由状态下固定，防止出现弯棱、凸鼓的现象。大芯板板的长边应沿纵向次龙骨铺设。自攻螺丝与大芯板长边的距离以 10~15mm 为宜，短边以 15~20mm 为宜。固定次龙骨的间距，一般不应大于 600mm，钉距以 150~170mm 为宜，螺丝应与板面垂直，已弯曲、变形的螺丝应剔除。面层板接缝应错开，不得在一根龙骨上。大芯板与龙骨固定时，应从一块板的中间向板的四边进行固定，不得多点同时作业。螺丝钉头宜略埋入板面，钉眼应做防锈处理并用石膏腻子抹平。

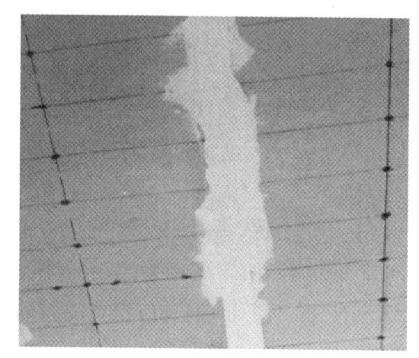

图 4.12 粘贴接缝布带

（7）饰面板上的灯具、烟感、温感、喷淋头、风口、广播等设备的位置应合理、美观，与饰面的交接应吻合、严密，并做好检修口的预留，使用材料应与母体相同，安装时应严格控制整体性、刚度和承载力。

4.1.3 质量标准

1. 主控项目

（1）吊顶的标高、尺寸、起拱和造型应符合设计要求。

检验方法：观察，尺量检查。

（2）饰面材料的材质、品种、规格、图案和颜色应符合设计要求。

检验方法：观察，检查产品合格证书、性能检查报告、进场验收记录和复验报告。

（3）吊杆、龙骨的材质、规格、安装间距及连接方式应符合设计要求。金属吊杆、龙骨应经过表面防腐处理；木吊杆、龙骨应进行防腐、防火处理。

检验方法：观察，尺量检查，检查产品合格证书、性能检测报告、进场验收记录和隐蔽工程验收记录。

（4）石膏板的接缝应按其施工工艺标准进行板缝防裂处理。安装双层石膏板时，面层板与基层板的接缝应错开,并不得在同一根龙骨上接缝。

检验方法:观察。

(5)检查数量应符合下列规定:每个检验批应至少抽查10%,并不得少于3间;不足3间时应全数检查。

2. 一般项目

(1)饰面材料表面应洁净、色泽一致,不得有翘曲、裂缝及缺损。压条应平直、宽窄一致。

检验方法:观察;尺量检查。

(2)饰面板上的灯具、烟感器、喷淋头、风口篦子等设备的位置应合理、美观,与饰面板的交接应吻合、严密。

检验方法:观察。

(3)金属吊杆、龙骨的接缝应均匀一致,角缝应吻合,表面应平整,无翘曲、锤印。木质吊杆、龙骨应顺直,无劈裂、变形。

检验方法:检查隐蔽工程验收记录和施工记录。

(4)吊顶内填充吸声材料的品种和铺设厚度应符合设计要求,并应有防散落措施。

检验方法:检查隐蔽工程验收记录和施工记录。

(5)检查数量应符合下列规定:每个检验批应至少抽查10%,并不得少于3间;不足3间时应全数检查。

(6)暗龙骨吊顶工程安装的允许偏差和检验方法应符合表4.1的规定。

表 4.1　　　　　　　　　暗龙骨吊顶工程安装的允许偏差及检验方法

项次	项目	允许偏差/mm				检验方法
		纸面石膏板	金属板	矿棉板	木板、塑料板、格栅	
1	表面平整度	3	2	2	2	尺量检查
2	接缝直线度	3	1.5	3	3	尺量检查
3	接缝高低差	1	1	1.5	1	拉线尺量

3. 质量要求

(1)吊顶龙骨必须牢固、平整。利用吊杆或吊筋螺栓调整拱度,安装龙骨时应严格按放线的水平标准线和规方线组装周边骨架,受力节点应装钉严密、牢固、保证龙骨的整体刚度。龙骨的尺寸应符合设计要求,纵横拱度均匀,互相适应。吊顶龙骨严禁有硬弯,如有,必须调直再进行固定。

(2)饰面板的尺寸须符合设计要求,且应避免出现小边现象,吊顶面层必须平整,饰面板的品种、规格符合设计要求,外观质量必须符合材料技术标准的规格。

4.1.4　成品保护

(1)施工顶棚部位对已安装的门窗,已施工完毕的地面、墙面、窗台等应注意保护,防止污损。

(2)已装不上人型轻钢骨架不得上人踩踏,其他工种吊挂件不得吊于轻钢骨架上。

(3)为了保护成品,罩面板安装必须在棚内管道、试水、保温、设备安装调试等一切工序全部验收后进行。

4.1.5 安全、环保措施

1. 安全措施

（1）禁止搭设飞跳板，严禁从高处往下乱投东西。脚手架严禁搭设在门窗、暖气片、水暖等管道上。外架作业层下方必须满铺安全网，各层设围栏，出入口应搭设人行通道。作业前应检查脚手架和跳板是否搭设牢固，高度是否满足作业要求，凡不符合安全作业要求的应及时修整。

（2）进入施工现场必须戴安全帽，高空作业必须系安全带；两层以上外脚手架必须设置安全网，禁止穿硬底鞋上脚手架。

（3）电器机具必须有专人负责，电动机必须有安全可靠的接地装置，电器机具必须设置安全防护装置和过载保护装置。

（4）夜间临时用的移动照明灯，必须用安全电压。

（5）脚手架搭设应符合《建筑施工扣件式钢管脚手架安全技术规范》（JGJ 130—2011）、《建筑施工门式钢管脚手架安全技术规范》（JGJ 128—2010）、《建筑施工安全检查标准》（JGJ 59—2011）的相关要求。

（6）作业过程中应安全用电，遵守《施工现场临时用电安装技术规范》（JGJ 46—2005）的要求。

（7）建立健全的安全生产保证体系、应急预案，对施工人员进行安全教育和交底。

2. 环保措施

（1）龙骨、连接件等材料必须符合环保要求，无污染。

（2）清理施工现场时严禁从高处向下抛撒垃圾废料，以防造成粉尘污染。

（3）施工所用材料应符合《民用建筑工程室内环境污染控制规范》（2013年版）（GB 50325—2010）的要求。

子项目 4.2 明 龙 骨 吊 顶

4.2.1 施工准备

1. 技术准备

（1）熟悉施工图纸，依据技术交底和安全交底作好施工准备。

（2）材料的产品合格证书、性能检测报告、进场验收记录和复验报告完成。

（3）根据现场各工序、工种、不同队伍之间的相互制约条件，确定施工顺序。

（4）组织结构工程验收和工序交接检查工作，水电安装等隐蔽工程应完成。施工前对结构工程以及其他配合工种项目进行检查是确保吊顶工程质量和进度的关键。

2. 材料准备

（1）轻钢龙骨主要有C形、U形、T形和L形龙骨，对应型号主要有：不上人主龙骨 U38×12×（1.0/1.2），上人主龙骨 U50×15×（1.2/1.5）、C60×27×5.5×1.2、C60×30×10×2.0，宽带T形主龙骨（烤漆龙骨）（43/38/32/28）×24×7×（0.28/

$0.30/0.35) \times (3000/3050)$，宽带T形次龙骨（烤漆龙骨）$(43/32/28/26/25) \times 24 \times 5 \times (0.28/0.30/0.35) \times (1200/1220/1200/600/610)$，窄带T形主龙骨（烤漆龙骨）$(43/32/28) \times (15/14/14) \times (0.28/0.30/0.35) \times (3000/3050)$，窄带T形次龙骨（烤漆龙骨）$(43/32) \times (15/14) \times (0.28/0.30/0.35) \times (600/610)$，宽带凹槽T形主龙骨（烤漆龙骨）$(32/30/28) \times 24 \times (0.28/0.30/0.35) \times 3000$，宽带凹槽T形次龙骨（烤漆龙骨）$(32/30/28) \times 24 \times (0.28/0.30/0.35) \times 600$，窄带凹槽T形主龙骨（烤漆龙骨）$(32/28) \times 14 \times (0.28/0.30/0.35) \times 3000$，窄带凹槽T形次龙骨（烤漆龙骨）$(32/28) \times 14 \times (0.28/0.30/0.35) \times (1200/600)$，边龙骨$L10 \times 10 \times 0.4$、$L22 \times 22 \times 0.4$、$L21 \times 14 \times 0.4$。

（2）轻钢龙骨主要配件有吊挂件、连接件、插接件、吊杆、转角连接件、双扣卡挂件、卡扣件、挂插件（水平件）、卡插件（水平件）、快装水平连接件（水平件）、伸缩缝配件、平行接头等。

（3）吊顶板主要品种规格。

硅酸钙板：装饰板$600 \times 600 \times (4/5/8/10/12)$，穿孔板$1200 \times 600 \times (6/8)$，产品质量应符合《纤维增强硅酸钙板》（JC/T 564.1—2008）规定。

穿孔吸声石膏板：分为穿孔石膏板和覆膜石膏板两类，规格有$600 \times 600 \times (9.5/12)$、$600 \times 1200 \times (9.5/12)$，产品质量应符合《吸声用穿孔石膏板》（JC/T 803—2007）规定。

装饰纸面石膏板：覆膜石膏板，规格有$600 \times 600 \times (9.5/12)$、$600 \times 1200 \times (9.5/12)$，产品质量应符合《装饰石膏板》（JC/T 799—2007）规定。

矿棉板：平板系列$300 \times 600 \times (9/12/13/14/15/18)$、$300 \times (1200/1500/1800) \times 15/18$、$300 \times (2100/2400) \times 18$、$600 \times 600 \times (12/13/14)$，明架跌级板系列$300 \times 1200 \times (15/18)$、$600 \times 600 \times (12/13/14/15/18)$、$600 \times 1200 \times (15/18)$。

玻璃纤维吸声板：平板$600 \times (600/1200/1800/2400) \times (12/15)$、$1200 \times (1200/1800) \times (12/15)$。

（4）轻钢骨架、罩面板及其他吊顶材料在入场存放、使用过程中应严格管理，保证不变形、不受潮、不生锈。

（5）检查材料出厂合格证、性能检测报告、出厂日期及使用说明书、进场验收记录和复验报告。

（6）预埋件、钢筋吊杆、型钢吊杆等应进行防锈处理。

3. 主要机具

（1）电动机具：电锯、无齿锯、手电钻、冲击电锤、电动螺丝刀、电焊机。

（2）手动机具：射钉枪、拉铆枪、气动直钉枪、气动码钉枪、手锯、手刨子、钳子、扳子、水准仪、靠尺、钢卷尺等。

4. 作业条件

（1）主体结构已经过相关单位（建筑单位、施工单位、监理单位、设计单位）检验合格，并已验收。

（2）对房间的净高、洞口标高和吊顶内的管道、设备及其支架的标高已进行交接检验。

（3）水电等设备安装完成，罩面板安装前，上述设备应检验、试压验收合格，已进行隐蔽工程验收，且应合格。

（4）面板安装前，墙、柱面装饰基本完成。

（5）检查材料出厂合格证，抽样检查检测报告。

4.2.2 施工工艺

1. 工艺流程

弹吊顶水平线、画龙骨分档线→ 固定吊挂杆件→安装边龙骨→安装主龙骨→安装次龙骨→各类吊顶板的安装。

2. 操作工艺

（1）弹吊顶水平线、画龙骨分档线。用水准仪在房间内每个墙（柱）角上抄出水平点（若墙体较长，中间也应适当抄几个点），弹出水准线（水准线距地面一般为500mm），从水准线量至吊顶设计高度加上12mm（一层石膏板的厚度），用粉线沿墙（柱）弹出水准线，即为吊顶次龙骨的下皮线。同时，按吊顶平面图，在混凝土顶板弹出主龙骨及吊杆的位置。主龙骨宜平行房间长向布置，一般从吊顶中心向两边分。主龙骨与吊杆间距为900~1200mm，一般取1000mm。如遇到梁和管道固定点大于设计和规程要求，应增加吊杆的固定点。

（2）固定吊挂杆件。采用膨胀螺栓固定吊挂杆件。安装前均需用冲击钻钻孔［图4.13（a）］。吊挂杆件均要求全杆件为螺杆，一头带膨胀螺栓［图4.13（b）］。不上人的吊顶，吊杆长度不大于1000mm时，可以采用$\phi 6$的吊杆，如果吊杆长度大于1000mm，应采用$\phi 8$的吊杆，还应设置反向支撑。吊杆可以采用冷拔钢筋或盘圆钢筋，盘圆钢筋应采用机械将其拉直。上人的吊顶，吊杆长度不大于1000mm时，可以采用$\phi 8$的吊杆，如果吊杆长度大于1000mm，应采用$\phi 10$的吊杆，吊杆的一端与∟30mm×30mm×3mm、L（长）=50mm的角钢焊接（角钢的孔径应根据吊杆和膨胀螺栓的直径确定），另一端套出丝扣，丝扣长度不小于100mm，也可以买成品丝杆与吊杆焊接。制作好的吊杆应做防锈处理，吊杆用膨胀螺栓固定在楼板上，用冲击电锤打孔，孔径应稍大于膨胀螺栓的直径。

（a）钻孔

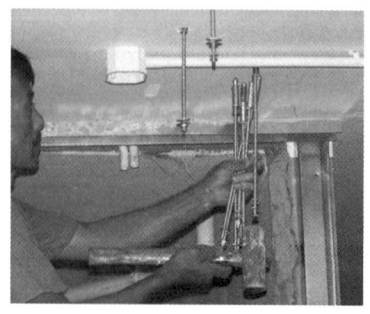
（b）安装膨胀头

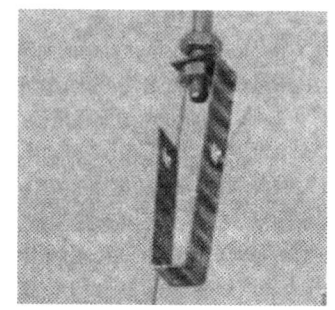
（c）安装吊挂件

图4.13 吊筋的安装

吊挂杆件应通直并有足够的承载能力。当预埋的杆件需要接长时，必须搭接焊牢，搭接长度为 10d，焊缝要均匀饱满。吊杆距主龙骨端部距离不得超过 300mm，否则应增加吊杆。灯具、风口及检修口等应设附加吊杆。重型灯具、电扇及其他重型设备严禁安装在吊顶工程的龙骨上。

吊杆安装完毕即装好吊挂件，吊挂件的安装结果如图 4.13（c）所示。

轻钢骨架及罩面板安装时应注意保护顶棚内各种管线。轻钢骨架的吊杆、龙骨不得固定在通风管道及其他设备管道上。

（3）安装边龙骨。边龙骨的安装应按设计要求弹线，沿墙（柱）上的水平龙骨线把 L 形镀锌轻钢条用自攻螺丝固定在预埋木砖上，如为混凝土墙（柱）可用射钉固定，射钉间距应不大于吊顶次龙骨的间距。

（4）安装主龙骨。对于轻钢龙骨系列的 U 形、C 形重型大龙骨，以及轻钢或铝合金 T 形龙骨吊顶中的主龙骨，其悬吊方式取决于设计。与吊杆连接的龙骨安装主要有三种方法，一是有附加荷载的吊顶承载龙骨，采用承载龙骨吊件与钢筋吊件、钢筋吊杆下端套丝部位连接，拧紧螺母卡稳、卡牢；二是无附加荷载的 C 形轻钢龙骨单层构造的吊顶主龙骨，采用轻型吊件与吊杆连接，一般是利用吊件上的弹簧钢片夹固吊杆，下端钩住 C 形龙骨槽口两侧；第三种方法是对于轻便吊顶的 T 形主龙骨，有的则是直接将镀锌钢丝吊杆穿过龙骨上的孔眼钩挂绑扎。

主龙骨安装完毕，需要调直调平，这是决定后续的次龙骨安装的平直与方正，如图 4.14 所示。调直和调平，一般已不再使用拉线的方式，大多使用投线仪，既方便又准确。

（5）安装次龙骨。次龙骨主要为 T 形，用于搁置面板；次龙骨与主龙骨的连接方式一般分为双层构造挂件连接和单层构造挂插件连接（或直接卡接）。次龙骨间距 300～600mm，固定次龙骨的间距，一般不应大于 600mm，特殊的情况除外；在潮湿地区，间距应适当减小，以 300mm 为宜。

1）对于双层构造的吊顶骨架，次龙骨紧贴承载主龙骨安装，通长布置，利用配套的挂件与主龙骨连接，安装时与主龙骨相垂直。次龙骨（中龙骨及小龙骨）的中距由设计确定，并因吊顶装饰板采用封闭式安装或是离缝及密缝安装等不同的尺寸关系而异。对于主、次龙骨的安装程序，由于主龙骨在上，次龙骨在下，所以一般的做法是先用吊件安装主龙骨，然后再以挂件在主龙骨下吊挂次龙骨。挂件（或称吊挂件）上端钩住主龙骨，下端挂住次龙骨即将两者连接。用 T 形镀锌铁片连接件把次龙骨固定在主龙骨上时，次龙骨的两端应搭在 L 形边龙骨的水平翼缘上。在通风、水电等洞口周围应根据设计要求设附加龙骨，附加龙骨的连接用拉铆钉铆固。灯具、风口及检修口等应设附加吊杆和补强龙骨。

2）双层骨架构造的次龙骨安装，对于以轻钢 U 形（或 C 形）龙骨为承载龙骨，

图 4.14 龙骨的安装与调整

以T形金属龙骨作覆面龙骨的，一般需设置横撑龙骨。特别是吊顶饰面板作明式安装时，则必须设置横撑龙骨。双层骨架的T形龙骨覆面层的T形横撑龙骨安装，根据其龙骨材料的品种类型确定，与后述单层构造的横撑龙骨安装做法相同。

3) 对于单层吊顶骨架，其次龙骨即是横撑龙骨。主龙骨与次龙骨处于同一水平面，主龙骨通长设置，横撑（次）龙骨按主龙骨间距分段截取，与主龙骨丁字连接。主、次龙骨的连接方式取决于龙骨类型。对于以C形轻钢龙骨组装的单层构造吊顶骨架，其主、次龙骨均为C形，在吊顶平面上的主、次龙骨垂直交接点采用其配套的挂插件（支托），挂插件一方面插入次龙骨内托住C形龙骨段，另一方面钩挂住主龙骨即将两者连接。对于T形轻金属龙骨组装的单层构造吊顶骨架，其主、次龙骨的连接通常有多种情况。一是T形龙骨侧面开有圆孔和方孔，圆孔用于悬吊，方孔则用于次龙骨的凸头直接插入。二是对于不带孔眼的T形龙骨，可在次龙骨段的端头剪出连接耳（或称连接脚），折弯90°与主龙骨用拉柳钉、抽芯柳钉或自攻螺钉进行丁字连接；或是在主龙骨上打出长方孔，将次龙骨的连接耳插入方孔。第三种做法是采用角形铝合金块（或称角码），将主、次龙骨分别用抽芯柳钉或自攻螺钉固定连接。再一种做法是对于小面积轻型吊顶，其纵、横T形龙骨均用镀锌钢丝分股悬挂，调平调直。次龙骨只需搭置于主龙骨的翼缘上即可，待搁置安装吊顶板后，其整体自然稳定。

(6) 各类吊顶板的安装。

1) 平板及穿孔石膏装饰板。一般采用搁置式安装，将石膏装饰板平放搁置于T形轻钢龙骨吊顶的框格中，要求金属龙骨安装牢固平整，吊顶面线条顺直，石膏板落入框格后周边留有1mm伸缩间隙。

2) 矿棉装饰吸声板的安装。

a. 平放搭装法。平放搭放或称搁置式安装。安装时先将吊顶骨架安装就位，其T形龙骨的中距依吊顶板块的规格尺寸而定（选用市售成品或根据需要与生产厂协商确定板材规格），吊牢、吊平。龙骨按设计要求安装并检查合格后，即将矿棉板搁置于龙骨框格内，依靠T形龙骨的肢翼支承，并以金属定位夹（压板）压稳。施工中注意留出板材安装缝，每边缝隙在1mm以内。板块就位时应使板背面的箭头方向和白线方向一致，以保证吊顶装饰面的图案和花饰的整体性（表面无规律的压花板不需对花安装）。

b. 企口板嵌装法。带企口边的矿棉板同其他各种企口边装饰板材一样，可以通过嵌装方式安装于T形金属龙骨上，形成暗装式吊顶镶板饰面效果，即板块嵌装后顶棚表面不露龙骨框格（或明露部分框格），T形龙骨的两翼被吊顶板的咬接槽口所掩蔽。

3) 金属吊顶板的安装（图4.15）。

a. 方形金属吊顶板。方形金属吊顶板可以适应各种形式的覆面龙骨，其安装方式较为普通的做法是采用搁置式和嵌入式两种安装方式，明龙骨吊顶采用搁置式安装。搁置

图4.15 金属吊顶板安装

式安装即为明式安装,或称明装式。金属方形板四边带翼,将其搁置于T形轻钢或铝合金(视板块材质及吊顶龙骨承载能力而定)吊顶龙骨下部的翼板上即可,搁置后的吊顶面呈格子式明龙骨离缝效果。

b.条形金属吊顶板。明龙骨条形金属吊顶板的安装方式一般为嵌卡安装。嵌卡安装指按设计要求选定条板吊顶的配套材料,明确吊顶饰面的条形金属板布置走向。条板与其配套龙骨呈垂直排布,根据现场实测,尽可能减少条板接头并将接头位置安排在不明显部位。龙骨的顶面和侧面一般均开有间距相等的孔眼,用以适应其配套吊件的插接、钩挂或夹固。这些吊件多为轻型吊件,如碟形吊件、游标吊件、夹型吊耳等,可以与 $\phi 4$ 吊件或吊索、吊链及金属龙骨方便连接。按设计要求及产品说明将龙骨悬吊就位并调平后,即可安装金属条形吊顶板。将条板托起先把一端压入龙骨的卡脚(挂齿),再顺势将另一端压入龙骨卡脚内,依靠板材本身的回弹扩张即将条板与龙骨密切联结。

4.2.3 质量标准

1. 主控项目

(1) 吊顶的标高、尺寸、起拱和造型应符合设计要求。

检验方法:观察,尺量检查。

(2) 饰面材料的材质、品种、规格、图案和颜色应符合设计要求。

检验方法:观察,检查产品合格证书、性能检查报告、进场验收记录和复验报告。

(3) 饰面材料的安装应稳固严密。饰面材料与龙骨的搭接宽度应大于龙骨受力面宽度的2/3。

检验方法:观察,手扳检查,尺量检查。

(4) 吊杆、龙骨的材质、规格、安装间距及连接方式应符合设计要求。金属吊杆、龙骨应经过表面防腐处理;木吊杆、龙骨应进行防腐、防火处理。

检验方法:观察,尺量检查,检查产品合格证书、性能检测报告、进场验收记录和隐蔽工程验收记录。

(5) 明龙骨吊顶工程的吊杆和龙骨安装必须牢固。

检验方法:手扳检查,检查隐蔽工程验收记录和施工记录。

(6) 检查数量应符合下列规定:每个检验批应至少抽查10%,并不得少于3间;不足3间时应全数检查。

2. 一般项目

(1)~(5)同4.1.3一般项目(1)~(5)。

(6) 明龙骨吊顶工程安装的允许偏差和检验方法应符合表4.2的规定。

表4.2 明龙骨吊顶工程安装的允许偏差及检验方法

项次	项目	允许偏差/mm				检验方法
		石膏板	金属板	矿棉板	塑料板、玻璃板	
1	表面平整度	3	2	3	2	尺量检查
2	接缝直线度	3	2	3	3	尺量检查
3	接缝高低差	1	1	2	1	拉线尺量

3. 质量要求

（1）吊顶龙骨必须牢固、平整，利用吊杆或吊筋螺栓调整拱度，安装龙骨时应严格按放线的水平标准线和规方线组装周边骨架，受力节点应装钉严密、牢固、保证龙骨的整体刚度。龙骨的尺寸应符合设计要求，纵横拱度均匀，互相适应。吊顶龙骨严禁有硬弯，如有，必须调直再进行固定。

（2）吊顶面层必须平整。施工前应弹线，中间按平线起拱。长龙骨的接长应采用对接；相邻龙骨接头要错开，避免主龙骨向侧边倾斜，以增强主龙骨的整体性。龙骨安装完毕，应经检查合格后再安装饰面板。吊件必须安装牢固，严禁松动变形。龙骨分格的几何尺寸必须符合设计要求和饰面板块的模数。饰面板的品种、规格符合设计要求，外观质量必须符合材料技术标准的规格。

（3）大于3kg的重型灯具、电扇及其他重型设备严禁安装在吊顶工程的龙骨上。

4.2.4 成品保护

（1）明龙骨及罩面板安装时，应注意保护顶棚内各种管线。明龙骨的吊杆、龙骨不得固定在通风管道及其他设备件上。

（2）明龙骨、罩面板及其他吊顶材料在运输、进场、存放、使用过程中，应严格管理，做到不变形、不受潮、不生锈。

（3）工程中已安装好的门窗、已施工完毕的地面、墙面、窗台等，在施工顶棚时应注意保护，防止污损。

（4）明龙骨不得上人踩踏；其他工种的吊挂件不得吊于明龙骨骨架上。

（5）为了保护成品，罩面板安装必须在顶棚内管道试水、试压，保温一切工序全部验收合格后进行。

4.2.5 安全、环保措施

1. 安全措施

（1）～（7）同4.1.5。

（8）在两层脚手架上操作时，应尽量避免在同一垂直线上工作，必须同时作业时，下层操作人员必须正确佩戴安全帽。

2. 环保措施

同4.1.5。

项目5 隔 墙 工 程

【学习目标】

通过本项目的操作,掌握轻钢龙骨石膏板隔墙、轻钢龙骨泰柏板隔墙以及新型复合隔墙等安装所需要的条件、工艺流程、施工要点,熟悉安装施工与质量验收规范,能进行基本的质量验收及通病防治。

子项目5.1 板 材 隔 墙

5.1.1 施工准备

1. 技术准备

(1) 熟悉施工图纸设计文件,熟练掌握设计图纸的连接节点大样图及设计要求,查验材料出厂合格证,抽样检查报告。

(2) 根据现场各工序、工种、不同队伍之间相互制约条件,确定施工顺序。

(3) 组织结构工程验收和工序交接检查工作,水电安装等隐蔽工程应完成。

(4) 施工前应清理干净基层表面,并按设计图纸放线,对结构工程以及其他配合工种项目进行检查。

(5) 按设计要求制作施工样板,经检查验收合格。

2. 材料准备

(1) 复合轻质墙板。

1) 金属夹芯板:金属面聚苯乙烯夹芯板,主要规格:厚度50、75、100、150、200、250❶,宽度150、1200,长度不大于12000。金属面硬质聚氨酯夹芯板,主要规格:厚度30、40、50、60、80、100,宽度1000,长度不大于12000。金属面岩棉矿渣棉夹芯板,主要规格:厚度50、80、100、120、150、200,宽度900、1000,长度不大于12000。

2) 其他复合板:蒸压加气混凝土板,规格:3500×600×100。玻璃纤维增强水泥轻质多孔(GRC)隔墙条板,主要规格:60型,(2500~2800)×600×60;90型,(2500~3000)×600×90;120型,(2500~3500)×600×120。轻质陶粒混凝土条板,规格:3200×600×100。

3) 辅助材料:水泥砂浆、胶粘剂、腻子、钢板卡、铝合金钉、铁钉、木楔、铁销、玻纤布条等。

(2) 石膏空心条板(图5.1)。

---

❶ 本项目未注明单位均为mm。

1)标准板、门框板、窗框板、门上板、窗上板及异形板等,标准板用于一般隔墙,规格尺寸一般为(2400~3000)×600×(60~120)。

2)辅助材料:包括胶粘剂、建筑石膏粉、玻纤布条、钢板卡、射钉等。

(3)钢丝网架水泥聚苯乙烯夹芯隔墙板。

1)钢丝网架水泥聚苯乙烯夹芯隔墙板(泰柏板),常用规格有2440×1220×76。

2)钢丝网水泥板及其主要配套件有网片、槽网、$\phi 6 \sim 10$ 钢筋、角网、U形连接件、射钉、箍码、膨胀螺栓、钢丝、水泥砂浆、防裂剂等。

(4)材料应具备相应的产品合格证书、性能检测报告、进场验收记录和复验报告。

(a)金属夹芯墙板　　　(b)石膏空心条板　　　(c)石膏空心复合条板

图 5.1　轻质墙板

3.主要机具(图 5.2)

(1)安装复合轻质墙板工具。台式切锯机、钢锯和普通手锯、固定式摩擦夹具、转动

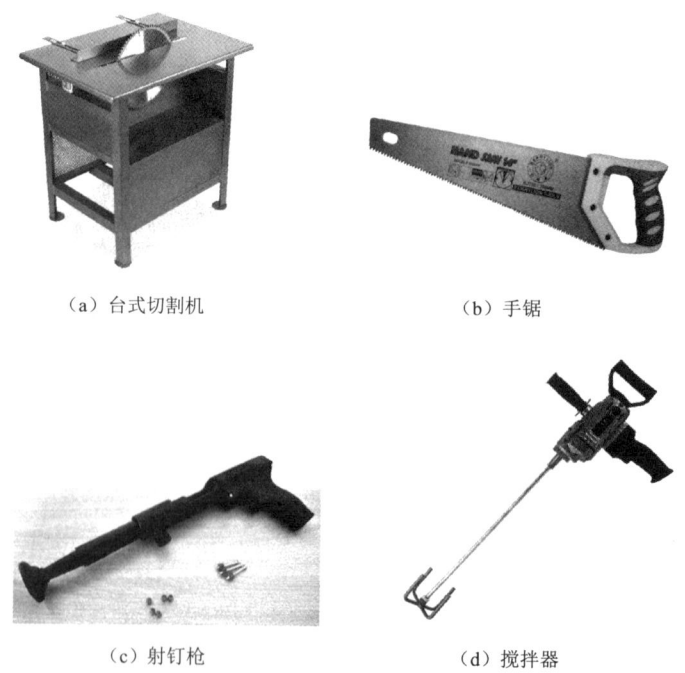

(a)台式切割机　　　(b)手锯

(c)射钉枪　　　(d)搅拌器

图 5.2　部分工具

式摩擦夹具、电动钻、撬棍、扫帚、水桶、钢丝刷、橡皮锤、木楔、扁铲、射钉枪、小灰槽、托线板、靠尺等。

(2) 安装石膏空心板工具。搅拌器、胶料铲、平抹板、嵌缝枪、橡皮锤、螺钉旋具、剪刀、2m靠尺、丁字尺、板锯、锉刀、边角刨、曲线锯、射钉枪、拉铆枪、电动冲击钻、羊角锤、打磨工具、刮刀、角抹子等。

(3) 安装钢丝网水泥板工具。切割机、剪刀、电动冲击钻、射钉枪、螺钉旋具、活动扳手、砂轮锯、手电钻、电焊机、抹灰工具、钢丝刷、小灰槽、靠尺、卷尺、托线板、钢尺等。

4. 作业条件

(1) 主体结构已经过相关单位（建筑单位、施工单位、监理单位、设计单位）检验合格，并已验收。

(2) 对房间的净高、洞口标高和吊顶内的管道、设备及其支架的标高已进行交接检验。

(3) 检查材料出厂合格证，抽样检查检测报告。

(4) 基底含水率已达到装饰要求，一般应小于8%～12%以下。

(5) 隔墙施工前，应对隔墙板材及其辅助材料进行检查。

(6) 安装隔墙板材所需预埋件、连接件的位置、数量应符合设计要求。

5.1.2 施工工艺

5.1.2.1 工艺流程

石膏空心条板/石膏板复合板（单板）：基层清理→弹线、分档→配板、修补→配置胶粘剂→安装隔墙板→埋件、电气设备安装→板缝处理→清理。

5.1.2.2 操作工艺

1. 石膏空心条板

(1) 基层清理。清理隔墙板与顶面、地面、墙面的结合部位，凡凸出墙面的砂浆、混凝土块等必须剔除并扫净，结合部应找平。

(2) 弹线、分档。在地面、墙面及顶面根据设计位置弹好隔墙边线及门窗洞口位置线，并按板宽分档。

(3) 配板、修补。板的长度应按楼层结构净高尺寸减20～30mm。计算并测量门窗洞口上部及窗口下部的隔板尺寸，按此尺寸配具有预埋件的门窗框板。当板的宽度与隔墙的长度不相适应时，应将部分板预先拼接加宽（或锯窄）成合适的宽度，放置到墙角处。

隔板安装前要进行选板，有缺棱掉角的，应用与板材材质相近的材料进行修补，未经修补的坏板或表面疏松的板不得使用。

(4) 配置胶粘剂。将SG791胶与建筑石膏粉配制成胶泥，石膏粉：SG791＝1：(0.6～0.7)（重量比）。胶粘剂的配制量以一次不超过20min使用时间为宜。配制的胶粘剂超过30min凝固了的，不得再加水加胶重新调制使用，以避免板缝因粘接不牢而出现裂缝。条板与条板拼缝、条板顶端与主体结构采用胶粘剂黏结。

(5) 安装隔墙板。隔墙板安装顺序应从与墙的结合处或门洞边开始，依次顺序安装。板侧清刷浮灰，在墙面、顶面、板的顶面及侧面（相拼合面）先刷SG791胶液一道，再满刮SG791胶泥，按弹线位置安装就位，用木楔顶在板底，再用手平推隔板，使之板缝冒浆，一个人用特制的撬棍在板底部向上顶，另一人打木楔，使隔墙板挤紧密实，然后用开刀（腻子刀）将挤出的胶粘剂刮平。按以上操作办法依次安装隔墙板。

在安装隔墙板时，一定要注意使条板对准预先在顶板和地板上弹好的定位线，并在安装过程中随时用2m靠尺及塞尺测量墙面的平整度，用2m托线板检查板的垂直度。

黏结完毕的墙体，应在24h以后用C20干硬性细石混凝土将板下口堵严，当混凝土强度达到10MPa以上时，撤去板下木楔，并用同等强度的干硬性砂浆灌实。

有抗震要求时，应按设计要求用U形钢板卡固定条板的顶端。在两块条板顶端拼缝之间用射钉将U形钢板卡固定在梁或板上，随安板随固定U形钢板卡。

为保证隔墙板安装的稳固性，须满足整块到顶安装，如图5.3（a）所示。当楼层净空高度过高不能满足整块到顶安装时，须错缝拼装，错缝长度不宜小于200mm，如图5.3（b）所示。

（a）整块到顶安装　　　　　　　　　　（b）非整块错缝安装

图5.3　隔墙板的安装

(6) 埋件、电气设备安装。

1) 电气安装。按电气安装图找准位置画出定位线，铺设电线管、稳接线盒。所有电线管必须顺石膏板板孔铺设，严禁横铺和斜铺。稳接线盒，先在板面钻孔扩孔（防止猛击），再用扁铲扩孔，孔要大小适度且方正。孔内清理干净，先刷SG791胶液一道，再用SG791胶泥稳住接线盒。

2) 安水暖、煤气管道卡。按水暖、煤气管道安装图找准标高和竖向位置，画出管卡定位线，在隔墙板上钻孔扩孔（禁止剔凿）。将孔内清理干净，先刷SG791胶液一道，再用SG791胶泥固定管卡。

3) 安装吊挂埋件。隔墙板上可安装碗柜、设备和装饰物，每一块板可设两个吊点，每个吊点吊重不大于80kg。先在隔墙板上钻孔扩孔（防止猛击），孔内应清理干净，先刷SG791胶液一道，再用SG791胶泥固定埋件，待干后再吊挂设备。

4) 安门窗框。一般采用先留门窗洞口，后安门窗框的方法。钢门窗框必须与门窗口板中的预埋件焊接。木门窗框用L形连接件连接，一边用木螺丝与木框连接，另一端与门窗口板中预埋件焊接。门窗框与门窗口板之间缝隙不宜超过3mm，超过3mm时应加木垫片过渡。将缝隙浮灰清理干净，先刷SG791胶液一道，再用SG791胶泥嵌缝。嵌缝要严密，以防止门扇开关时碰撞门框造成裂缝。

(7) 板缝处理。隔墙板安装后 10d，检查所有缝隙是否黏结良好，有无裂缝。如出现裂缝，应查明原因后进行修补。已黏结良好的所有板缝、阴角缝，先清理浮灰，再刷 SG791 胶液粘贴 50mm 宽玻纤网格带。转角隔墙在阳角处粘贴 200mm 宽（每边各 100mm 宽）玻纤布一层，干后刮 SG791 胶泥，略低于板面。

(8) 清理。整体工程完成后清理干净地面、板面剩余砂浆、胶粘剂、包装袋等。

2. 石膏板复合板（单板）

(1) ～ (4) 款同石膏空心条板。

(5) 安装隔墙板。

1) 安装钢板卡。应按设计要求将钢板卡与预埋件连接。无预埋件时，应按设计要求设置后置埋件与钢板卡可靠连接。

2) 安装隔墙板。将板的上端底面用胶粘剂粘一层 5mm 厚软质材料（橡胶条等）后，放入钢板卡内，下部用木楔顶紧后在空隙间填入细石混凝土。隔墙板安装顺序应从门洞口处向两端依次进行，门洞两侧宜用整块板；无门洞的墙体，应从一端向另一端顺序安装。其安装步骤如下：

a. 墙板安装前，先将条板顶端黏结面用钢丝刷刷去油垢并清除渣沫。

b. 条板上端涂抹一层胶粘剂，将 5mm 厚与条板同宽的软质材料粘贴上，然后将条板上端放入钢板卡内，用撬棍将板撬起，使板顶与钢板卡贴紧。板的一侧与主体结构或已安装好的另一块墙板贴紧，并在板下端留 20～30mm 缝隙，用木楔对板顶紧，撤出撬棍，板即固定。板与板缝间的拼接，要满抹黏结砂浆或胶粘剂，拼接时要以挤出砂浆或胶粘剂为宜，缝宽不得大于 5mm（陶粒混凝土隔板缝宽 10mm）。挤出的砂浆或胶粘剂应及时清理干净。

c. 板与板之间在距板缝上、下各 1/3 处以 30°角斜向钉入铁销或铁钉，在转角墙、T 形墙条板连接处，沿高度每隔 700～800mm 钉入销钉或 $\phi 8$ 钢筋，钉入长度不小于 150mm，铁销和销钉应随条板安装随时钉入。

d. 墙板固定后，在板下填塞 1:2 水泥砂浆或细石混凝土，细石混凝土应采用 C20 干、硬性细石混凝土，坍落度控制在 0～20mm 为宜，并应在一侧支模，以利于捣固密实。

e. 每块墙板安装后，应用靠尺检查墙面垂直和平整情况。

f. 对于双层墙板的分户墙，安装时应使两面墙板的拼缝相互错开，并根据设计要求，在双层板之间放置填充隔声材料。

g. 根据设计要求对门窗框进行安装，或者根据轻质板隔墙生产厂家提供的安装示意图进行安装。

(6) 埋件、电气设备安装。

1) 埋件安装：根据工程设计在条板上定位钻单面孔（不能开对穿孔），用水泥胶粘剂预埋吊挂配件。

2) 电气安装：利用条板孔内敷设导管。对非空心板，则可利用拉大板缝或开槽敷设导管，用水泥砂浆填实抹平。用水泥砂浆固定接线盒。

(7) 板缝处理。

1) 加气混凝土隔板之间板缝在填缝前应用毛刷蘸水湿润，填缝时应由两人在板的两侧同时把缝填实，填缝材料宜采用膨胀水泥砂浆。

刮腻子之前先用宽度 100mm 的网状防裂胶带粘贴在板缝处，然后用建筑胶将纤维布贴在板缝处刮平整。

2) 轻质陶粒混凝土隔墙板缝、阴阳转角和门窗框边缝用水泥胶粘剂粘贴玻纤布条（板缝、门窗框边缝粘贴 50～60mm 宽玻纤布条，阴阳转角处粘贴 200mm 宽玻纤布条）。

3) 增强水泥条板隔墙板缝、墙面阴阳角和门窗框边缝处用水泥胶粘剂粘贴玻纤布条，板缝用 50～60mm 宽的玻纤布条，阴阳转角用 200mm 宽布条。

(8) 清理。整体工程完成后清理干净地面、板面剩余砂浆、胶粘剂、包装袋等。

5.1.3 质量标准

1. 主控项目

(1) 隔墙板材的品种、规格、性能、颜色应符合设计要求。有隔声、隔热、阻燃、防潮等特殊要求的工程，板材应有相应性能等级的检测报告。

检验方法：观察，检查产品合格证书、进场验收记录和性能检测报告。

(2) 安装隔墙板材所需预埋件、连接件的位置、数量及连接方法应符合设计要求。

检验方法：观察，尺量检查，检查隐蔽工程验收记录。

(3) 隔墙板材安装必须牢固。现制钢丝网水泥隔墙与周边墙体的连接方法应符合设计要求，并应连接牢固。

检验方法：观察，手扳检查。

(4) 隔墙板材所用接缝材料的品种及接缝方法应符合设计要求。

检验方法：观察，检查产品合格证书和施工记录。

(5) 板材隔墙工程的检查数量应符合下列规定：每个检验批应至少抽查 10%，并不得少于 3 间；不足 3 间时应全数检查。

2. 一般项目

(1) 隔墙板材安装应垂直、平整、位置正确，板材不应有裂缝或缺损。

检验方法：观察，尺量检查。

(2) 板材隔墙表面应平整光滑、色泽一致、洁净，接缝应均匀、顺直。

检验方法：观察，手摸检查。

(3) 隔墙上的孔洞、槽、盒应位置正确、套割方正、边缘整齐。

检验方法：观察。

(4) 板材隔墙工程的检查数量应符合下列规定：每个检验批应至少抽查 10%，并不得少于 3 间；不足 3 间时应全数检查。

(5) 板材隔墙安装的允许偏差和检验方法应符合表 5.1 的规定。

3. 质量要求

(1) 板材运输时要轻抬轻放，搬运时侧抬，堆放时侧立，防止板面变形。变形过大的夹芯板要裁割成小板使用，禁止变形的弯板上墙。

(2) 钢丝网架与配套件、连接件宜用气动钳、U 形码固定。没有气动钳、U 形码时，可用 22 号铅丝绑扎固定，但要绑扎牢固，且将铅丝头弯向板内，以防返锈。

(3) 隔墙板施工过程中，各专业工种应合理安排好施工工序，协调配合作业。

表 5.1　　　　　　　　　　板材隔墙安装的允许偏差和检验方法

项次	项目	允许偏差/mm			检验方法
		复合轻质墙板		石膏空心板	
		金属夹芯板	其他复合板		
1	立面垂直度	2	3	3	用2m垂直检测尺检查
2	表面平整度	2	3	3	用2m靠尺和塞尺检查
3	阴阳角方正	3	3	3	用200mm直角检测尺检查
4	接缝高低差	1	2	2	用钢直尺和塞尺检查

5.1.4　成品保护

（1）隔墙工程施工中，各专业工种应密切配合作业，合理安排好工序，严禁颠倒工序施工。

（2）隔墙施工完毕后，严禁运料小车或其他人为因素碰撞墙体和门口，门边等阳角部位采用硬质保护框保护。

（3）楼地面工程施工时，应防止水泥浆污染墙面。

5.1.5　安全、环保措施

1. 安全措施

（1）在使用电动工具时，用电应符合《施工现场临时用电安全技术规范》（JGJ 46—2005）。

（2）工人操作应戴安全帽，遵守操作规程，防止砸伤。

（3）机电器具必须安装触电保护装置，发现问题立即修理，遵守操作规程，非操作人员决不准乱动机具，以防伤人。

（4）建立健全的安全生产保证体系、应急预案，对施工人员进行安全教育和交底。

2. 环保措施

（1）在施工过程中应防止噪声污染，在施工场界噪声敏感区域宜选择使用低噪声的设备，也可以采取其他降低噪声的措施。

（2）施工过程中应采取相应的防护措施防止粉尘污染。施工现场必须工完场清，设专人洒水、打扫，不能扬尘污染环境。

（3）有噪声的电动工具应在规定的作业时间内施工，防止噪声污染、扰民。

（4）使用的胶粘剂应是聚醋酸乙烯类胶粘剂，不得使用107胶作胶粘剂。

（5）施工所用材料应符合《民用建筑工程室内环境污染控制规范》（2013年版）（GB 50325—2010）的要求。

子项目5.2　骨　架　隔　墙

5.2.1　轻钢龙骨板材隔墙

5.2.1.1　施工准备

1. 技术准备

同5.1.1。

2. 材料准备

(1) 各类龙骨、配件和罩面板材料以及胶粘剂的材质均应符合现行国家标准和行业标准的规定。当装饰材料进场检验,发现不符合设计要求及室内环保污染控制规范的有关规定时,严禁使用。

人造板必须有游离甲醛含量或游离甲醛释放量检测报告。如人造板面积大于500m²时(民用建筑工程室内)应对不同产品分别进行复检。如使用水性胶粘剂必须有TVOC和甲醛检测报告。

1) 轻钢龙骨主件:沿顶龙骨、沿地龙骨、加强龙骨、竖向龙骨、横撑龙骨应符合设计要求和有关规定的标准。

2) 轻钢骨架配件:支撑卡、卡托、角托、连接件、固定件、护墙龙骨和压条等附件应符合设计要求。

3) 紧固材料:拉锚钉、膨胀螺栓、自攻螺丝、木螺丝和粘贴嵌缝材,应符合设计要求。

4) 罩面板应表面平整、边缘整齐,不应有污垢、裂纹、缺角、翘曲、起皮、色差、图案不完整的缺陷。胶合板、木质纤维板不应脱胶、变色和腐朽。

(2) 填充隔声材料,如玻璃棉、岩棉等,应符合设计要求选用。

(3) 通常隔墙使用的轻钢龙骨为C形隔墙龙骨,其中分为三个系列,经与轻质板材组合即可组成隔断墙体。

1) C50系列可用于层高3.5m以下的隔墙。

2) C75系列可用于层高3.5~6m的隔墙。

3) C100系列可用于层高6m以上的隔墙。

(4) 质量要求:见表5.2~表5.10。

表5.2　　　　　　　　　　纸面石膏板规格尺寸允许偏差　　　　　　　　　　单位:mm

项目	长度	宽度	厚度	
			9.5	≥12
尺寸偏差	-6~0	-5~0	±0.5	±0.6

注　板面应切成矩形,两对角线长度差不大于5mm。

表5.3　纸面石膏板断裂荷载值

板材厚度 /mm	断裂荷载,N	
	纵向	横向
9.5	360	140
12.0	500	180
15.0	650	220
18.0	800	270
21.0	950	320
25.0	1100	370

表5.4　纸面石膏板单位面积重量值

板材厚度 /mm	单位面积重量 /(kg/m²)
9.5	9.5
12.0	12.0
15.0	15.0
18.0	18.0
21.0	21.0
25.0	25.0

子项目 5.2 骨架隔墙

表 5.5　　　　　　　　　人造板及其制品中甲醛释放试验方法及限量值

产品名称	试验方法	限量值	使用范围	限量标志
中密度纤维板、高密度纤维板、刨花板、定向刨花板等	穿孔萃取法	≤9mg/100g	可直接用于室内	E1
		≤30mg/100g	必须饰面处理后可允许用于室内	E2
胶合板、装饰单板贴面胶合板、细木工板等	干燥器法	≤1.5mL/L	可直接用于室内	E1
		≤5.0mL/L	必须饰面处理后可允许用于室内	E2
饰面人造板（包括浸渍纸层压地板、实木复合地板、竹地板、浸渍胶膜纸饰面人造板等）	气候箱法	≤0.12mg/m³	可直接用于室内	E1
	干燥器法	≤1.5mg/L		

注 1. 仲裁时采用气候箱法。
　　2. E1 为可直接用于室内的人造板，E2 为必须饰面处理后允许用于室内的人造板。

表 5.6　　　　　　　　　轻钢龙骨断面规格尺寸允许偏差　　　　　　　　　单位：mm

项　目			优等品	一等品	合格品
长度 L			+30 −10		
覆面龙骨断面尺寸	尺寸 A	A≤30	±1.0		
		A>30	±1.5		
	尺寸 B		±0.3	±0.4	±0.5
其他龙骨断面尺寸	尺寸 A		±0.3	±0.4	±0.5
	尺寸 B	≤30	±1.0		
		>30	±1.5		

表 5.7　　　　　　　　　轻钢龙骨侧面和地面的平直度　　　　　　　　　单位：mm/1000mm

类别	品　种	检测部位	优等品	一等品	合格品
墙体	横龙骨和竖龙骨	侧面	0.5	0.7	1.0
		底面	1.0	1.5	2.0
	贯通龙骨	侧面和底面			
吊顶	承载龙骨和覆面龙骨	侧面和底面			

表 5.8　　　　　　　　　轻钢龙骨角度允许偏差

成形角的最短边尺寸/mm	优等品	一等品	合格品
10～18	±1°15′	±1°30′	±2°00′
>18	±1°00′	±1°15′	±1°30′

表 5.9　　　　　　　　　　　　轻钢龙骨外观、表面质量　　　　　　　　　　　　单位：g/m²

项　目	优等品	一等品	合格品
腐蚀、损坏、黑斑、麻点	不允许	无较严重腐蚀、损坏黑斑、麻点。面积不大于1cm²的黑斑每米长度内不多于5处	
双面镀锌量	120	100	80

表 5.10　　　　　　　　　　　　硅钙板的质量要求

序号	项　目		单位	标准要求
1	外观质量与规格尺寸	长度	mm	2440±5
		宽度	mm	1220±4
		厚度	mm	6±0.3
		厚度平均度	%	≤8
		平板边缘平直度	mm/m	≤2
		平板边缘垂直度	mm/m	≤3
		平板表面平整度	mm	≤1
		表面质量	—	平面应平整，不得有缺角、鼓泡和凹陷
2	物理力学	含水率	%	≤10
		密度	g/cm³	0.90<D≤1.20
		湿胀率	%	≤0.25

3. 主要机具

（1）电动机具：无齿锯、镑锯、手电钻、冲击电锤、直流电焊机、切割机、砂轮角磨机。

（2）手动工具：拉铆枪、手锯、钳子、锤、螺丝刀、扳子、线坠、靠尺、钢尺、钢水平尺等（图 5.4）。

4. 作业条件

（1）轻钢骨架隔断工程施工前，应先安排外装，安装罩面板应待屋面、顶棚和墙体抹灰完成后进行。

（2）基底含水率已达到装饰要求，一般应小于12%。

（3）经有关单位、部门验收合格，办理完工种交接手续。

（4）如设计有地枕时，地枕应达到设计强度后方可在上面进行隔墙龙骨安装。

（5）各种系统的管、线盒弹线及其他准备工作已到位。

5.2.1.2　施工工艺

1. 工艺流程

弹线定位→安装天地龙骨→安装竖龙骨→安装通贯龙骨→机电管线安装→安装横撑龙骨→门窗等洞口制作→安装罩面板（一侧）→安装填充材料（岩棉）→安装罩面板（另一侧）。

子项目 5.2　骨　架　隔　墙

(a) 手电钻　　(b) 冲击电锤　　(c) 直流电焊机

(d) 砂轮角磨机　　(e) 无齿锯　　(f) 靠尺

(g) 拉铆枪　　(h) 角尺　　(i) 龙骨钳

图 5.4　轻钢龙骨隔墙部分施工机具

2. 操作工艺

(1) 弹线定位。在地面上弹出水平线并将线引向侧墙和顶面，并确定门洞的位置。结合罩面板的长、宽分档，以确定竖向龙骨、横撑及附加龙骨的位置以控制墙体龙骨安装的位置、龙骨的平直度和固定点。定位时可以用吊锤的方式吊直（图5.5），也可以用投线仪。为避免定位由于人为的影响而变动，均需在地面上弹出位置线，如图 5.6 所示。

设计有混凝土地枕带时，应先对楼地面基层进行清理，并涂刷界面处理剂一道。浇筑 C20 素混凝土地枕带，上表面应平整，两侧面应垂直。

(2) 安装天地龙骨。天地龙骨与建筑定、地连接及竖龙骨与墙、柱连接可采用射钉或膨胀螺栓固定。

轻钢龙骨与建筑基体表面接触处，应在龙骨接触面的两边各粘贴一根通长的橡胶密封条，或根据设计要求采用密封胶或防火封堵材料。

地龙骨一般在地面之上先做一层混凝土地枕带，做法如图 5.7～图 5.10 所示。

(3) 安装竖龙骨。由隔断墙的一端开始排列竖龙骨，有门窗者要从门窗洞口开始分别

图 5.5 吊锤定位

图 5.6 画定位线

图 5.7 给地枕带支模

图 5.8 拆模后的地枕带

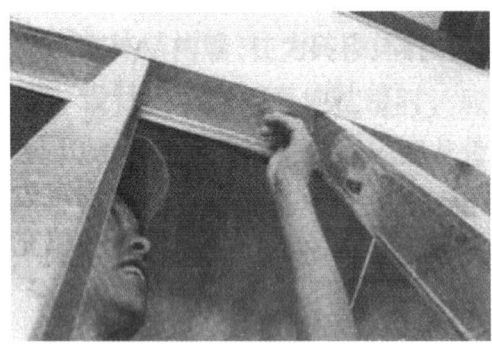

图 5.9 安装天龙骨

图 5.10 安装沿地龙骨

向两侧排列（图 5.11）。当最后一根竖龙骨距离沿墙（柱）龙骨的尺寸大于设计规定时，必须增设一根竖龙骨。

（4）安装通贯龙骨（当采用通贯龙骨隔墙体系时）（图 5.12）。通贯横撑龙骨的设置：低于 3m 的隔断墙安装 1 道；3~5m 高度的隔断墙安装 2~3 道。在竖龙骨开口面安装卡托或支撑卡与通贯龙骨连接锁紧，根据需要在竖龙骨背面可加设角托与通贯龙骨固定。

 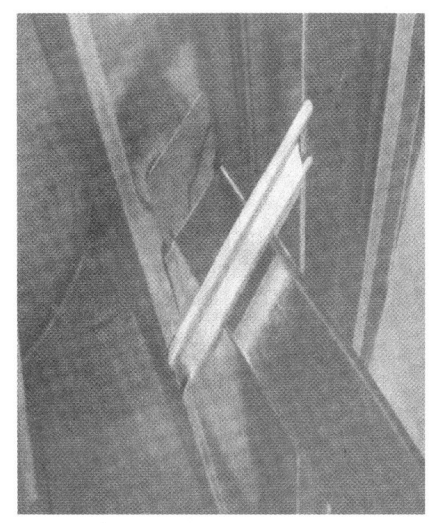

图 5.11 竖向龙骨　　　　　　　　图 5.12 安装通贯龙骨

(5) 机电管线安装。按照设计要求,隔墙中设置有电源开关插座、配电箱等小型或轻型设备末端时应预装水平龙骨及加固固定构件。消火栓、挂墙卫生洁具必须由机电安装单位另行安装独立钢支架,严禁将消火栓、挂墙卫生洁具等重量大的末端设备直接安装在轻钢龙骨隔墙上。

(6) 安装横撑龙骨。隔墙骨架高度超过 3m 时,或罩面板的水平方向板端(接缝)未落在沿顶沿地龙骨上时,应设横向龙骨(图 5.13)。

选用 U 形横龙骨或 C 形竖龙骨做横向布置,利用卡托、支撑卡(竖龙骨开口面)及角托(竖龙骨背面)与竖龙骨连接固定(图 5.14)。

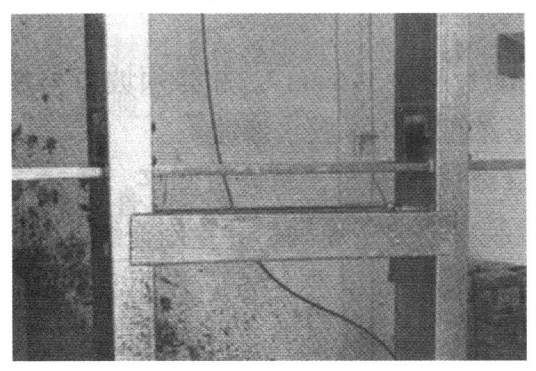 

图 5.13 安装横撑龙骨　　　　　　　　图 5.14 固定横撑龙骨

(7) 门窗等洞口制作。门框制作应符合设计要求,一般轻型门扇(35kg 以下)的门框可采取竖龙骨对扣中间加木方的方法制作。重型门根据门重量的不同,采取架设钢支架加强的方法,注意避免龙骨、罩面板与钢支架刚性连接。

(8) 安装罩面板(一侧)(图 5.15)。

1) 罩面板安装,宜竖向铺设,其长边(包封边)接缝应落在竖龙骨上。曲面墙体罩面时，罩面板宜横向铺设。

2) 罩面板可单层铺设，也可双层铺设，由设计确定。安装前应对预埋隔断中的管道和有关附墙设备等，采取局部加强措施。

3) 罩面就位后，用自攻螺丝将板材与轻钢龙骨紧密连接。

4) 自攻螺钉的间距为：沿板周边应不大于 200mm；板材中间部分应不大于 300mm，双层石膏板内层板钉距板边 400mm，距板中 600mm；自攻螺钉与石膏板边缘的距离应为 10～15mm。自攻螺钉进入轻钢龙骨内的长度，以不小于 10mm 为宜。

5) 自攻螺钉帽涂刷防锈涂料，有自防锈的自攻螺钉帽可不涂刷。

（a）安装一侧罩面板正面图　　　　　　（b）安装一侧罩面板背面图

图 5.15　安装石膏罩面板

（9）安装填充材料（岩棉）。

1) 当设计有保温或隔声材料时，应按设计要求的材料铺设。铺放墙体内的玻璃棉、矿棉板、岩棉板等填充材料，应固定并避免受潮。安装时尽量与另一侧纸面石膏板同时进行，填充材料应铺满铺平（图 5-16）。

2) 对于有填充要求的隔断墙体，待穿线部分安装完毕，即先用胶粘剂按 500mm 的中距将岩棉钉固定在石膏板上。牢固后，将岩棉等保温材料填入龙骨空腔内，用岩棉固定钉固定，并利用其压圈压紧，每块岩棉板不少于 4 个岩棉钉固定。要求用岩棉板把管线裹实。

图 5.16　墙体内铺满铺平填充材料

（10）安装罩面板（另一侧）。

1) 装配的板缝与对面的板缝不得布在同一根龙骨上。板材的铺钉操作及自攻螺钉钉距等同上述要求。

2) 单层纸面石膏板罩面安装后，如设计为双层板罩面，其第一层板铺钉安装后只需用石膏腻子填缝，尚不需进行贴穿孔纸带及嵌条等处理工作。

3) 第二层板的安装方法同第一层，但必须与第一层板的板缝错开，接缝不得布在同一根龙骨上。内、外层板应采用不同的钉距,错开铺钉。

4) 除踢脚板的墙端缝之外,纸面石膏板墙的丁字或十字相接的阴角缝隙,应使用石膏腻子嵌满并粘贴接缝带(穿孔纸带或玻璃纤维网格胶带)。

5) 隔墙两面有多层罩面板时,应交替封板,不可一侧封完再封另一侧,避免单侧受力过大造成龙骨变形。

5.2.1.3 质量标准

1. 主控项目

(1) 骨架隔墙所用龙骨、配件、墙面板、填充材料及嵌缝材料的品种、规格、性能和木材的含水率应符合设计要求。有隔声、隔热、阻燃、防潮等特殊要求的工程,材料应有相应性能等级的检测报告。

检验方法:观察,检查产品合格证书、进场验收记录、性能检测报告和复验报告。

(2) 骨架隔墙工程边框龙骨必须与基体结构连接牢固,并应平整、垂直、位置正确。

检验方法:手扳检查,尺量检查,检查隐蔽工程验收记录。

(3) 木墙面板的防火和防腐处理必须符合设计要求。

检验方法:检查隐蔽工程验收记录。

(4) 骨架隔墙的墙面板应安装牢固,无脱层、翘曲、折裂及缺损。

检验方法:观察,手扳检查。

(5) 墙面板所用接缝材料的接缝方法应符合设计要求。

检验方法:观察。

(6) 轻钢龙骨板材隔墙工程的检查数量应符合下列规定:每个检验批应至少抽查10%,并不得少于3间;不足3间时应全数检查。

2. 一般项目

(1) 骨架隔墙表面应平整光滑、色泽一致、洁净、无裂缝,接缝应均匀、顺直。

检验方法:观察,手摸检查。

(2) 骨架隔墙上的孔洞、槽、盒应位置正确,套割吻合,边缘整齐。

检验方法:观察。

(3) 骨架隔墙内的填充材料应干燥,填充应密实、均匀,无下坠。

检验方法:轻敲检查,检查隐蔽工程验收记录。

(4) 轻钢龙骨板材隔墙工程的检查数量应符合下列规定:每个检验批应至少抽查10%,并不得少于3间;不足3间时应全数检查。

(5) 轻钢龙骨板材隔墙安装的允许偏差和检验方法应符合表5.11的规定。

3. 质量要求

(1) 板材运输时要轻抬轻放,搬运时侧抬,堆放时侧立,防止板面变形。变形过大的夹芯板要裁割成小板使用,禁止变形的弯板上墙。

(2) 隔墙板施工过程中,各专业工种应合理安排好施工工序,协调配合作业。

(3) 上下槛与主体结构连接牢固,上下槛不允许断开,保证隔断的整体性。严禁用射钉将隔断墙上的连接件固定在砖墙上,应采用预埋件或膨胀螺栓进行连接。

(4) 罩面板应经严格选材,检查相应质量资料,表面应平整光洁。安装罩面板前应用

2m 垂直检测尺和 2m 靠尺严格检查骨架的垂直度和平整度。

表 5.11　　　　　　　　轻钢龙骨板材隔墙安装的允许偏差和检验方法

项次	项目	允许偏差/mm		检验方法
		纸面石膏板	人造木板、水泥纤维板	
1	立面垂直度	3	4	用 2m 垂直检测尺检查
2	表面平整度	3	3	用 2m 靠尺和塞尺检查
3	阴阳角方正	3	3	用直角检测尺检查
4	接缝直线度	—	3	拉 5m 线，不足 5m 拉通线，用钢直尺检查
5	压条直线度	—	3	拉 5m 线，不足 5m 拉通线，用钢直尺检查
6	接缝高低差	1	1	用钢直尺和塞尺检查

5.2.1.4　成品保护

（1）～（3）同 5.1.4。

（4）隔墙轻钢骨架及罩面板安装时，应注意保护隔墙内装好的各种管线。

5.2.1.5　安全、环保措施

1. 安全措施

（1）～（4）同 5.1.5。

2. 环保措施

同 5.1.5。

5.2.2　轻钢龙骨泰柏板隔墙

5.2.2.1　施工准备

1. 技术准备

钢丝网架水泥聚苯乙烯夹芯隔墙板，俗称泰柏板。技术准备与轻钢龙骨板材隔墙基本相同。

（1）建筑物主体结构工程已施工完，并经有关部门（设计、质量监督站、工程质量监理、建设单位及施工单位）共同检查，鉴定合格后，方可进行泰柏板隔板安装施工。

（2）按照设计图纸尺寸，确定泰柏板高、宽、厚的几何尺寸及加工的数量，向供货厂家提供委托加工单，并以此签订了加工制作合同。

（3）屋面保温防水工程应施工完。

（4）冬期施工应在采暖条件下进行操作，环境温度不得低于 5℃。

2. 材料准备

（1）泡沫塑料符合设计要求，并有产品证书。

（2）水泥选用 325 号或 425 号普通硅酸盐水泥，应有出厂合格证和复验合格证（或试验报告单），出厂日期不超 3 个月，也不得有结块现象。

（3）砂选用中砂，颗粒坚硬、洁净，无杂质，含泥量不得超出 3%。

（4）108 胶应有出厂合格证，产品技术标准应符合国家现行有关规范规定的标准。

3. 施工机具

(1) 机械设备：砂浆搅拌机、钢筋切断机、钢筋调直机等。

(2) 主要工具：木抹子、铁抹子、钢抹子、灰桶、水桶、刷子、喷壶、线坠、墨斗、靠尺、木杠、托线板、钢筋扳手、钢筋钩子、手电钻或电锤等。

主要施工机具如图 5.17 所示。

（a）砂浆搅拌机　　（b）钢筋切断机　　（c）钢筋调直机

（d）钢筋扳手　　（e）钢筋钩子　　（f）喷壶

图 5.17　主要施工机具

5.2.2.2　施工工艺

1. 工艺流程

泰柏板定制→墙体放（弹）线→钻孔→墙板安装→墙板加固→管线敷设→墙面粉刷。

2. 施工工艺

(1) 泰柏板定制。根据设计要求及房间净高，向供货厂家提出加工板高度、宽度（一般为 1000mm）、厚度（一般为 80mm，但不包括抹灰的厚度及数量）。

(2) 墙体放（弹）线。在楼地面、墙体及顶棚面上弹出泰柏板墙双面边线，边线间距为 80mm（板厚），用线坠吊垂直，以保证对应的上下线在一个垂直平面内。

(3) 钻孔。用手电钻或电锤在顶棚、楼面及墙体已弹双边线上钻孔，孔深为 50mm，孔径为 6mm，单边孔距 300mm，双边线上孔眼应错开设置。

(4) 墙板安装。

1) 泰柏板与楼面连接。用铁锤在单面四边已钻孔内打入 $\phi 6.5mm$ 钢筋码，楔紧。将泰柏板紧靠上下钢筋码，用扎丝穿入板中将钢丝网格与钢筋码绑紧。墙板排布完后，在另一面上下孔内打入钢筋码，用扎丝将其与板内钢丝格绑紧。

2) 板与板连接。板与板之间连接处加盖厂家供货的钢丝网片之字条，外压 $\phi 6.5mm$ 钢筋压条，用扎丝绑紧，其做法如图 5.18 所示。

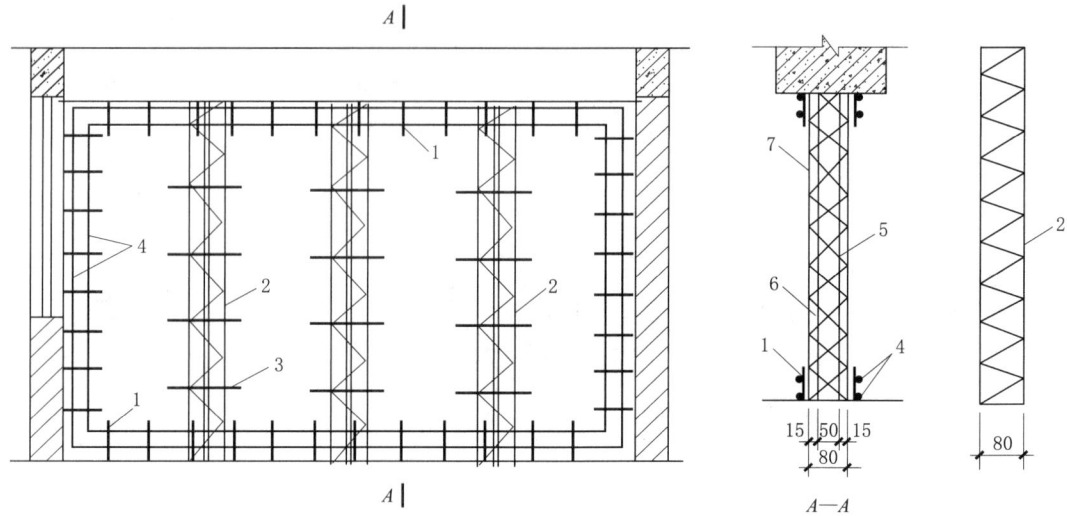

图 5.18 泰柏板安装示意图

1—钢筋码；2—之字条；3—钢筋压条；4—$\phi 4$ 冷拔钢丝；5—点焊钢丝网格；6—泡沫塑料；7—管线

3) 带有门窗洞的隔墙安装。用钢丝钳剪断洞口处钢丝网格，锯除洞口泡沫塑料。洞口周边绑扎比洞口尺寸每边长 500mm 的 $\phi 6.5$ 钢筋，靠洞口楼板面处的钢筋应插入孔内。木门框安装方法如图 5.19 所示。

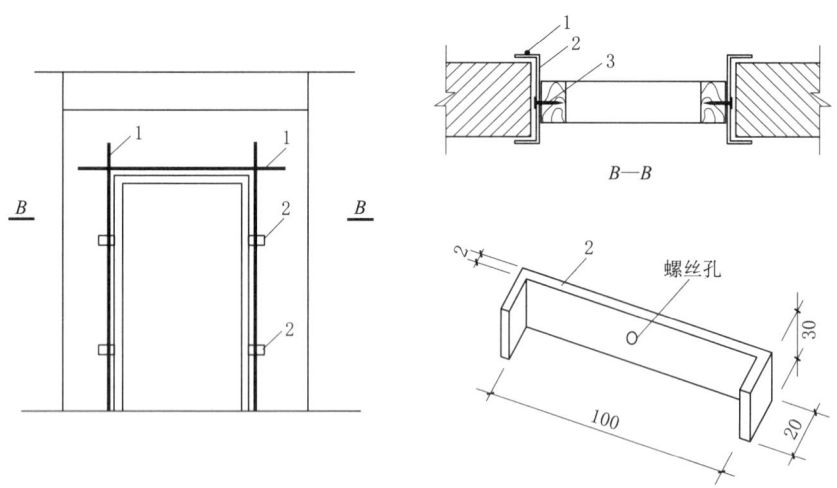

图 5.19 木门框安装方法

1—洞口加强钢筋；2—门框固定铁件；3—螺丝

(5) 墙板加固。沿四周钢筋码设置 $\phi 4mm$ 冷拔钢丝两道，用扎丝绑紧，这样就形成一面牢固的整体隔板墙。当墙任意一面抹灰时，另一面不需要支撑固定。

(6) 管线敷设。暗敷管线（电线）可横向或竖向布设，管径不宜超过 25mm。管线和电开关盒确定位置后，用钢丝钳剪断板面钢丝网格埋入即可。管线外加盖钢丝网片，以利抹灰。

(7) 墙面粉刷。泰柏板、电配线管、开关盒预埋件等安装完毕，经检查验收合格后即可抹灰。泰柏板双面抹灰完毕，断面墙厚120mm。因此每面抹灰分以下三道工序。

1) 基层处理。用清水冲洗板与四周接头处杂物及浮土，然后用107胶水泥浆嵌实板四周接头处缝隙。

2) 打底。泰柏板厚度为80mm，其中泡沫塑料厚50mm，每边尚有15mm空隙。因此，每边打底砂浆层厚应为25mm，方能遮盖板中钢丝网格及钢筋码。打底用1:3水泥砂浆，分两层打底。第一层打底盖住钢丝网格，约15mm厚；第二层打底盖住钢筋码及加固钢筋，约10mm厚。待一面打底砂浆凝固后，方能进行另一面抹灰。

3) 抹罩面灰。底层砂浆凝固后即可做灰饼、冲筋。如果底层过于干燥，应喷水湿润，然后按设计要求罩面压实赶光。面层厚度为10mm。门窗洞口接缝处应用107胶水泥浆嵌填密实，并喷水养护，最后用木线贴脸压缝。

5.2.2.3 质量标准

1. 主控项目

同5.1.3主控项目(1)~(4)。

2. 一般项目

(1)~(3)同5.1.3一般项目(1)~(3)。

(4) 板材隔离安装的允许偏差和检验方法应符合表5.12的规定。

表5.12　　　　　　　　泰柏板隔墙安装的允许偏差和检验方法

项次	项目	允许偏差/mm			检验方法
		复合轻质墙板		石膏空心板	钢丝网水泥板	
		金属夹芯板	其他复合板			
1	立面垂直度	2	3	3	3	用2m垂直检测尺检查
2	表面平整度	2	3	3	3	用2m靠尺和塞尺检查
3	阴阳角方正	3	3	3	4	用直角检测尺检查
4	接缝高低差	1	2	2	3	用钢直尺和塞尺检查

3. 质量要求

(1) 施工时，对基层应认真清扫干净。抹罩面灰时，底层应喷水湿润，并涂刷一道107胶水泥浆。以增加黏结作用，减少砂浆收缩应力，提高砂浆早期抗拉强度，避免空鼓、干缩和裂缝的出现。

(2) 抹完罩面灰后，在不具备早期强度、灰层没有收水时，不得进行表面压光。待灰层具有一定强度，手压变形不大，灰层表面水分已收干时，方可进行压实、赶光。以避免表面出现起泡现象。

(3) 抹罩面灰，需在底子灰有五、六成干时进行，如过于干燥要适当喷水湿润。赶压罩面灰时应掌握好时间，以消除抹纹。

(4) 底子灰抹完后，认真吊线、套方和找直，并做好灰饼和冲筋(标筋)，阴阳角处套方，以保证墙面垂直、平整及阴阳角方正。

(5) 在抹踢脚线时,应认真进行拉通线、找规矩、套方等工作,以确保踢脚线上口平直。

5.2.2.4 成品保护

(1) 泰柏板堆放应用大方木垫起找平。叠层堆放时,每层间用小木块垫平,且上下层垫块的位置应在同一垂直线上,堆放要整齐,要符合设计受力要求。

(2) 抹罩面灰的同时,应把门窗框与墙连接处的缝隙用 107 胶水泥浆填塞密实;门口钉设铁皮或木板保护。

(3) 残留在门窗框上的砂浆及时清擦干净;铝合金门窗框应用塑料薄膜缠好,直到交工验收为止。

(4) 推小推车或搬运材料等时,注意不要碰坏口角和墙面,抹灰用的大木杠、铁锹把等不要靠在墙上,防止损坏墙面和口角。

(5) 拆除脚手架、跳板、马凳时,要轻拆轻放,拆除后的料具要码放整齐,不要撞坏门窗、墙面和口角。

(6) 在抹灰层凝结硬化前,应防止快干、水冲、撞击、振动和挤压,以保证泰柏板隔墙有足够的强度。

5.2.2.5 安全、环保措施

(1) 施工现场严禁明火和高温,泰柏板应堆放在阴凉通风处,并距火源 20m 以外。以防泡沫塑料燃烧或变形。

(2) 安装人员宜穿工作皮鞋,以免下脚料中的钢丝刺透鞋底而伤脚。

(3) 隔墙工程的脚手架搭设应符合建筑施工安全标准。

(4) 脚手架上搭设跳板应用铁丝绑扎固定,不得有探头板。

(5) 工人操作应戴安全帽,注意防火。

(6) 施工现场必须工完场清。设专人洒水打扫,不能扬尘。

(7) 有噪声的电动工具应在规定的作业时间内施工,防止噪声污染扰民。

(8) 机电器具必须安装触电保安器,发现问题立即修理。

(9) 遵守操作规程,非操作人员不准乱动机具,以防伤人。

(10) 现场保持良好通风,但不宜有过堂风。

5.2.3 木龙骨板材隔墙

5.2.3.1 施工准备

1. 技术准备

同 5.1.1。

2. 材料准备

(1) 罩面板。常用品种有纸面石膏板、胶合板、木质纤维板、水泥纤维板、塑料板、铝合金板等,常用规格为石膏板 2400×1200×(9.5、12),胶合板 2400×1200×(5、9、12、15),木质纤维板 2400×1200×(12、15、18),水泥纤维板 2400×1200×(4~40),塑料板 2000×1000×(2~30),铝合金板 2000×1000×(0.15~3),应表面平整、边缘整齐、不应有污垢、裂纹、缺角、翘曲、起皮、色差、图案不完整的缺陷,胶合板、木质纤维板不应脱胶、变色和腐朽。

(2) 木龙骨。常见规格有主龙骨 30×40、40×60、60×80，次龙骨 20×30、25×35、30×40。

(3) 罩面板的安装宜使用镀锌的螺丝、钉子，接触砖石、混凝土的木龙骨和预埋的木砖应做防腐处理，所有木作都应做好防火处理。

(4) 木龙骨板材隔墙的性能、颜色应符合设计要求，材料应有质量合格证、性能检测报告。

(5) 隔断的龙骨和罩面板必须完好，不得有损坏、变形、弯折、翘曲、边角缺损等现象，并要注意不被碰撞和受潮。

(6) 质量要求：见表 5.13。

表 5.13　　　　　　　　人造板及其制品中甲醛释放试验方法及其限量值

产品名称	试验方法	限量值	使用范围	限量标志
中密度纤维板、高密度纤维板、刨花板、定向刨花板等	穿孔萃取法	≤9mg/100g	可直接用于室内	E1
		≤30mg/100g	必须饰面处理后可允许用于室内	E2
胶合板、装饰单板贴面胶合板、细木工板等	干燥器法	≤1.5mL/L	可直接用于室内	E1
		≤5.0mL/L	必须饰面处理后可允许用于室内	E2
饰面人造板（包括浸渍纸层压地板、实木复合地板、竹地板、浸渍胶膜纸饰面人造板等）	气候箱法	≤0.12mg/m³	可直接用于室内	E1
	干燥器法	≤1.5mg/L		

注　1. 仲裁时采用气候箱法。
　　2. E1 为可直接用于室内的人造板，E2 为必须饰面处理后允许用于室内的人造板。

3. 主要机具

(1) 主要机具：空气压缩机、电圆锯、手电钻、手提式电刨、射钉枪、小电锯、小台刨、手电钻、电动气泵、冲击钻。

(2) 手动工具：木刨、扫槽刨、线刨、锯、斧、锤、螺丝刀、摇钻、直钉枪、曲线锯、铝合金靠尺、水平尺、粉线包、墨斗、小白线、卷尺、方尺、线锤、托线板。

4. 作业条件

(1) 主体结构已经过相关单位（建筑单位、施工单位、监理单位、设计单位）检验合格，并已验收。

(2) 对房间的净高、洞口标高和吊顶内的管道、设备及其支架的标高已进行交接检验。

(3) 检查材料出厂合格证，抽样检查检测报告。

(4) 基底含水率已达到装饰要求，一般应小于 12%。

(5) 隔墙施工前，应对隔墙龙骨、板材及其辅助材料进行检查。

(6) 安装隔墙所需预埋件、连接件的位置、数量应符合设计要求。

(7) 各种系统的管、线盒弹线及其他准备工作已到位。

5.2.3.2　施工工艺

1. 工艺流程

弹线定位→防火、防腐处理→安装主龙骨→机电管线安装→安装次龙骨→安装罩面板。

2. 操作工艺

(1) 弹线定位。根据楼层设计标高水平线，顺墙高量至顶棚设计标高，沿墙弹隔断垂直标高线及天地龙骨的水平线，并在天地龙骨的水平线上画好龙骨的分档位置线。

(2) 防火、防腐处理。木龙骨安装前应涂刷防火、防腐涂料，做好防火、防腐处理，防腐涂料涂刷在与基层面接触的部位。

(3) 安装主龙骨。沿弹线位置固定沿顶和沿地龙骨及竖向主龙骨（竖向主龙骨的间距不大于600mm），各自交接后的龙骨，应保持平直。固定点间距应不大于1m，龙骨的端部必须固定，且应牢固。边框龙骨与基体之间，应按设计要求安装密封条。

(4) 机电管线安装。竖向龙骨安装后，应及时完成隔墙内系统管线和附墙设备基础的安装工作，电气设备专业在墙内铺设管线时应避免切断龙骨，同时避免在沿墙下端设置管线。安装应采取局部加强措施，保证牢固。

(5) 安装次龙骨。机电管线安装完成后即安装次龙骨，次龙骨与主龙骨交接应保持平直，固定应牢固。门窗或特殊节点处，应使用附加龙骨，其安装应符合设计施工要求。

(6) 安装罩面板。

1) 石膏板安装。安装石膏板前，应对预埋隔断中的管道和附于墙内的设备采取局部加强措施；石膏板宜竖向铺设，长边接缝宜落在竖向龙骨上。双面石膏罩面板安装，应与龙骨一侧的内外两层石膏板错缝排列，接缝不应落在同一根龙骨上。需要隔声、保温、防火的，应根据设计要求在龙骨一侧安装好石膏罩面板后，进行隔声、保温、防火等材料的填充。一般采用玻璃丝棉或30～100mm岩棉板进行隔声、防火处理；采用50～100mm苯板进行保温处理。再封闭另一侧的板。

石膏板应采用自攻螺钉固定。周边螺钉的间距不应大于200mm，中间部分螺钉的间距不应大于300mm，螺钉与板边缘的距离应为10～16mm；安装石膏板时，应从板的中部开始向板的四边固定。钉头略埋入板内，但不得损坏纸面；钉眼应用石膏腻子抹平；钉头应做防锈处理。

石膏板应按框格尺寸裁割准确。就位时应与框格靠紧，但不得强压；隔墙端部的石膏板与周围的墙或柱应留有3mm的槽口。施铺罩面板时，应先在槽口处加注嵌缝膏，然后铺板并挤压嵌缝膏，使面板与邻近表层接触紧密。在丁字形或十字形相接处，如为阴角应用腻子嵌满，贴上接缝带；如为阳角应做护角。石膏板的接缝，可参照钢骨架板材隔墙处理。

2) 胶合板和纤维板（埃特板）安装。安装胶合板、木质纤维板的基体表面，需用油毡、釉质防潮时，应铺设平整，搭接严密，不得有皱褶、裂缝和透孔等。

胶合板、木质纤维板采用直钉固定，如用钉子固定，钉距为80～150mm，钉帽应打扁并钉入板面0.5～1mm；钉眼用油性腻子抹平。胶合板、人造木板如涂刷清油等涂料时，相邻板面的木纹和颜色应近似。需要隔声、保温、防火的，应根据设计要求在龙骨安装好后，进行隔声、保温、防火等材料的填充。一般采用玻璃丝棉或30～100mm岩棉板进行隔声、防火处理；采用50～100mm苯板进行保温处理。再封闭罩面板。

墙面用胶合板、纤维板装饰时，阳角处宜做护角；硬质纤维板应用水浸透，自然阴干后安装。胶合板、纤维板用木压条固定时，钉距应不大于200mm，钉帽应打扁，并钉入木压条0.5～1mm，钉眼用油性腻子抹平。用胶合板、人造木板、纤维板作罩面时，应符合防火的有关规定。在湿度较大的房间，不得使用未经防水处理的胶合板和纤维板。墙面安装胶合板时，阳角处应做护角，以防板边角损坏，并可增加装饰。

3）塑料板安装。塑料板安装方法，一般有黏结和钉结两种。

a. 黏结。聚氯乙烯塑料装饰板用胶粘剂黏结（聚氯乙烯胶粘剂或聚醋酸乙烯胶）。用刮板或毛刷同时在墙面和塑料板背面涂刷，不得有漏刷。涂胶后见胶液流动性显著消失、用手接触胶层感到黏性较大时，即可黏结。黏结后应采用临时固定措施，同时将挤压在板缝中多余的胶液刮除、将板面擦净。

b. 钉接。安装塑料贴面板复合板应预先钻孔，再用木螺丝加垫圈紧固，也可用金属压条固定。木螺丝的钉距一般为400～500mm，排列应一致整齐。加金属压条时，应拉横竖通线并拉直，并应先用钉子将塑料贴面复合板临时固定，然后加盖金属压条，用垫圈找平固定。

5.2.3.3 质量标准

1. 主控项目

（1）骨架隔墙所用龙骨、配件、墙面板、填充材料及嵌缝材料的品种、规格、性能和木材的含水率应符合设计要求。有隔声、隔热、阻燃、防潮等特殊要求的工程，材料应有相应性能等级的检测报告。

检验方法：观察，检查产品合格证书、进场验收记录、性能检测报告和复验报告。

（2）骨架隔墙工程边框龙骨必须与基体结构连接牢固，并应平整、垂直、位置正确。

检验方法：手扳检查，尺量检查，检查隐蔽工程验收记录。

（3）木墙面板的防火和防腐处理必须符合设计要求。

检验方法：检查隐蔽工程验收记录。

（4）骨架隔墙的墙面板应安装牢固，无脱层、翘曲、折裂及缺损。

检验方法：观察，手扳检查。

（5）墙面板所用接缝材料的接缝方法应符合设计要求。

检验方法：观察。

（6）木龙骨板材隔墙工程的检查数量应符合下列规定：每个检验批应至少抽查10%，并不得少于3间；不足3间时应全数检查。

2. 一般项目

（1）骨架隔墙表面应平整光滑、色泽一致、洁净、无裂缝，接缝应均匀、顺直。

检验方法：观察，手摸检查。

（2）骨架隔墙上的孔洞、槽、盒应位置正确，套割吻合，边缘整齐。

检验方法：观察。

（3）骨架隔墙内的填充材料应干燥，填充应密实、均匀，无下坠。

检验方法：轻敲检查，检查隐蔽工程验收记录。

（4）木龙骨板材隔墙工程的检查数量应符合下列规定：每个检验批应至少抽查10%，并不得少于3间；不足3间时应全数检查。

(5) 木龙骨板材隔墙安装的允许偏差和检验方法应符合表 5.14 的规定。

表 5.14　　　　　　　　木龙骨板材隔墙安装的允许偏差和检验方法

项次	项目	允许偏差/mm		检 验 方 法
		纸面石膏板	人造木板、水泥纤维板	
1	立面垂直度	3	4	用 2m 垂直检测尺检查
2	表面平整度	3	3	用 2m 靠尺和塞尺检查
3	阴阳角方正	3	3	用直角检测尺检查
4	接缝直线度	—	3	拉 5m 线,不足 5m 拉通线,用钢直尺检查
5	压条直线度	—	3	拉 5m 线,不足 5m 拉通线,用钢直尺检查
6	接缝高低差	1	1	用钢直尺和塞尺检查

3. 质量要求

(1) 板材运输时要轻抬轻放,搬运时侧抬,堆放时侧立,防止板面变形。变形过大的夹芯板要裁割成小板使用,禁止变形的弯板上墙。

(2) 隔墙板施工过程中,各专业工种应合理安排好施工工序,协调配合作业。

(3) 上下槛与主体结构连接牢固,上下槛不允许断开,保证隔断的整体性。严禁用射钉将隔断墙上的连接件固定在砖墙上,应采用预埋件或膨胀螺栓进行连接。

(4) 罩面板应经严格选材,检查相应质量资料,表面应平整光洁。安装罩面板前应用 2m 垂直检测尺和 2m 靠尺严格检查骨架的垂直度和平整度。

5.2.3.4　成品保护

同 5.2.1.4。

5.2.3.5　安全、环保措施

1. 安全措施

(1) ~ (5) 同 5.2.1.5。

(6) 现场施工过程中应注意防火,针对木质材料采取严格的防火措施,遵守《建筑内部装修防火施工及验收规范》(GB 50354—2005) 的有关规定。

2. 环保措施

同 5.1.5。

子项目 5.3　玻　璃　隔　墙

5.3.1　玻璃隔断

5.3.1.1　施工准备

1. 技术准备

同 5.1.1。

2. 材料准备及要求

（1）玻璃：常用的玻璃品种有钢化玻璃、夹胶玻璃、夹丝（绢）玻璃。厚度有8、10、12、15、18、22等，长宽根据工程设计要求确定。

（2）边框、紧固材料：不锈钢、木龙骨（60×120、40×70等）、橡胶垫和各种压条、膨胀螺栓、射钉、自攻螺丝、木螺丝和玻璃胶、粘贴嵌缝料等。

（3）玻璃隔断分类有木龙骨玻璃隔断和金属边框玻璃隔断，本任务主要介绍常见的金属边框玻璃隔断。材料需有产品质量合格证和性能检测报告。

（4）质量要求：见表5.15～表5.19。

表5.15　钢化玻璃规格尺寸允许偏差　　单位：mm

厚度	边长度 L		
	L≤1000	1000<L≤2000	2000<L≤3000
4 5 6	+1 -2	±3	±4
8 10 12	+2 -3		
15	±4	±4	
19	±5	±5	±6

表5.16　钢化玻璃厚度及其允许偏差　　单位：mm

名称	厚度	厚度允许偏差
钢化玻璃	4.0	±0.3
	5.0	
	6.0	±0.6
	8.0	
	10.0	
	12.0	±0.8
	15.0	
	19.0	±1.2

表5.17　钢化玻璃的孔径允许偏差　　单位：mm

公称孔径	允许偏差
4～50	±1.0
51～100	±2.0
>100	供需双方商定

表5.18　普通平板玻璃的厚度允许偏差　　单位：mm

厚度	允许偏差
2	±0.20
3	±0.20
4	±0.20
5	±0.25

表5.19　普通平板玻璃外观质量要求

缺陷种类	说明	优等品	一等品	合格品
波筋（包括纹辊子花）	不产生变形的最大入射角	60°	45°，50mm；边部，30°	30°，100mm；边部，0°
气泡	长度1mm以下的	集中的不允许	集中的不允许	不限
	长度大于1mm的每平方米允许个数	≤6mm，6	≤8mm，8；>8～10mm，2	≤10mm，12；>10～20mm，2；>20～25mm，1

续表

缺陷种类	说　明	优等品	一等品	合格品
划伤	宽≤0.1mm 每平方米允许条数	长≤50mm，3	长≤100mm，5	不限
	宽>0.1mm 每平方米允许条数	不许有	宽≤0.4m，长<100mm	宽≤0.8mm，长<100mm
砂粒	非破坏性的，直径0.5～2mm，每平方米允许个数	不许有	3	8
疙瘩	非破坏性的疙瘩波及范围直径不大于3mm，每平方米允许个数	不许有	1	3
线道	正面可以看到的每片玻璃允许条数	不许有	30mm边部宽≤0.5mm	宽≤0.5mm，2
麻点	表面呈现的集中麻点	不许有	不许有	每平方米不超过3处
	稀疏的麻点，每平方米允许个数	10	15	30

3．主要机具

主要机具包括空气压缩机、电动气泵、冲击钻、手电钻、射钉枪、铝合金靠尺、水平尺、粉线包、墨斗、小白线、开刀、卷尺、方尺、线锤、托线板、螺丝刀、直钉枪、摇钻、线坠、靠尺、钢卷尺、玻璃吸盘、胶枪等。

4．作业条件

（1）主体结构完成及交接验收，并清理现场。

（2）安装时应根据顶棚标高在四周墙上预埋防腐木砖。

（3）玻璃隔断的品种、规格、性能、图案、颜色样板已确定。

5.3.1.2　施工工艺

1．工艺流程

弹线定位→金属边框安装→玻璃安装→嵌缝打胶→清洁卫生及成品保护。

2．操作工艺

（1）弹线定位。根据设计图纸尺寸测量放线，根据楼层设计标高水平线，顺墙高量至顶棚设计标高，沿墙弹隔断垂直标高线，测出基层面的标高，弹出玻璃墙中心轴线及金属型材的位置线。

（2）金属边框安装。如果没有预埋铁件或预埋铁件位置已不符合要求，则应首先设置金属膨胀螺栓。然后将金属边框按已弹好的位置线安放好，在检查无误后随即与预埋铁件或金属膨胀螺栓焊牢。型钢材料在安装前应刷好防锈漆，焊好以后在焊接处应再补刷防锈漆。

（3）玻璃安装。

1）玻璃就位：在边框安装好后，先将其槽口清理干净，槽口内不得有垃圾或积水，并垫好防振橡胶垫块。用2～3个玻璃吸盘把厚玻璃吸牢，由2～3个手握吸盘同时抬起玻璃。先将玻璃竖着插入上框槽口内，然后轻轻垂直落下，放入下框槽口内。如果是吊挂式安装，在将玻璃送入上框时，还应将玻璃放入夹具中。

2）调整玻璃位置：先将靠墙（或柱）的玻璃推到墙（柱）边，使其插入贴墙的边框槽口内，然后安装中间部位的玻璃。接缝时两块厚玻璃之间应留2～3mm的缝隙或留出与玻璃稳定器（玻璃肋）厚度相同的缝，为打胶做准备。玻璃下料时应计算留缝宽度尺寸。如果采用吊挂式安装，这时应用吊挂玻璃的夹具逐块将玻璃夹牢。

（4）嵌缝打胶。玻璃全部就位后，校正平整度、垂直度，同时用聚苯乙烯泡沫嵌条嵌入槽口内使玻璃与金属槽接合平伏、紧密，然后打硅酮结构胶，同一缝一次性注完刮平，不停歇。（注：①注胶缝必须干燥时才能注胶，切忌潮湿；②钢槽所注的胶为结构性硅胶，玻璃块间夹缝所注的胶为透明玻璃胶）。

（5）清洁卫生及成品保护。将安装好的玻璃用专用的玻璃清洁剂清洗干净胶迹和污痕（切勿用酸性溶液清洗），然后用粘贴不干胶纸条等办法作出醒目的标志，以防止碰撞玻璃的意外发生。

5.3.1.3 质量标准

1. 主控项目

（1）玻璃隔断工程所用材料的品种、规格、性能、图案和颜色应符合设计要求。玻璃板隔断应使用安全玻璃。

检验方法：观察，检查产品合格证书、进场验收记录和性能检测报告。

（2）玻璃隔断的安装方法应符合设计要求。

检验方法：观察。

（3）玻璃隔断的安装必须牢固。玻璃隔断胶垫的安装应正确。

检验方法：观察，手推检查，检查施工记录。

（4）玻璃隔断工程的检查数量应符合下列规定：每个检验批应至少抽查20%，并不得少于6间；不足6间时应全数检查。

2. 一般项目

（1）玻璃隔断表面应颜色一致、平整洁净、清晰美观。

检验方法：观察。

（2）玻璃隔断接缝应横平竖直，玻璃应无裂痕、缺损和划痕。

检验方法：观察。

（3）玻璃隔断嵌缝应密实平整、均匀顺直、深浅一致。

检验方法：观察。

（4）玻璃隔断工程的检查数量应符合下列规定：每个检验批应至少抽查20%，并不得少于6间；不足6间时应全数检查。

（5）玻璃隔断安装的允许偏差和检验方法应符合表5.20的规定。

表5.20　　　　　　　　　玻璃隔断的允许偏差和检验方法

项次	项　目	允许偏差/mm	检　验　方　法
1	立面垂直度	2	用2m垂直检测尺检查
2	阴阳角方正	2	用直角检测尺检查
3	接缝直线度	2	拉5m线，不足5m拉通线，用钢直尺检查
4	接缝高低差	2	用钢直尺和塞尺检查
5	接缝宽度	1	用钢直尺检查

3. 质量要求

(1) 门框横梁上固定玻璃的限位槽应宽窄一致，纵向顺直。一般限位槽宽度大于玻璃厚度 2~4mm，槽深 10~20mm，以便安装玻璃时顺利插入，在玻璃两边注入密封胶，把固定玻璃安装牢固。

(2) 在木底托上固定玻璃板的木条时，应在离玻璃 4mm 的地方，以便饰面板能够包住木板条的内侧，便于注入密封胶，确保外观大方，内在牢固。

(3) 如有玻璃门，应确保地弹簧与定位中心在同一垂线上，以便玻璃门开关自如。

5.3.1.4 成品保护

(1)~(3) 同 5.1.4。

(4) 玻璃安装时，应轻拿轻放，严禁相互碰撞，避免扳手等硬物碰坏、擦划玻璃。

(5) 透明玻璃应在表面粘贴防撞标志。

5.3.1.5 安全、环保措施

1. 安全措施

(1) 工人操作应戴安全帽，现场玻璃安装前应靠墙侧立，放置在墙角等人员走动较少区域，并保证稳妥。

(2) 机电器具必须安装触电保护装置，发现问题立即修理。

(3) 遵守操作规程，非操作人员决不准乱动机具，以防伤人。

(4) 玻璃隔断完成后，如果是透明玻璃，应粘贴防撞标志，以防碰伤。

(5) 在使用电动工具时，用电应符合《施工现场临时用电安全技术规范》(JGJ 46—2005)。

2. 环保措施

同 5.1.5 环保措施 (1)~(3) 和 (5)。

5.3.2 玻璃砖隔墙

5.3.2.1 施工准备

1. 技术准备

(1)~(2) 同 5.1.1。

(3) 组织结构工程验收和工序交接检查工作，水电安装等隐蔽工程应完成。

(4) 施工前应清理干净基层表面，并按设计图纸放线，对结构工程以及其他配合工种项目进行检查。

(5) 按设计要求制作施工样板，经检查验收合格。

2. 材料准备

(1) 玻璃砖：一般为内壁呈凸凹状的空心砖或实心砖（图 5.20），四周有 5mm 的凹槽，要求棱角整齐。主要品种有玻璃饰面砖、玻璃锦砖（马赛克）、空心玻璃砖等，常见规格有 190mm×190mm×80mm、145mm×145mm×80mm、190mm×190mm×95mm、145mm×145mm×95mm、240mm×240mm×80mm、190mm×90mm×80mm。

(2) 水泥：用 32.5 号普通硅酸盐白水泥。

(3) 砂：用白色砂砾，粒径 0.1~1.0mm，不含泥土及其他颜色的杂质。

(4) 掺合料：白灰膏、石膏粉、胶粘剂。

(5) 其他材料：φ6mm 钢筋、玻璃丝毡或聚苯乙烯、6.5 号、10 号、12 号槽钢等。

图 5.20 部分玻璃砖

3. 主要机具

主要机具包括大铲、托线板、线坠、卷尺、水平尺、皮数杆、小水桶、存灰槽、橡皮锤、扫帚和透明塑料胶带条等。

4. 作业条件

(1) 基层防水层及保护层已施工完毕，并已验收。

(2) 基层用素混凝土或垫木找平，并找好标高。根据玻璃砖的排列作出基础底脚，底脚厚度通常略小于玻璃砖的厚度。

(3) 在墙下面弹好摆底砖线，按标高立好皮数杆，皮数杆的间距以 15～20m 为合适。

(4) 按设计图对墙的尺寸要求，将与玻璃砖隔墙相接的建筑墙面的侧边整修平整垂直，并在玻璃砖墙四周弹好墙身线、门窗洞口位置线及其他尺寸线，办完预检手续。

(5) 若玻璃砖砌筑在金属或木质框架中，则应先安装固定好墙顶及两侧的槽钢或木框。

5.3.2.2 施工工艺

1. 工艺流程

弹隔墙定位线→踢脚台施工→检查预埋件→砌筑→勾缝→饰边。

2. 操作工艺

(1) 弹隔墙定位线。根据设计图，在室内楼地面上弹出隔墙位置的中心线和边线，并引测至两侧结构墙面和楼底板面。当设计有踢脚台时，应按踢脚台宽度，弹出边线。

(2) 踢脚台施工。踢脚台的结构构造如为混凝土，应将楼板凿毛、立模、洒水浇筑混凝土；如为砖砌体，则按踢脚台的边线砌筑砖踢脚。在踢脚台施工中，两端应与结构墙锚固并按设计要求的间距预埋防腐木砖。表面应用 1:3 的水泥砂浆抹平、收光，进行养护。

(3) 检查预埋件。隔墙位置线弹好后，应检查两侧墙面及楼底面上预埋木砖或铁件的数量和位置，如预埋件偏离中心线很远，则应按隔墙的中心线和锚件设计间距钻膨胀螺栓孔。

(4) 砌筑。玻璃砖砌筑应按照设计图计算使用的砖数，如采用框架，则应先做金属框架。

1) 砌筑方法一般采用十字缝立砖砌筑法。即用白水泥：细砂：建筑胶水：水按照 10:10:0.3:3 比例拌匀成砂浆，逐层叠加砌筑。自下而上对缝，将上层玻璃砖压在下层玻璃砖上，同时将"十字形"或"T字形"定位支架卡在玻璃砖中间，然后再逐块砌筑

(图5.21)。玻璃砖分隔墙顶部和两端应用金属型材,其槽口宽度应大于砖厚度10~18mm以上。

图5.21 十字缝立砖砌筑法

2)玻璃砖应预先挑选棱角整齐、规格基本相同、砖的对角线基本一致、表面无裂纹的砖备用。

3)按弹好的玻璃砖位置线,核对玻璃砖墙长度尺寸是否符合排砖模数,如不符合,应适当调整砖墙两侧的槽钢或木框的宽度及砖缝的宽度,墙两侧调整的宽度要一致,同时与砖墙上部槽钢调整后的宽度也尽量保持一致。

4)砌筑应双面挂线。如玻璃砖墙较长,则应在中间设几个支点,找好线的标高,使全长高度一致。每层玻璃砖砌筑时均需挂平线,并穿线看平,使水平灰缝平直通顺、均匀一致。

5)砌砖采取通长分层砌筑。首层摆底砖要按下面弹好的线砌筑。在砌筑砖墙两侧的第一块砖时,将玻璃丝毡(或聚苯乙烯)嵌入两侧的边框内。玻璃丝毡(或聚苯乙烯)随着玻璃砖墙的增高而嵌置到顶部,接头采用对接。在一层玻璃砖砌筑完毕后,用透明塑料胶带将玻璃砖墙立缝处贴牢,然后往立缝内灌入砂浆并捣实。

6)当隔墙长度或高度大于1.5m时,在垂直方向每二层设置一根钢筋(当长度、高度均超过1.5m时,设置两根钢筋);在水平方向每隔三个垂直缝设置一根钢筋。钢筋伸入槽口不小于35mm。用钢筋增强的玻璃砖隔墙高度不得超过4m。玻璃砖隔墙两端与金属型材两翼应留有宽度不小于4mm的滑缝,缝内用玻璃丝毡或聚苯乙烯填充;玻璃砖隔墙与型材腹面应留有宽度不小于10mm的胀缝。最上一层玻璃砖砌筑在墙中部收头,且应伸入顶部金属槽口10~25mm,顶部槽钢内亦放置玻璃丝毡(或聚苯乙烯)(图5.22)。

图5.22 拉筋砌筑法

7) 砌筑时水平灰缝和竖向宽度一般控制为8～10mm。划缝随灌完立缝砂浆随划，划缝深度为8～10mm，要求深浅一致，清扫干净，划缝过2～3h后，即可勾缝。勾缝砂浆内掺入水泥重2%的石膏粉，以加速凝结。

8) 为了保证玻璃砖隔墙的平整性和砌筑方便，每层玻璃砖在砌筑之前，宜在玻璃砖上放置垫木块。其长度有两种：玻璃砖厚度为50mm时，木垫块长35mm左右；玻璃砖厚度为80mm时，木垫块长60mm左右。每块玻璃砖上放2块，卡在玻璃砖的凹槽内。

（5）勾缝。玻璃砖砌完后，即进行表面勾缝。先勾水平缝，再勾竖缝，勾缝深浅应一致，表面要平滑（图5.23）。如要求做平缝，可用抹缝的方法将其抹平。在勾缝和抹缝完毕后，应用抹布或棉纱将砖表面擦抹明亮。

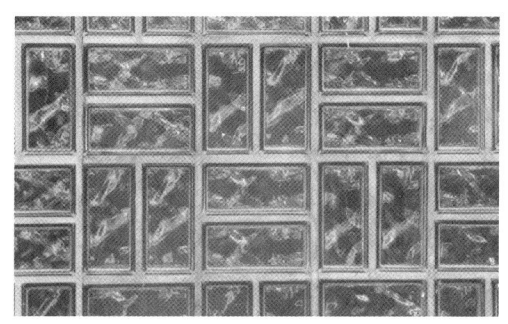

图5.23 砖缝处理均匀

（6）饰边。玻璃砖与型材、型材与建筑物的结合部，应用弹性密封胶密封。

5.3.2.3 质量标准

1. 主控项目

（1）玻璃砖隔墙工程所用材料的品种、规格、性能、图案和颜色应符合设计要求。

检验方法：观察，检查产品合格证书、进场验收记录和性能检测报告。

（2）玻璃砖隔墙的砌筑应符合设计要求。

检验方法：观察。

（3）玻璃砖隔墙砌筑中埋设的拉结筋必须与基体结构连接牢固，并应位置正确。

检验方法：手扳检查，尺量检查，检查隐蔽工程验收记录。

（4）玻璃隔断工程的检查数量应符合下列规定：每个检验批应至少抽查20%，并不得少于6间；不足6间时应全数检查。

2. 一般项目

（1）玻璃砖隔墙表面应色泽一致、平整洁净、清晰美观。

检验方法：观察。

（2）玻璃砖隔墙接缝应横平竖直，玻璃砖应无裂痕、缺损和划痕。

检验方法：观察。

（3）玻璃砖隔墙勾缝应密实平整、均匀顺直、深浅一致。

检验方法：观察。

（4）玻璃隔断工程的检查数量应符合下列规定：每个检验批应至少抽查20%，并不得少于6间；不足6间时应全数检查。

（5）玻璃砖隔墙安装的允许偏差和检验方法应符合表5.21的规定。

表 5.21　　　　　　　　玻璃砖隔墙安装的允许偏差和检验方法

项次	项　目	允许偏差/mm	检　验　方　法
1	立面垂直度	3	用2m垂直检测尺检查
2	表面平整度	3	用2m靠尺和塞尺检查
3	接缝高低差	3	用钢直尺和塞尺检查

3．质量要求

（1）施工时，按照施工工艺严格控制每一步质量，做好自检工作，并且会同监理做好抽检和验评工作。

（2）抽查样本均应符合主控项目的规定。

（3）抽查样本的80%以上应符合一般项目的规定。其余样本不得影响使用功能或明显影响装饰效果的缺陷，其中有允许偏差的检查项目，其最大偏差不得超过允许偏差的1.5倍。

（4）玻璃砖隔墙工程应对下列隐蔽工程项目进行验收。

1）隔墙中设备管线的安装及水管试压。

2）预埋件或拉结筋。

3）填充材料的设置。

4）玻璃砖隔墙与顶棚和其他墙体的交接处应采取防开裂措施。

（5）玻璃隔断工程的检查数量应符合下列规定：每个检验批应至少抽查20%，并不得少于6间；不足6间时应全数检查。

5.3.2.4　成品保护

（1）～（3）同5.1.4。

（4）保持玻璃砖墙表面的清洁，随砌随清理干净。

（5）玻璃砖墙砌筑完成，在进行下道工序前，应在距墙两侧各100～200mm处搭设木架柱钢丝网，以防止碰坏已砌好的玻璃砖墙。

5.3.2.5　安全、环保措施

1．安全措施

同5.3.1.5安全措施（1）～（3）和（5）。

2．环保措施

同5.1.5环保措施（1）～（3）和（5）。

项目 6 饰面板工程

【学习目标】

通过本项目的操作,学习掌握陶瓷饰面板、花岗石、大理石饰面板(湿作、干挂)、钢板与不锈钢饰面板、铝合金饰面板、玻璃饰面板、石板饰面板、轻质装饰板(纸面石膏板、纤维石膏板)以及室内外饰面砖等装饰工程所需要的条件、工艺流程、施工要点,熟悉装饰施工与质量验收规范,能进行基本的质量验收。

子项目 6.1 陶瓷饰面板

6.1.1 施工准备

1. 技术准备

(1)熟悉施工图纸设计文件,熟练掌握设计图纸的连接节点大样图及设计要求,查验材料出厂合格证,抽样检查报告。

(2)编制室内外墙面、柱面和门窗套的陶瓷饰面板装饰工程施工方案。

(3)根据现场各工序、工种、不同队伍之间的相互制约条件,确定施工顺序。

(4)组织结构工程验收和工序交接检查工作,完成水电安装等隐蔽工程。

(5)施工前应清理干净基层表面,并按设计图纸放线;对结构工程以及其他配合工种项目进行检查。

(6)按设计要求制作施工样板,经检查验收合格。

2. 材料准备

(1)陶瓷板:根据设计要求,确定石材的品种、颜色、花纹和尺寸规格;陶瓷板表面应光洁,方正平整、质地坚固,吸水率不得大于5%。

(2)水泥:32.5级普通硅酸盐水泥,应有出厂证明、试验单,若出厂超过三个月应按试验结果使用。

(3)白水泥:32.5级白水泥。

(4)砂子:粗砂或中砂,用前过筛,且含泥量不大于3%。

(5)合成树脂胶粘剂:用于粘贴石材背面的柔性背衬材料,要求具有防水和耐老化性能。

(6)双组分环氧型胶粘剂:用于干挂石材挂件与石材间黏结固定,按固化速度分为快固型(K)和普通型(P)。

(7)中性硅酮耐候密封胶,应进行粘合力的试验和相容性试验。

(8)防水胶泥:用于密封连接件。

(9)防污胶条:用于石材边缘防止污染。

(10) 嵌缝膏：用于嵌填石材接缝。

(11) 不锈钢紧固件、连接件应按同一种类构件的 5% 进行抽样检查，且每种构件不少于 5 件。

(12) 膨胀螺栓、连接铁件、连接不锈钢干挂件等配套的铁垫板、垫圈、螺帽及与骨架固定的各种设计和安装所需要的连接件的质量，必须符合要求。

(13) 所用水泥、砂等无机非金属材料的放射性限量应符合《民用建筑工程室内环境污染控制规范》（2013 年版）（GB 50325—2010）3.1.1 条的规定。

3. 主要机具

台钻、无齿切割锯、冲击钻、手枪钻、力矩扳手、老虎钳子、嵌缝枪、手推车、大桶、小水桶、平锹、木抹子、铁抹子、大杠、中杠、小杠、靠尺、方尺、铁制水平尺、水平胶管、瓷砖开孔器、笤帚、粉线包、小白线、擦布或棉丝等。部分工器具如图 6.1 所示。

(a) 无齿切割锯　　　(b) 老虎钳子　　　(c) 铁抹子

(d) 水平胶管　　　(e) 瓷砖开孔器　　　(f) 木抹子

图 6.1　瓷砖铺贴工器具

4. 作业条件

(1) 办理好结构验收，水电、通风、设备安装等应提前完成，准备好加工饰面板所需的水、电源等。

(2) 内墙面弹好 +100cm 水平线（室内墙面弹好 ±0 和各层水平标高控制线）。

(3) 脚手架或吊篮提前支搭好，宜选用双排架子（室外高层宜采用吊篮，多层可采用桥式架子等），其横竖杆及拉杆等应离开门窗口角 150～200mm。架子步高要符合施工规程的要求。

(4) 有门窗套的必须把门框、窗框立好。同时要用 1∶3 水泥砂浆将缝隙堵塞严密。

铝合金门窗框边缝所用嵌缝材料应符合设计要求，且塞堵密实并事先粘贴好保护膜。

（5）陶瓷板进场后应堆放于室内。下垫方木，核对数量、规格，并预铺、配花、编号等，以备正式铺贴时按号取用。

（6）大面积施工前应先放出施工大样，并做样板，经质检部门鉴定合格后，还要经过设计、甲方、施工单位共同认定验收，方可组织班组按样板要求施工。

（7）对进场的陶瓷板应进行验收，颜色不均匀时应进行挑选，必要时进行试拼编号。

6.1.2 施工工艺

6.1.2.1 工艺流程

薄型小规格块材（边长小于40cm）工艺流程：基层处理→弹线分隔→排版→镶贴→勾缝与擦缝。

普通型大规格块材（边长大于40cm）工艺流程：基层处理→挂线→弹线分格→固定连接件→安装主次龙骨→安装不锈钢挂件→板材开槽→安装板材→板缝调节→紧固找平→拔出垫片→嵌缝打胶→细部构造。

6.1.2.2 操作工艺

1. 薄型小规格块材

薄型小规格块材一般厚度在10mm以下，边长小于40cm，可采用粘贴方法。

（1）基层处理。

1）混凝土墙面。若混凝土表面很光滑，应对其表面进行毛化处理，其方法有两种：一种是将其光滑的表面用尖钻剔毛，剔去光面，使其表面粗糙不平，用水湿润基层；另一种方法是将光滑的表面清扫干净，用10%火碱水除去混凝土表面的油污后，将碱液冲洗干净后晾干，采用机械喷涂或用笤帚甩上一层1:1稀粥状水泥细砂浆（内掺20%的108胶水拌制），使其凝固在光滑的基层表面，以用手掰不动为好。

2）加气混凝土砌块、砖墙面。用笤帚将墙面上的粉尘扫净，浇水，将墙浸透，使水浸入加气砌块、砖面达10mm为宜。对缺棱掉角的砌块、砖的接缝处高差较大时，可用1:1:6的水泥混合砂浆掺20%的108胶水拌和均匀，分层衬平，每遍厚度5～7mm。

（2）弹线分格。待基层灰处理完毕后，按图纸和技术交底的要求进行分段分格弹贴陶瓷板控制线，同时可进行面层贴标准点的工作，以控制面层出墙尺寸及垂直度、平整度。

（3）排板。根据交底大样图及墙面尺寸进行横竖向排陶瓷板，以保证陶瓷板缝隙均匀，灰缝控制在6～8mm。

排砖宜从门口开始，非整砖排在远端阴角处（图6.2）。

窗间墙应遵循从两侧往中间、从上下往中间排的原则，以保证窗口两侧及窗口上下起步陶瓷板宜为整块陶瓷板或者1/2陶瓷板，不得出现小于1/3陶瓷板的情况。如遇有雨水管的卡件，应用整块陶瓷板套割吻合，不得用非整块陶瓷板随意拼凑镶贴。

墙面贴砖时，如遇水管时，宜整砖套割（图6.3）。

屋面女儿墙上下面粘贴外墙陶瓷板。

窗户上口泛水采用立面陶瓷板下返5mm压住平面陶瓷板的做法，窗户下泛水利用斜面处理，立面与平面交接处采用45°倒角的做法。

变形缝处分别在两侧上下半陶瓷薄板加整陶瓷薄板的做法。

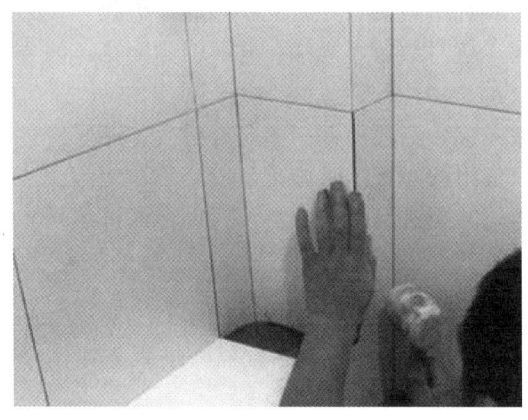
图 6.2 非整砖排在阴角处

图 6.3 整砖套割

（4）镶贴。根据排陶瓷板图和甲方、设计审定的外墙面陶瓷板的颜色严格、准确布置。粘贴时陶瓷板背涂砂浆，在每一分段或分块的陶瓷板，均为自下而上镶贴。从最下一层陶瓷板下皮的位置线先稳好靠尺，以此托住第一皮陶瓷板，在陶瓷板外皮上口拉水平线，作为镶贴的平面控制线，如图 6.4 所示。窗台部位，顶面、立面陶瓷板采用 45°倒角，向外找坡。窗顶部位，立面陶瓷板压盖水平陶瓷板，正面陶瓷板最下排宜下凸 5mm 左右，水平底部面陶瓷板内侧向上翘约 10mm 做成鹰嘴形，以防渗水引起空鼓等。

图 6.4 第一皮瓷砖靠尺

（5）勾缝与擦缝。在铺贴勾缝时，面陶瓷板不受污染成为外墙面陶瓷板观感的主控项目。鉴于勾缝的重要性，本工程勾缝材料采用专用勾缝剂，勾缝时先勾水平缝，再勾竖缝。所勾缝要光滑平整、深浅一致，水平缝与竖缝交角处应成"八"字形。要求勾缝必须密实，勾好后凹进面陶瓷板外表面 2～3mm。陶瓷板缝勾完后，待稍干后用棉纱或塑料刷认真擦洗干净。

2. 普通型大规格块材

边长大于 40cm 的普通型大规格块材，施工可采用干挂法。

（1）基层处理。同薄型小规格块材。

（2）挂线。按设计图纸要求，板材安装前要事先用投线仪打出大角（阴角和阳角）两个面的竖向控制线，最好弹在离大角 20cm 的位置上，以便随时检查垂直挂线的准确性，保证顺利安装。竖向挂线宜用 $\phi 1.0～1.2$ 的钢丝为好，下边沉铁随高度而定，一般 40m 以下高度沉铁重量为 8～10kg。上端挂在专用的挂线角钢架上，角钢架用膨胀螺栓固定在建筑大角的顶端，一定要挂在牢固、准确、不易碰动的地方，要注意保护和经常检查，并在控制线的上、下作出标记。

（3）弹线分格。根据外装潢排板图和板的尺寸先在墙上预排，重点是保证窗间墙排板的一致性，若建筑物实际尺寸与外装图纸有出入而出现不整板现象，要把不完整的板块调整到房屋的角处,并做到窗两边对称。初排经调整保证窗间墙排板一致后,用钢丝铅锤吊线确定主龙骨位置。

(4) 固定连接件。连接件用镀锌角钢提前打好孔,用膨胀螺栓与混凝土梁柱连接,墙体部位用双面预埋铁板对拉固定,砖砌墙体已提前加砌预制素混凝土砖。

(5) 安装主次龙骨。龙骨的大小是依据板材重量和风载经计算确定的,横向次龙骨安装前打好孔,用于安装与陶瓷板相连接的不锈钢双弯连接件。

(6) 安装不锈钢挂件。此连接件一头与次龙骨用螺栓连接,另一头有上下垂直分开的承插板,先不紧固螺栓,待板材固定检查平整度后再拧紧。

(7) 板材开槽。用切割机在板的上下两端各切两处槽口,深8mm、宽2mm、长4cm,切槽口的工人必须经过专业培训且操作熟练。割槽时带水切割,一旦切坏了,该板不会浪费,可改小尺寸用于窗台板。

(8) 安装板材。先在槽口内涂满502胶,然后自下而上安装,安装时板的上下端开好的槽口对准上下次龙骨上已初步安装好的不锈钢连接件。由于上下槽口均涂满502胶,与双弯构件相连后很快固结,不需其他加固措施即可。

(9) 板缝调整。设计的板缝横向5mm、竖向8mm,竖向缝宽容易控制,而水平缝采用5mm厚玻璃片来控制。先将5mm厚玻璃片垫在已安放的陶瓷板上口,然后经拉线检查是否水平,用水平尺检查板的水平度,用靠尺检查板的垂直度。

(10) 紧固找平。经过竖直缝、水平缝、板的平整度、垂直度检查合格后,拧紧螺栓,板位置就逐一被固定。

(11) 拔出垫片。半个小时以后,槽口内的502胶便把陶瓷板与连接件紧紧凝固在一起,这时便可拔掉玻璃片,玻璃片易拔也易碎,不费力。

(12) 嵌缝打胶。待一面墙的陶瓷板完成后,先在板缝之间嵌入$\phi 6$泡沫杆作为硅硐胶的背衬,在整体墙面安装完毕以后,缝隙用硅硐胶封没。硅硐胶的颜色依据总体设计定为与陶瓷板相同的米黄色。

(13) 细部构造。门、窗、女儿墙压顶、铝板连接处的细部构造,这些部位应在墙面完成后再施工,整板切割改小尺寸。施工时窗顶、窗台的坡度要一致,女儿墙应向内找坡,特别是挂件要安装牢固。

6.1.3 质量标准

1. 主控项目

(1) 饰面板的品种、规格、颜色和性能应符合设计要求。

检验方法:观察;检查产品合格证书、进场验收记录和性能检测报告。

(2) 饰面板孔、槽的数量、位置和尺寸应符合设计要求。

检验方法:检查进场验收记录和施工记录。

(3) 饰面板安装工程的预埋件(或后置埋件)、连接件的数量、规格、位置、连接方法和防腐处理必须符合设计要求。后置埋件的现场拉拔强度必须符合设计要求。饰面板安装必须牢固。

检验方法:手扳检查;检查进场验收记录、现场拉拔检测报告、隐蔽工程验收记录和施工记录。

2. 一般项目

(1) 饰面板表面应平整、洁净,色泽一致,无裂痕和缺损。

检验方法:观察。

(2) 饰面板嵌缝应密实、平直,宽度和深度应符合设计要求,嵌填材料色泽一致。

检验方法:观察;尺量检查。

(3) 采用湿作业法施工的饰面板工程,石材应进行防碱背涂处理。饰面板与基体之间的灌注材料应饱满、密实。

检验方法:用小锤轻击检查;检查施工记录。

(4) 饰面板上的孔洞应套割吻合,边缘应整齐。

检验方法:观察。

(5) 饰面板安装的允许偏差和检验方法应符合表6.1的规定。

表6.1 饰面板安装的允许偏差和检验方法

项次	项 目	允许偏差/mm	检 验 方 法
1	立面垂直度	2	用2m垂直尺检查
2	表面平整度	1.5	用2m靠尺和塞尺检查
3	阴阳角方正	2	用直角检测尺检查
4	接缝直线度	2	拉5m线,不足5m拉通线,用钢直尺检查
5	墙裙、勒脚上口直线度	2	拉5m线,不足5m拉通线,用钢直尺检查
6	接缝高低差	0.5	用钢直尺和塞尺检查
7	接缝宽度	1	用钢直尺检查

3. 质量要求

(1) 清理预做饰面的结构表面。施工前认真按照图纸尺寸,核对结构施工的实际情况,同时进行吊直、套方、找规矩,弹出垂直线、水平线。控制点要符合要求,并根据设计图纸和实际需要弹出安装饰面的位置线和分块线。

(2) 选用国家定点厂家生产的砂浆,要求砂浆必须有出厂合格证、复试报告,并经过复试合格后方可设入使用。

(3) 施工安装时,严格配合比计量,掌握适宜的砂浆稠度,防止造成陶瓷板外移或板面错动,以免出现接缝不平、高低差过大现象。

(4) 冬期施工时,应做好防冻保温措施,以确保砂浆不受冻,其室外温度不得低于5℃,但寒冷、雨天、大风天气不得施工。防止出现空鼓、脱落和裂缝。

6.1.4 成品保护

(1) 要及时清擦干净残留在门窗框、玻璃和金属饰面板上的污物,宜粘贴保护膜,预防污染、锈蚀。

(2) 认真贯彻合理施工顺序,其他工种的施工应做在前面,防止损坏、污染陶瓷饰面板。

(3) 拆改架子和上料时,严禁碰撞陶瓷饰面板。

(4) 饰面完活后，易破损部分的棱角处要钉护角保护，其他工种操作时不得划伤和碰坏陶瓷板。

(5) 已完工的陶瓷板饰面应做好成品保护。

6.1.5 安全、环保措施

1. 安全措施

(1) 禁止搭设飞跳板，严禁从高处往下乱投东西。脚手架严禁搭设在门窗、暖气片、水暖等管道上。外架作业层下方必须满铺安全网，各层设围栏。出入口应搭设人行通道。

(2) 作业前应检查脚手架和跳板是否搭设牢固，高度是否满足作业要求。凡不符合安全作业要求的应及时修整。

(3) 在两层脚手架上操作时，应尽量避免在同一垂直线上工作，必须同时作业时，下层操作人员必须正确佩戴安全帽。

(4) 搬运石材的绳索、工具应牢固。搬运时应相互配合、动作一致。

(5) 脚手架上堆放材料距墙身不得小于50cm，荷载不得大于270kg/m²。

(6) 在脚手架上砌石不得使用大锤，修整石块时，应戴防护眼镜，严禁两人对面操作。

2. 环保措施

(1) 陶瓷板、胶粘剂等材料必须符合环保要求，无污染。

(2) 大风天不得从事筛砂、筛灰工作，现场存放的灰、砂等散装材料须进行苫盖。

(3) 施工污水未经处理不得随意排放。

(4) 清理施工现场时严禁从高处向下抛撒垃圾废料，以防造成粉尘污染。

子项目6.2 花岗石、大理石饰面板（干挂）

6.2.1 施工准备

1. 技术准备

同6.1.1。

2. 材料准备

(1) 大理石、花岗石。

1) 产品分类：按形状可分为普型板材（正方形或长方形）和异型板材；按表面加工程度可分为细面板材、镜面板材和粗面板材。

2) 产品等级：按板材的规格尺寸允许偏差、平面度允许极限公差、角度允许极限公差、外观质量分为优等品（A）、一等品（B）、合格品（C）三个等级。

3) 允许偏差说明：

a) 大理石板材厚度不大于15mm时，同一板材上的厚度允许极限偏差为1.0mm（即可在标准厚度上厚或薄1.0mm，超过此值即为不合格品）；板材厚度大于15mm时，同一块板材上厚度允许极限偏差为2.0mm。

b) 花岗石板材厚度不大于15mm时，同一板材上的厚度允许极限偏差为1.5mm

（即可在标准厚度上厚或薄1.0mm，超过此值即为不合格品）；板材厚度大于15mm时，同一块板材上厚度允许极限偏差为3.0mm。

c) 板材长度和宽度不得超过规定值，但可略低于规定值。规格尺寸测定时，用刻度值为1.0mm的钢直尺测量板材的长度和宽度；用读数值为0.1mm的游标卡尺测量板材的厚度。

d) 平面度允许极限公差值花岗石磨光大板为0.8mm，花岗石薄板、规格板为0.2mm，大理石规格板为0.2mm。

4）应保证按照设计图纸要求的规格、颜色等备料，但表面不得有隐伤、风化等缺陷，相应物理性能应符合GB/T 9966的规定，且不宜用易褪色的材料包装。

（2）合成树脂胶粘剂：用于粘贴石材背面的柔性背衬材料，要求具有防水和耐老化性能。

（3）双组分环氧型胶粘剂：用于干挂石材挂件与石材间黏结固定，按固化速度分为快固型（K）和普通型（P）。

（4）中性硅酮耐候密封胶：应进行粘合力的试验和相容性试验。

（5）玻璃纤维网格布：石材的背衬材料。

（6）防水胶泥：用于密封连接件。

（7）防污胶条：用于石材边缘防止污染。

（8）嵌缝膏：用于嵌填石材接缝。

（9）罩面涂料：用于大理石表面防风化、防污染。

（10）金属构件：型钢龙骨、不锈钢紧固件、连接件、干挂件、膨胀螺栓等应按同一种类构件的5%进行抽样检查，且每种构件不少于5件，检查应合格。膨胀螺栓、连接铁件、干挂件等配套的铁垫板、垫圈、螺帽及与骨架固定的各种设计和安装所需要的连接件的质量，必须符合设计要求和国家标准。所有金属构件均需做防锈处理。

（11）所用石材等无机非金属材料的放射性限量应符合GB 50325—2010（2013年版）3.1.1条的规定。

3. 主要机具

台钻、无齿切割锯、切割机、磨角机、电焊机、打胶机、冲击钻、手枪钻、力矩扳手、开口扳手、嵌缝枪、专用手推车、长卷尺、盒尺、锤子、各种形状钢凿子、靠尺、水平尺、方尺、多用刀、剪子、铅丝、粉线包、墨斗、小白线、笤帚、铁锹、开刀、灰桶、手套、红铅笔。

4. 作业条件

（1）检查石材的质量、规格、品种、数量、力学性能和物理性能是否符合设计要求，并进行表面处理工作。

（2）搭设双排架子或吊篮处理。

（3）水电及设备、墙上预留预埋件已安装完，垂直运输机具均事先准备好。

（4）外门窗已安装完毕，安装质量符合要求。

（5）对施工人员进行技术交底时，应强调技术措施、质量要求和成品保护，大面积施工前应先做样板，经质检部门鉴定合格后，方可组织班组施工。

（6）安装系统隐蔽项目已经验收。

（7）基层的外形尺寸已经复核，误差保证在本工艺能调节的范围内。

6.2.2 施工工艺

1. 工艺流程

基层处理→墙面定位放线→龙骨制作安装→挑选石材→预排石材→打膨胀螺栓孔→石材开槽→石材干挂安装→嵌缝打胶→细部处理。

2. 操作工艺

（1）基层处理。在墙体结构验收合格的基础上，再对墙面进行检测，将墙面基层表面清理干净，对局部影响骨架安装的凸出部分剔凿干净。特别是墙面的垂直度、平整度偏差应控制在连接件的可调整范围，一般在±10mm内，否则会影响整个干挂墙面的水平位置，应及时调整使其符合设计规范要求。

（2）墙面定位放线。测量放线是石材干挂施工中的一个重要环节，放线精度直接影响石材干挂效果。放线是将骨架的位置弹线到主体结构上，放线工作根据轴线及标高点进行，一般先弹出竖向杆件的位置，确定竖向杆件的锚固点，待竖向杆件位置布置完毕，再将横向杆件位置弹在竖向杆件上。

（3）龙骨制作安装。对非承重的空心砖墙体，干挂石材时采用镀锌槽钢作主龙骨、镀锌角钢作次龙骨形成骨架网（在混凝土墙体上可直接采用挂件与墙体连接）。

1）在主龙骨定位线的两侧，根据骨架设计要求，确定膨胀螺栓间距、深度和垂直度；画出打孔点，用冲击钻在墙体结构上打出孔洞以便安装膨胀螺栓，孔洞大小按照膨胀螺栓的规格确定。

2）先安装竖向龙骨杆件，竖向龙骨杆件与主体结构相连，待竖向龙骨杆件就位后再安装横向龙骨杆件（图6.5、图6.6）。竖向龙骨杆件一般采用槽钢，槽钢与墙体铁件焊接，再用膨胀螺栓固定钢板于墙面（对于砖墙体，可采用对拉螺栓内外夹钢板），然后焊接横向角钢。横杆与竖杆间采用焊接连接。钢骨架中所用槽钢、角钢应在安装之前进行镀锌防腐处理，对焊接部位涂刷防锈漆二度、银粉漆一度，同时要求选用焊条强度应与母材相同。

现场焊接时，焊接下方应设防火斗，结构层下方应采取可靠安全的防护措施，并对脚手板上废弃杂物及时清理；钢骨架应连接牢固，不得有颤动和变形现象。

（4）挑选石材。先用比色法对石材颜色进行挑选，保证颜色均匀、没有裂纹、厚度符合设计要求，然后按设计规格下料。对规格石材要进行二次挑选，剔除缺棱掉角、崩边等有缺陷的石材。

（5）预排石材。将选出的石材按使用部位和安装顺序进行编号，检查拼接出的板块是否存在色差、是否满足现场尺寸要求，完成此项工作后将板材按编号存放备用。如图6.7、图6.8所示。

（6）打膨胀螺栓孔。按设计尺寸和图纸设计要求，确定膨胀螺栓间距，画出打孔点，用冲击钻在结构上打出孔洞以便安装膨胀螺栓，孔洞大小按照膨胀螺栓的规格确定。

（7）石材开槽。石材安装前用云石机在侧面开槽，开槽深度根据挂件尺寸确定，一般要求不小于10mm且在板材后侧边中心。为保证开槽不崩边，开槽距边缘距离为1/4边

图 6.5 墙面干挂石材龙骨

图 6.6 柱面干挂石材龙骨

图 6.7 地面上预排石材

图 6.8 石材按编号存放

长且不小于 50mm。

（8）石材干挂安装。石材干挂采用自下而上的顺序：

1）定出第一块石材位置，在其底部用单向不锈钢挂件钩入石材下槽，上部用双向不锈钢挂件钩入石材上槽，在不锈钢挂钩与石材槽之间灌入环氧树脂型石材专用结构胶固定不锈钢挂件，厚度不宜小于 3mm（图 6.9）。

2）将第二块石材底槽插入第一块石材上边凸起的挂钩上，然后将槽内注满干挂胶固定，上边再用不锈钢挂件固定，如此循环挂贴（图 6.10）。

3）调整固定。底层石材全部就位后，如上口不平就要调整水平度，可在托架上垫上相应的双股铜丝垫进行调整；如要调整垂直度，可调整石材上口连接件的距墙间隙；最后要调缝隙大小，使缝宽均匀、符合设计要求。

4）顶部面板安装。在最后的上层石材安装调整后，结构墙体与石材的间隙间要做好钢丝网粉刷防水处理，后用宽约 40mm 的纸带型不干胶带，沿石材边缘贴齐作为防污条，在石材缝隙嵌弹性背衬条。

如设计要求不留缝隙或缝隙很小，则要求接缝平直，在石材干挂好的面层上用相同颜

图6.9 第一块石材的位置　　　　图6.10 石材的安装

色的素水泥浆撒在缝上,再用棉纱团擦揉,将缝隙擦满。最后将面层上的水泥浆擦干净。

(9) 嵌缝打胶。待一面墙的陶瓷板和铝板装饰带完成后,先在板缝之间嵌入 $\phi6$ 泡沫杆作为硅硐胶的背衬;在整体墙面安装完毕以后,缝隙用硅硐胶封没。硅硐胶的颜色依据总体设计定为与陶瓷板相同的米黄色。

(10) 细部处理。门、窗、女儿墙压顶、铝板连接处的细部构造,这些部位应在墙面完成后再施工,整板切割改小尺寸。施工时窗顶、窗台的坡度要一致,女儿墙应向内找坡,特别是挂件要安装牢固。

6.2.3 质量标准

1. 主控项目

同6.1.3。

2. 一般项目

(1) 饰面板表面应平整、洁净、色泽一致,无裂痕和缺损。石材表面应无泛碱等污染。

检验方法:观察。

(2) 饰面板填嵌应密实、连续,接缝应平直、光滑,宽度和深度应符合设计要求,嵌填材料色泽应一致。

检验方法:观察;尺量检查。

(3) 饰面板上的孔洞应套割吻合,边缘应整齐。

检验方法:观察。

(4) 大理石、花岗石饰面板(干挂)安装的允许偏差项目见表6.2。

表6.2　　　　大理石、花岗石饰面板(干挂)安装的允许偏差

项次	项目	允许偏差/mm			检验方法
		光面	剁斧石	蘑菇石	
1	立面垂直度	2	3	3	用2m垂直尺检查
2	表面平整度	2	3	—	用2m靠尺和塞尺检查

续表

项次	项目	允许偏差/mm			检验方法
		光面	剁斧石	蘑菇石	
3	阴阳角方正	2	4	4	用直角检测尺检查
4	接缝直线度	2	4	4	拉5m线，不足5m拉通线，用钢直尺检查
5	墙裙、勒脚上口直线度	2	3	3	拉5m线，不足5m拉通线，用钢直尺检查
6	接缝高低差	0.5	3	—	用钢直尺和塞尺检查
7	接缝宽度	1	2	2	用钢直尺检查

3. 质量要求

（1）清理预做饰面石材的结构表面。施工前认真按照图纸尺寸，核对结构施工的实际情况，同时进行吊直、套方、找规矩，弹出垂直线、水平线。控制点要符合要求，并根据设计图纸和实际需要弹出安装石材的位置线和分块线。

（2）施工安装石材时，严格控制双组分结构胶配合比，控制使用时间，防止造成粘接不牢固或污染石材现象。

6.2.4　成品保护

（1）要及时清擦干净残留在门窗框、玻璃和金属饰面板上的污物，如密封胶、手印、尘土、水等杂物，宜粘贴保护膜，预防污染、锈蚀。

（2）认真贯彻合理施工顺序，少数工种的活应做在前面，防止损坏、污染外挂石材饰面板。

（3）拆改架子和上料时，严禁碰撞干挂石材饰面板。

（4）外饰面完活后，易破损部分的棱角处要钉护角保护，其他工种操作时不得划伤面漆和碰坏石材。

（5）在室外刷罩面剂未干燥前，严禁下渣土或翻架子、脚手板等。

（6）已完工的外挂石材应设专人看管，遇有损害成品的行为，应立即制止，并严肃处理。

6.2.5　安全、环保措施

1. 安全措施

（1）进入施工现场必须戴好安全帽，系好风紧扣。

（2）高空作业必须佩戴安全带，上架子作业前必须检查脚手板搭放是否安全可靠，确认无误后方可上架进行作业。

（3）施工现场临时用电线路必须按用电规范布设，严禁乱接乱拉；远距离电缆线不得随地乱拉，必须架空固定。

（4）小型电动工具必须安装漏电保护装置，使用时应经试运转合格后方可操作。

（5）电器设备应有接地、接零保护，现场维护电工应持证上岗，非维护电工不得乱接电源。

（6）电源、电压须与电动机具的铭牌电压相符，电动机具移动应先断电后移动，下班或使用完毕必须拉闸断电。

(7) 施工时必须按施工现场安全技术交底施工。

2. 环保措施

(1) 切割饰面板材时应湿作业,防止粉尘污染。

(2) 清理施工现场时严禁从高处向下抛撒垃圾废料,以防造成粉尘污染。

(3) 在施工过程中应防止噪声污染,在施工场界噪声敏感区域宜选择使用低噪声的设备,也可以采取其他降低噪声的措施。

(4) 板材、胶粘剂等材料必须符合环保要求,无污染。

(5) 大风天不得从事筛砂、筛灰工作,现场存放的灰、砂等散装材料须进行苫盖。

(6) 施工污水未经处理不得随意排放。

子项目6.3 钢板、不锈钢饰面板

6.3.1 施工准备

1. 技术准备

同6.1.1。

2. 材料准备

(1) 钢板、不锈钢板。用于装饰工程的钢板、不锈钢板其品种和规格较多。按表面处理方法分,有阳极氧化处理及喷涂处理;按常用的色彩分,有银白色、古铜色、金色等;按几何尺寸分,有条形板和方形板。条形板的宽度多为80~100mm,厚度多为0.5~1.5mm,长度6m左右。方形板包括正方形、长方形等。

不锈钢是含铬12%以上、具有耐腐蚀性能的铁基合金。按其表面特征分为两种类型:平面和凹凸板。平面板又分为光泽板与无光泽板,即镜面板和亚光板;凹凸板分为深浮雕板和浅浮雕板花纹板。不锈钢板的厚度在0.2~2.0mm,宽度500~1000mm,长度可达100~200m,成品卷装供应,其中厚度小于1mm的薄板用得最多。

用于高层建筑的外墙板,单块面积一般较大,刚度和耐久性要求高,因而板要适当厚一些,甚至要加设肋条。

(2) 骨架材料。骨架材料是由横竖杆件拼成,主要材质为铝合金型材或型钢等。因型钢较便宜,强度高,安装方便,所以多数工程采用角钢或槽钢。但骨架应预先进行防腐处理,严禁黑铁进楼。

(3) 固定骨架的连接件。主要是膨胀螺栓、铁垫板、垫圈、螺帽及与骨架固定的各种设计和安装所需要的连接件,其质量必须符合要求。

3. 主要机具

工作台、切割机、成型机、弯边机具、砂轮机、手提电钻、电钻、钢板尺(1m)、长卷尺、盒尺、锤子、钢凿子、铅丝、粉线包、墨斗、白线、手提砂轮、钳子、铁制水平尺、棉丝、笤帚、红铅笔。

4. 作业条件

(1) 混凝土和墙面抹灰已完成,且经过干燥含水率不高于8%,木材制品不得大于12%。

(2) 水电及设备、顶墙上预留预埋件已完成，垂直运输的机具均事先准备好。

(3) 要事先检查安装饰面板工程的基层，并做好隐蔽验收记录，合格后方可进行安装工序。

(4) 架子应提前支搭和安装好，架子的步高和支撑要符合施工要求和安全操作规程。

(5) 对施工人员进行技术交底时，应强调技术措施、质量要求和成品保护。大面积施工前应先做样板间，经质检部门鉴定合格后，方可组织班组施工。

6.3.2 施工工艺

1. 工艺流程

吊直、套方、找规矩、弹线 → 固定骨架的连接件 → 固定骨架 → 饰面板加工 → 饰面板安装 → 收口构造。

2. 操作工艺

(1) 吊直、套方、找规矩、弹线。首先根据设计图纸的要求和几何尺寸，对镶贴金属饰面板的墙面进行吊直、套方、找规矩并一次实测和弹线，确定饰面墙板的尺寸和数量。

(2) 固定骨架的连接件。骨架的横竖杆件是通过连接件与结构固定的，而连接件与结构之间，可以与结构的预埋件焊牢，也可以在墙上打膨胀螺栓。因后一种方法比较灵活，尺寸误差较小，容易保证位置的准确性，因而实际施工中采用得比较多。

(3) 固定骨架。骨架应预先进行防腐处理。安装骨架位置要准确，结合要牢固。安装后应全面检查中心线、表面标高等。对高层建筑外墙，为了保证饰面板的安装精度，宜用红外线仪对横竖杆件进行贯通。

(4) 饰面板加工。根据完成的基层，结合设计图纸，现场核对尺寸，确定各个节点的大样，根据饰面板的展开尺寸切板然后进行折边拼接等工序，直至完成所需造型。

(5) 饰面板安装。墙板的安装顺序是从每面墙的端部竖向第一排下部第一块板开始，自下而上安装。安装完该面墙的第一排再安装第二排。每安装铺设3排墙板后，应吊线检查一次，以便及时消除误差。为了保证墙面外观质量，螺栓位置必须准确，并采用单面施工的钩形螺栓固定，使螺栓的位置横平竖直。固定金属饰面板的方法常用的主要有三种：第一种是将板条或方板用螺丝拧到型钢或木架上，这种方法耐久性较好，多用于外墙；第二种是将板条卡在特制的龙骨上；第三种为将饰面板用胶粘剂黏结于基层板上。当饰面板安装完毕后，要注意在易于被污染的部位用塑料薄膜覆盖保护。易被划、碰的部位，应设安全栏杆保护。

(6) 收口构造。水平部位的压顶、端部的收口、伸缩缝的处理、两种不同材料的交接处，多用特制的两种材质性能相似的成型金属板或同种材料进行嵌压、黏结或焊接处理。

6.3.3 质量标准

1. 主控项目

同 6.1.3。

2. 一般项目

(1)～(4) 同 6.1.3一般项目 (1)～(4)。

(5) 钢板、不锈钢饰面板安装的允许偏差和检验方法应符合表 6.3 的规定。

表 6.3　　　　　钢板、不锈钢饰面板安装的允许偏差和检验方法

项次	项 目	允许偏差/mm	检 验 方 法
1	立面垂直度	2	用 2m 垂直尺检查
2	表面平整度	3	用 2m 靠尺和塞尺检查
3	阴阳角方正	3	用直角检测尺检查
4	接缝直线度	1	拉 5m 线，不足 5m 拉通线，用钢直尺检查
5	墙裙、勒脚上口直线度	2	拉 5m 线，不足 5m 拉通线，用钢直尺检查
6	接缝高低差	1	用钢直尺和塞尺检查
7	接缝宽度	1	用钢直尺检查

3. 质量要求

(1) 清理预做饰面的结构表面。施工前认真按照图纸尺寸，核对结构施工的实际情况，同时进行吊直、套方、找规矩，弹出垂直线、水平线。控制点要符合要求。

(2) 不锈钢、钢板对口缝位置焊接时应严格控制工艺过程，焊接后若焊缝质量符合国家规范要求时，可直接进行焊缝区域的抛光处理。否则应先用砂轮机磨光，然后再换抛光轮进行抛光。将焊缝区加工成光滑洁净的表面，以不显焊接痕迹为准。

(3) 采用胶粘剂黏结时应涂抹均匀，避免表面不平整。

6.3.4　成品保护

(1) 要及时清擦干净残留在门窗框和饰面板上的污物，如密封胶、手印、水等杂物，施工过程中可以把板边的保护膜撕开一点，以便于操作，但完成后应重新贴好，预防污染、锈蚀。

(2) 认真贯彻合理施工顺序：少数工种（水、电、通风、设备安装等）的活应做在前面，防止损坏、污染饰面板。

(3) 阳角等位置应用层板等材料做成护角进行保护，拆除架子时注意不要碰撞饰面板。

6.3.5　安全、环保措施

1. 安全措施

(1) ～ (3) 同 6.1.5 安全措施 (1) ～ (3)。

(4) 进入施工现场必须戴安全帽，高空作业必须系安全带；二层以上外脚手架必须设置安全网，禁止穿硬底鞋上脚手架。

(5) 电器机具必须有专人负责，电动机必须有安全可靠的接地装置，电器机具必须设置安全防护装置和过载保护装置。

(6) 夜间临时用的移动照明灯，必须用安全电压。

2. 环保措施

(1) 饰面板、胶粘剂等材料必须符合环保要求，无污染。

(2) 清理施工现场时严禁从高处向下抛撒垃圾废料，以防造成粉尘污染。

(3) 切割材料时尽量选在白天、室内作业，避免噪声扰民。

子项目6.4 铝合金饰面板

6.4.1 施工准备

1. 技术准备

同6.1.1。

2. 材料准备

(1) 铝合金板。用于装饰工程的铝合金板其品种和规格较多。按表面处理方法分,有阳极氧化处理及喷涂处理;按常用的色彩分,有银白色、古铜色、金色等;按几何尺寸分,有条形板和方形板。条形板的宽度多为80~100mm,厚度多为0.5~1.5mm,长度6m左右。方形板包括正方形、长方形等。用于高层建筑的外墙板,单块面积一般较大,刚度和耐久性要求高,因而板要适当厚一些,甚至要加设肋条。按装饰效果分,有铝合金花纹板、铝质浅花纹板、铝及铝合金波纹板、铝及铝合金压型板等。

(2) 骨架材料。骨架材料是由横竖杆件拼成,主要材质为铝合金型材或型钢等。因型钢较便宜、强度高、安装方便,所以多数工程采用角钢或槽钢。骨架应预先进行防腐处理,严禁黑铁进楼。

(3) 固定骨架的连接件。主要是膨胀螺栓、铁垫板、垫圈、螺帽及与骨架固定的各种设计和安装所需要的连接件其质量必须符合要求。

(4) 后置埋件应进行现场拉拔试验,拉拔检测报告应合格。

3. 主要机具

工作台、切割机、成型机、弯边机具、砂轮机、手提电钻、电钻、钢板尺(1m)、长卷尺、盒尺、锤子、钢凿子、铅丝、粉线包、墨斗、白线、手提砂轮、钳子、铁制水平尺、棉丝、笤帚、红铅笔。

4. 作业条件

(1) 混凝土和墙面抹灰已完成,且经过干燥含水率不高于8%,木材制品不得大于12%。

(2) 水电及设备、顶墙上预留预埋件已完成,垂直运输的机具均事先准备好。

(3) 要事先检查安装饰面板工程的基层,并做好隐预检记录,合格后方可进行安装工序。

(4) 架子应提前支搭和安装好,架子的步高和支搭要符合施工要求和安全操作规程。

(5) 对施工人员进行技术交底时,应强调技术措施、质量要求和成品保护。大面积施工前应先做样板间,经质检部门鉴定合格后,方可组织班组施工。

6.4.2 施工工艺

1. 工艺流程

吊直、套方、找规矩、弹线 → 固定骨架的连接件 → 固定骨架 → 饰面板加工 → 饰面板安装 → 收口构造。

2. 操作工艺

(1) 吊直、套方、找规矩、弹线。根据设计图纸的要求和几何尺寸,对镶贴金属饰面板的墙面进行吊直、套方、找规矩,并一次实测和弹线,确定饰面墙板的尺寸和数量。

(2) 固定骨架的连接件。骨架的横竖杆件是通过连接件与结构固定的,而连接件与结构之间可以与结构的预埋件焊牢,也可以在墙上打膨胀螺栓。因后一种方法比较灵活,尺寸误差较小,容易保证位置的准确性,因而实际施工中采用得比较多。

(3) 固定骨架。骨架应预先进行防腐处理。安装骨架位置要准确,结合要牢固。安装后应全面检查中心线、表面标高等。对高层建筑外墙,为了保证饰面板的安装精度,宜用红外线仪对横竖杆件进行贯通。

(4) 饰面板加工。根据完成的基层,结合设计图纸,现场核对尺寸,确定各个节点的大样,根据饰面板的展开尺寸切板,然后进行折边拼接等工序,直至完成所需造型。

(5) 饰面板安装。墙板的安装顺序是从每面墙的端部竖向第一排下部第一块板开始,自下而上安装。安装完该面墙的第一排再安装第二排。每安装铺设 3 排墙板后,应吊线检查一次,以便及时消除误差。为了保证墙面外观质量,螺栓位置必须准确,并采用单面施工的钩形螺栓固定,使螺栓的位置横平竖直。固定金属饰面板的方法,常用的主要有三种:第一种是将板条或方板用螺丝拧到型钢或木架上,这种方法耐久性较好,多用于外墙;第二种是将板条卡在特制的龙骨上;第三种是将饰面板用胶粘剂黏结于基层板上。当饰面板安装完毕,要注意在易于被污染的部位要用塑料薄膜覆盖保护。易被划、碰的部位,应设安全栏杆保护。

(6) 收口构造。水平部位的压顶、端部的收口、伸缩缝、两种不同材料的交接处,多用特制的两种材质性能相似的成型金属板或同种材料进行嵌压、黏结处理。

6.4.3 质量标准

1. 主控项目

同 6.1.3。

2. 一般项目

(1) ~ (4) 同 6.1.3 一般项目 (1) ~ (4)。

(5) 铝合金饰面板安装的允许偏差和检验方法应符合表 6.4 的规定。

表 6.4　　　铝合金饰面板安装的允许偏差和检验方法

项次	项 目	允许偏差/mm	检 验 方 法
1	立面垂直度	2	用 2m 垂直尺检查
2	表面平整度	3	用 2m 靠尺和塞尺检查
3	阴阳角方正	3	用直角检测尺检查
4	接缝直线度	1	拉 5m 线,不足 5m 拉通线,用钢直尺检查
5	墙裙、勒脚上口直线度	2	拉 5m 线,不足 5m 拉通线,用钢直尺检查
6	接缝高低差	1	用钢直尺和塞尺检查
7	接缝宽度	1	用钢直尺检查

3. 质量要求

(1) 清理预做饰面的结构表面。施工前认真按照图纸尺寸，核对结构施工的实际情况，同时进行吊直、套方、找规矩，弹出垂直线、水平线。控制点要符合要求。

(2) 采用胶粘剂黏结时应涂抹均匀，避免表面不平整。

6.4.4 成品保护

(1) 要及时清擦干净残留在门窗框和饰面板上的污物，如密封胶、手印、水等杂物。施工过程中可以把板边的保护膜撕开一点，以便于操作；但完成后应重新贴好，预防污染、锈蚀。

(2) 认真贯彻合理施工顺序，少数工种（水、电、通风、设备安装等）的活应做在前面，防止损坏、污染饰面板。

(3) 阳角等位置应用层板等材料做成护角进行保护，拆除架子时注意不要碰撞饰面板。

6.4.5 安全、环保措施

1. 安全措施

同 6.3.5。

2. 环保措施

同 6.3.5。

子项目 6.5 玻 璃 装 饰 板

6.5.1 施工准备

1. 技术准备

(1) 认真熟悉图纸，按照图纸核对结构施工的实际尺寸。

(2) 编制施工方案并经审查批准。按批准的施工方案进行技术交底。

(3) 按饰面板的色差、纹路、尺寸偏差等进行选材和组配。

(4) 进行排板分格、布置并绘制大样图。

(5) 饰面板安装工程施工前应做样板间（件），并经有关各方确认。

2. 材料准备

(1) 玻璃。常用的玻璃品种有钢化玻璃、夹胶玻璃、夹丝（绢）玻璃。厚度有8mm、10mm、12mm、15mm、18mm、22mm等，长宽根据工程设计要求确定。

(2) 边框、紧固材料。不锈钢、木龙骨（60mm×120mm、40mm×70mm等）、橡胶垫和各种压条、膨胀螺栓、射钉、自攻螺丝、木螺丝和玻璃胶、粘贴嵌缝料等。

(3) 材料需有产品质量合格证和性能检测报告。

(4) 质量要求见表6.5～表6.9。

3. 主要机具

木工工作台、锯、刨、凿、电钻、砂轮机、气钉枪、斧子、榔头、尺、粉线包、墨斗、挂线板、施工线、砂纸、红铅笔等。

表6.5 钢化玻璃规格尺寸允许偏差 单位：mm

厚度	边长度 L ≤1000	1000＜边长度 L ≤2000	2000＜边长度 L ≤3000
4 5 6	+1 −2	±3	±4
8 10 12	+2 −3		
15	±4	±4	
19	±5	±5	±6

表6.6 钢化玻璃厚度及其允许偏差 单位：mm

厚度	允许偏差
4.0	±0.3
5.0	
6.0	
8.0	±0.6
10.0	
12.0	±0.8
15.0	
19.0	±1.2

表6.7 钢化玻璃的孔径允许偏差 单位：mm

公称孔径	允许偏差
4～50	±1.0
51～100	±2.0
＞100	供需双方商定

表6.8 普通平板玻璃的厚度允许偏差 单位：mm

厚度	允许偏差
2	±0.20
3	±0.20
4	±0.20
5	±0.25

表6.9 普通平板玻璃外观质量要求 单位：mm

缺陷种类		说 明	优等品	一等品	合格品
波筋（包括纹辊子花）		不产生变形的最大入射角	60°	45° 50mm，边部，30°	30° 100mm，边部，0°
气泡		长度≤1mm	集中的不允许	集中的不允许	不限
		长度＞1mm 的每平方米允许个数	≤6mm，6	≤8mm，8；＞8～10mm，2	≤10mm，12；＞10～20mm，2；＞20～25mm，1
划伤		宽≤0.1mm 每平方米允许条数	长≤50mm，3	长≤100mm，5	不限
		宽＞0.1mm 允许条数	不许有	宽≤0.4m，长＜100mm	宽≤0.8mm，长＜100mm
砂粒		非破坏性的，直径 0.5～2mm，每平方米允许个数	不许有	3	8
疙瘩		非破坏性的疙瘩波及范围直径不大于 3mm，每平方米允许个数	不许有	1	3
线道		正面可以看到的每片玻璃允许条数	不许有	30mm 边部，宽≤0.5mm	宽≤0.5mm，2
麻点		表面呈现的集中麻点	不许有	不许有	每平方米不超过 3 处
		稀疏的麻点，每平方米允许个数	10	15	30

4. 作业条件

(1) 主体结构已验收完毕。

(2) 影响饰面板施工的水、电、通风、设备安装等工序已完成。

(3) 内外门、窗框均已安装完毕，安装质量符合要求，塞缝符合规范及设计要求，门窗框贴好保护膜。

(4) 室内墙面已弹好水平基准线；室外水平基准线应使整个外墙面能够交圈。

(5) 基体的预埋件（含后置埋件）的规格、位置、数量符合设计要求。

(6) 脚手架满足施工及安全要求。

(7) 有防水层的房间、平台、阳台等，已做好防水层和保护层，经验收合格。

6.5.2 施工工艺

1. 工艺流程

基层处理→立筋→铺钉衬底（木基层）→玻璃装饰板安装→收边处理。

2. 操作工艺

(1) 基层处理。埋木砖或塞木楔于墙体中，位置应与镜面尺寸相配，即其横向距离与镜面宽度相等，竖向距离与镜面高度相等。大面积镜面安装时，还应在横、竖向每隔500mm设木砖或木楔。墙面要抹灰，在抹灰上刷热沥青或贴油毡，也可将油毡夹于木衬板和玻璃之间，以防止潮气使木衬板变形、水银脱落。

(2) 立筋。墙筋为40mm×40mm或50mm×50mm的小方木，用铁钉钉于木砖或木楔上。安装小块镜面可双向立筋，安装大面积镜面可单向立筋。也可将木筋预制成双向网架，用铁钉钉固在墙、柱面上。用长靠尺检查其垂直度、平整度。

(3) 铺钉衬板（木基层）。衬板为15mm厚的木板或5mm厚的胶合板，钉于木筋上，钉头应没入板内。要求衬板表面平整、清洁，无翘曲、起皮现象。大面积铺衬板时，板缝应在立筋处。

(4) 玻璃装饰板安装。玻璃装饰板安装方法有嵌压式固定、螺钉固定、粘贴固定、托压固定等，根据设计及现场情况进行选用。

1) 嵌压式固定。玻璃装饰板安装时，先进行临时胶粘或固定点固定在基层上，然后四周用压边材料进行压边固定。

2) 螺钉固定：若基层为混凝土等结构基层，玻璃装饰板安装时先在基层上根据定位进行打眼，然后固定膨胀螺栓，最后安装玻璃装饰板。

3) 粘贴固定：基层安装完成后，在基层或玻璃装饰板背面进行涂胶，然后按压固定。

(5) 收边处理：根据设计需要进行打胶或嵌缝等收边处理，打胶应严密、顺直、平滑。

6.5.3 质量标准

1. 主控项目

(1) 饰面板的品种、质量、颜色、花型、线条必须符合设计要求，要有产品合格证。

(2) 墙体骨架必须符合设计要求，要认真进行除锈、防腐处理。板面与骨架的固定必须牢固,不得松动。

2. 一般项目

(1) 安装突出墙面的窗台、窗套凸线等部位的饰面时,裁板尺寸应准确,边角整齐光滑,搭接尺寸及方向应正确。

(2) 饰面表面应平整、洁净、色泽协调,无变色、泛碱、污痕和显著的光泽受损处。

(3) 饰面板接缝应填嵌密实、平直、宽窄均匀,颜色一致。

(4) 突出物周围的板应用整张套割吻合,边缘整齐;墙裙、贴脸等突出墙面的厚度一致。

(5) 玻璃装饰板安装的允许偏差和检验方法应符合表6.10的规定。

表 6.10 玻璃装饰板安装的允许偏差和检验方法

项次	项 目	允许偏差/mm	检 验 方 法
1	立面垂直度	2	用2m垂直尺检查
2	表面平整度	3	用2m靠尺和塞尺检查
3	阴阳角方正	3	用直角检测尺检查
4	接缝直线度	1	拉5m线,不足5m拉通线,用钢直尺检查
5	墙裙、勒脚上口直线度	2	拉5m线,不足5m拉通线,用钢直尺检查
6	接缝高低差	1	用钢直尺和塞尺检查
7	接缝宽度	1	用钢直尺检查

3. 质量要求

同 6.4.3。

6.5.4 成品保护

(1) 要及时清擦干净残留在门窗框和饰面板上的污物,如密封胶、手印、水等杂物。施工过程中可以把板边的保护膜撕开一点,以便于操作,但完成后应重新贴好,预防污染、锈蚀。

(2) 认真贯彻合理施工顺序,少数工种(水、电、通风、设备安装等)的活应做在前面,防止损坏、污染饰面板。

(3) 阳角等位置应用层板等材料做成护角进行保护,拆除架子时注意不要碰撞饰面板。

6.5.5 安全、环保措施

1. 安全措施

同 6.3.5。

2. 环保措施

同 6.3.5。

子项目 6.6 轻质装饰板（纸面石膏板、纤维石膏板）

6.6.1 施工准备

1. 技术准备

(1) 认真熟悉图纸，按照图纸核对结构施工的实际尺寸。

(2) 编制施工方案并经审查批准，按批准的施工方案进行技术交底。

(3) 按饰面板的色差、纹路、尺寸偏差等进行选材和组配。

(4) 进行排板分格、布置并绘制大样图。

(5) 饰面板安装工程施工前应做样板间（件），并经有关各方确认。

2. 材料准备

(1) 板材的规格、材质等级，应符合设计图纸要求及国家相关标准的规定。

(2) 木龙骨料一般用红松烘干料，含水率不大于12%，材质不得有腐朽、节疤、劈裂、扭曲等缺陷，并预先经防腐处理。

(3) 衬板选用15mm厚细木工板。

(4) 面板采用纸面石膏板、纤维石膏板。

(5) 辅料：粘贴剂、防腐剂、乳胶、氟化钠；钉子长度规格应是面板厚度的2～2.5倍。

3. 主要机具

小电动台锯、小电动台刨、手电钻、木刨子、木锯、细齿刀锯、斧子、锤子、冲子、螺丝刀、方尺、割角尺、小钢尺、靠尺板、线坠、墨斗等。

4. 作业条件

(1) 安装木护墙板的结构面及洞口过梁处应预埋好木砖或铁件。

(2) 木护墙板的骨架安装应在安好门窗口、窗台板后进行，钉装面板应在抹灰墙面及地面做完后进行。

(3) 木材的干燥应满足规定的含水率，护墙龙骨应在须铺贴面刨平后刷防腐剂。

(4) 施工前将机具设备安装好，接好电源，并进行试运转。

(5) 施工分项工程量较大且较复杂时，施工前应绘制大样图，并应先做样板，样板经验收合格后才能大面积进行作业。

6.6.2 施工工艺

1. 工艺流程

定位弹线→检查预埋件、洞口→铺、涂防潮层→龙骨安装→衬板安装→裁板→面板安装。

2. 操作工艺

(1) 定位弹线。木护墙板安装前应根据设计图集要求，事先找好标高、平面位置、竖向尺寸进行弹线。

(2) 核查预埋件、洞口。弹线后检查预埋件、木砖或木楔是否符合设计要求，排列间距尺寸、位置是否满足钉装龙骨的要求；量测门窗及洞口位置尺寸是否方正垂直且与设计要求相符。

（3）铺、涂防潮层。设计有防潮要求时应在基层面进行防潮涂刷，涂刷应认真仔细，完成后进行临水试验，合格后方可进行下道工序。

（4）龙骨安装。木护墙、木龙骨安装必须找方、找直，骨架与木砖间的空隙应垫木垫，每块木砖至少用两个钉子钉牢，再装钉龙骨时应预留出板面厚度。木龙骨与墙体接触面要进行防腐处理，其余三面进行不少于三遍的防火涂料的处理。

（5）衬板安装。在龙骨安装完毕检查合格后，安装15mm厚细木工板做衬板，要求衬板钉牢固，钉子的固定间距控制在200mm左右，背面刷防火涂料，拼接板之间应预留5mm左右的伸缩缝隙，保证温度变化的伸缩量。

（6）裁板。按龙骨排尺，大于龙骨间距进行裁板，锯裁后大面应净光（胶合板材严禁侧净），小面刮直。面板长向对接配制时必须考虑接头位于横撑处，板背面应做卸力槽，以防板扭曲变形，一般卸力槽间距为100mm，槽宽10mm，槽深6～8mm。

（7）面板安装。面板安装前对龙骨位置、平直度、钉设牢固情况、防潮层等构造要求进行检查，合格后进行安装；面板配好后进行试装，面板尺寸、接缝、接头处构造完全合适，木纹方向、颜色观感尚可的情况下，才能正式进行安装；面板接头处安装时应涂胶与龙骨钉牢，钉固面板的钉子规格应适宜，钉子长度约为面板厚度的2～2.5倍。

6.6.3 质量标准

1. 主控项目

（1）板材的材质等级、品种和防腐、防火措施必须符合设计要求和施工规范规定。

检验方法：观察；检查施工记录。

（2）板材与基层或木砖镶钉必须牢固无松动。

检验方法：手扳检查。

2. 一般项目

（1）尺寸正确，表面平直光滑，棱角方正，线条顺直，不露钉帽。

检验方法：观察。

（2）位置正确，割角整齐，交圈、接缝严密，平直通顺，与墙面紧贴，出墙尺寸一致。

检验方法：观察；尺量检查。

（3）轻质装饰板（纸面石膏板、纤维石膏板）安装的允许偏差见表6.11。

表6.11 轻质装饰板（纸面石膏板、纤维石膏板）安装的允许偏差

项次	项 目	允许偏差/mm	检 验 方 法
1	立面垂直度	1.5	用2m垂直尺检查
2	表面平整度	1	用2m靠尺和塞尺检查
3	阳角方正	1.5	用直角检测尺检查
4	接缝直线度	1	拉5m线，不足5m拉通线，用钢直尺检查
5	墙裙、勒脚上口直线度	2	拉5m线，不足5m拉通线，用钢直尺检查
6	接缝高低差	0.5	用钢直尺和塞尺检查
7	接缝宽度	1	用钢直尺检查

3. 质量要求

(1) 板材与基层镶钉必须牢固无松动。

(2) 施工前认真按照图纸尺寸,核对结构施工的实际尺寸,加上分段分块,弹线要细、拉线要直、吊线检查要勤,保证分格缝平直、均匀。

6.6.4 成品保护

(1) 要及时清擦干净残留在门窗框和饰面板上的污物,如密封胶、手印、水等杂物,宜粘贴保护膜,预防污染、锈蚀。

(2) 认真贯彻合理施工顺序,少数工种(水、电、通风、设备安装等)的活应做在前面,防止损坏、污染面板。

(3) 拆除架子时注意不要碰撞饰面板。

6.6.5 安全、环保措施

1. 安全措施

同 6.3.5。

2. 环保措施

同 6.1.5 环保措施 (1)、(3)、(4)。

项目 7 涂 饰 工 程

【学习目标】

通过本项目的操作，学习掌握木器油漆、金属油漆、混凝土与水泥砂浆面涂料等装饰工程所需要的条件、工艺流程、施工要点，熟悉装饰施工与质量验收规范，能进行基本的质量验收。

子项目 7.1 木 器 油 漆

7.1.1 施工准备

1. 技术准备

(1) 熟练掌握设计要求，查验材料出厂合格证，抽样检查报告。

(2) 根据现场各工序、工种、不同队伍之间的相互制约条件，确定施工顺序。

(3) 施工前应清理干净基层表面，对其他配合工种项目进行检查。

(4) 按设计要求制作色板、施工样板，经检查验收合格。

2. 材料准备

(1) 涂料：光油、清油、铅油、调和漆（磁性调和漆、油性调和漆）、漆片等。

(2) 填充料：石膏、大白、地板黄、红土子、黑烟子、纤维素等。

(3) 稀释剂：汽油、煤油、醇酸稀料、松香水、酒精等。

(4) 催干剂：钴催干剂等液体材料。

(5) 材料应有使用说明、储存有效期和产品合格证，品种、颜色应符合设计要求。

(6) 油漆、稀释剂等材料选用必须符合《民用建筑工程室内环境污染控制规范》（GB 50325—2001）和《室内装饰装修材料溶剂型木器涂料中有害物质限量》（GB 18581—2009）的要求，并具备国家环境检测机构出具的有关有害物质限量等级的检测报告。

3. 主要机具

油刷、开刀、牛角板、油画笔、掏子（掏刷门窗扇上下口不易涂刷部位的工具）、铜丝箩、砂纸、砂布、腻子板、钢皮刮板、橡皮刮板、小油桶、油勺、半截大桶、水桶、钢丝钳子、小锤子、钢丝刷、高凳和脚手板、安全带等。部分工器具如图 7.1 所示。

4. 作业条件

(1) 施工环境应通风良好，湿作业已完成并具备一定的强度，环境比较干燥。

(2) 大面积施工前应事先做样板间，经有关质量部门检查鉴定合格后，方可组织班组进行大面积施工。

(3) 施工前应对木门窗等木材外形进行检查，有变形不合格者，应拆换。木材制品含水率不大于 12%。

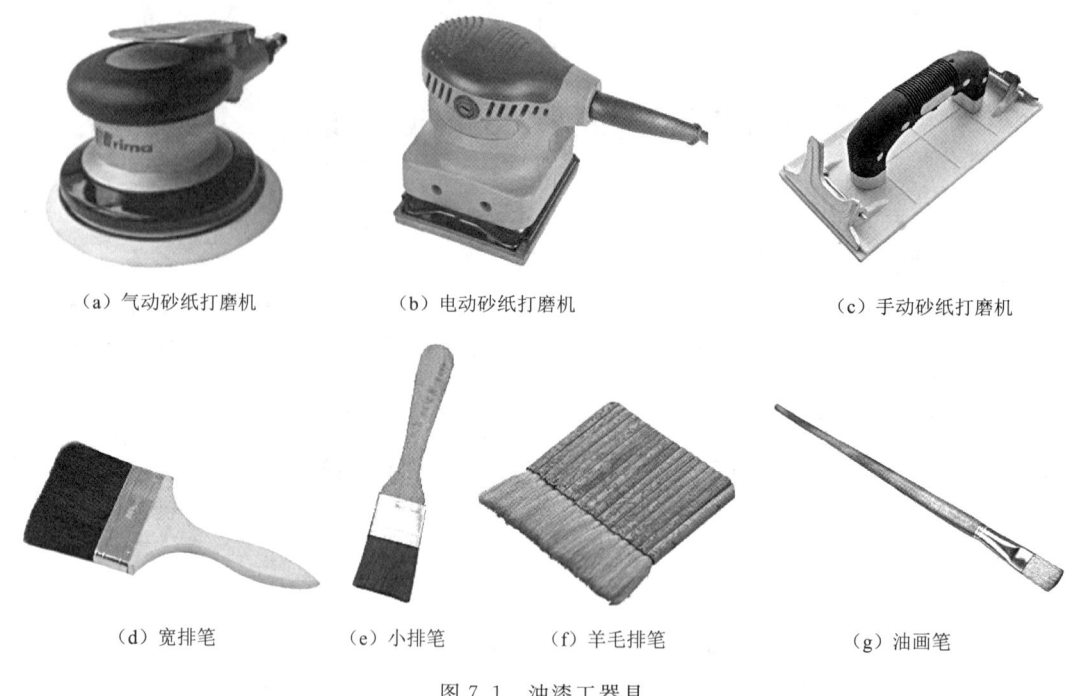

图 7.1 油漆工器具

（4）操作应认真进行交接检查工作，并对遗留问题进行妥善处理。

（5）刷末道油漆前，必须将玻璃全部安装好。

7.1.2 施工工艺

7.1.2.1 工艺流程

木基层施涂混色油漆：基层处理 →刷底子油（刷清油→抹腻子→磨砂纸）→刷第一遍油漆（刷铅油→抹腻子→磨砂纸→装玻璃）→刷第二遍油漆（刷铅油→擦玻璃、磨砂纸）→刷最后一遍油漆。

木基层施涂清色油漆：基层处理 →润色油粉→满刮油腻子→刷油色→刷第一遍清漆（刷清漆→修补腻子→修色→磨砂纸）→安装玻璃→刷第二遍清漆→刷第三遍清漆。

7.1.2.2 操作工艺

1. 木器施涂混色油漆

（1）基层处理。清扫、起钉子、除油污、刮灰土，刮时不要刮出木毛并防止刮坏抹灰面层；铲去脂囊，将脂迹刮净，流松香的节疤挖掉，较大的脂囊应用木纹相同的材料用胶镶嵌；用磨砂纸先磨线角后磨四口平面，顺木纹打磨（图 7.2），有小许翘皮用小刀撕掉，有重皮的地方用小钉子打牢固；点漆片，在水节疤和油迹处，用酒精漆片点刷。

（2）刷底子油。

1) 刷清油一遍。清油用汽油、光油配制，略加一些红土子（避免漏刷不好区分），先从框上部左边开始顺木纹涂刷，框边涂油不得碰到墙面上，厚薄要均匀，框上部刷好后，再刷亮子。

刷窗扇时，两扇窗应先刷左扇后刷右扇，三扇窗应最后刷中间一扇。窗扇外面全部刷

子项目 7.1 木 器 油 漆

图 7.2 砂纸顺木纹打磨

完后，用挺钩勾住不可关闭，然后再刷里面。

刷门时先刷亮子，再刷门框，门扇的背面刷完后用木楔将门扇固定，最后刷门扇的正面。全部刷完后，检查一下有无遗漏，并注意里外门窗油漆分色是否正确，并将小五金等处沾染的油漆擦净，此道工序亦可在框或扇安装前完成。

2）抹腻子。腻子的重量配合比为石膏粉∶熟桐油∶水＝20∶7∶50。待操作的清油干透后，将钉孔、裂缝、节疤以及边棱残缺处，用石膏油腻子刮抹平整，腻子要横抹竖起，将腻子刮入钉孔或裂纹内（图 7.3）。接缝或裂纹较宽、孔洞较大时，可用开刀将腻子挤入缝洞内，使腻子嵌入后刮平、收净，表面上的腻子要刮光，无野腻子、残渣。上下冒头、榫头等处均应抹到。

3）磨砂纸。腻子干透后，用 1 号砂纸打磨，磨法与底层磨砂纸相同，注意不要磨穿油膜并保护好棱角，不留野腻子痕迹。打磨时注意须顺着木纹方向磨，不可以随意打磨，如图 7.4 所示的上下手动打磨。磨完后应打扫干净，并用潮布将磨下粉末擦净。

图 7.3 用腻子填塞木眼、空洞　　　　图 7.4 手动打磨

(3) 刷第一遍油漆。

1) 刷铅油。先将色铅油、光油、清油、汽油、煤油等（冬季可加入适量催干剂）混合在一起搅拌过箩，其重量配合比为铅油50%、光油10%、清油8%、汽油20%、煤油10%；可使用红、黄、蓝、白、黑铅油调配成各种所需颜色的铅油涂料，其稠度以达到盖底、不流淌、不显刷痕为准，厚薄要均匀。一樘门或窗刷完后，应上下左右检查一下，有无漏刷、流坠、裹楞及透底，最后将窗扇打开钩上挺钩。木门扇下口要用木楔固定。

2) 抹腻子。待铅油平透后，对于底腻子收缩或残缺处，再用石膏腻子刮抹一次，要求与做法同前。

3) 磨砂纸。等腻子干透后，用1号以下的砂纸打磨，要求与做法同前。磨好后用潮布将粉末擦净。

4) 装玻璃。详见玻璃安装工艺标准。

(4) 刷第二遍油漆。

1) 刷铅油。先将色铅油、光油、清油、汽油、煤油等（冬季可加入适量催干剂）混合在一起搅拌过箩，其重量配合比为铅油50%、光油10%、清油8%、汽油20%、煤油10%；可使用红、黄、蓝、白、黑铅油调配成各种所需颜色的铅油涂料，其稠度以达到盖底、不流淌、不显刷痕为准，厚薄要均匀。一樘门或窗刷完后，应上下左右检查一下，有无漏刷、流坠、裹楞及透底，最后将窗扇打开钩上挺钩。木门扇下口要用木楔固定。

2) 擦玻璃、磨砂纸。用潮布将玻璃内外擦干净，注意不得损伤油灰表面和八字角；然后用1号砂纸或旧细砂纸轻磨一遍，方法同前，不要把底油磨穿，要保护好棱角；再用潮布将磨下的粉末擦净。使用新砂纸时，须将两张砂纸对磨，把粗大砂粒磨掉，防止磨砂纸时把油膜划破。

(5) 刷最后一遍油漆。刷油方法同前。但由于调和漆黏度较大，涂刷时要多刷多理，要注意刷油饱满。刷油动作要敏捷，做到不流不坠、光亮均匀、色泽一致。在玻璃油灰上刷油，应等油灰达到一定强度后方可进行。刷完油漆后要立即仔细检查一遍，如发现有毛病应及时修整。最后用挺钩或木楔子将门窗固定好。

冬期施工：室内应在采暖条件下进行，室温保持均衡，一般油漆施工的环境温度不宜低于+10℃，相对湿度不宜大于60%，不得突然变化。同时应设专人负责开关门窗，以利通风排除湿气。

2. 木器施涂清色油漆

(1) 基层处理。首先将木门窗和木料表面基层面上的灰尘、油污、斑点、胶迹等用刮刀或碎玻璃片刮除干净。注意不要刮出毛刺，也不要刮破抹灰墙面。然后用1号以上砂纸顺木纹打磨，先磨线角，后磨四口平面，直到光滑为止。

木门窗基层有小块活翘皮时，可用小刀撕掉。重皮的地方应用小钉子钉牢固，如重皮较大或有烤糊印疤，应由木工修补。

(2) 润色油粉。用大白粉：松香水：熟桐油＝24：16：2（重量比）混合搅拌成色油粉（颜色同样板颜色），盛在小油桶内。用棉丝蘸油粉反复涂于木料表面，擦过木料鬃眼内，而后用麻布或木丝擦净，线角应用竹片除去余粉。注意墙面及五金上不得沾染油粉。待油粉干后，用1号砂纸轻轻顺木纹打磨，先磨线角、裁口，后磨四口平面，直到光滑为止。注意保护棱角，不要将鬃眼内油粉磨掉。磨光后用潮布将磨下的粉末、灰尘擦净。

(3) 满刮油腻子。抹腻子的重量配合比为石膏粉：熟桐油：水＝20：7：50（重量比），并加颜料调成油色腻子（颜色浅于样板1～2色）。要注意腻子油性不可过大或过小，如油性大，刷时不易浸入木质内；如油性小，则易钻入木质内，这样刷的油色不易均匀，颜色不能一致。用开刀或牛角板将腻子刮入钉孔、裂纹、鬃眼内。刮抹时要横抹竖起，如遇接缝或节疤较大时，应用开刀、牛角板将腻子挤入缝内，然后抹平。腻子一定要刮光，不留野腻子。待腻子干透后，用1号砂纸轻轻顺木纹打磨，先磨线角、裁口，后磨四口平面，注意保护棱角，来回打磨至光滑为止。磨完后用潮布将磨下的粉末擦净。

(4) 刷油色。先将铅油（或调和漆）、汽油、光油、清油等混合在一起过箩（颜色同样板颜色），然后倒在小油桶内，使用时经常搅拌，以免沉淀造成颜色不一致。

刷油色时，应从外至内，从左至右，从上至下进行，顺着木纹涂刷。刷门窗框时不得污染墙面，刷到接头处要轻飘，达到颜色一致。因油色干燥较快，所以刷油色时动作应敏捷，要求无缕无节，横平竖直，刷油时刷子要轻飘，避免出刷绺。

刷木窗时，刷好框子上部后再刷亮子；亮子全部刷完后，将挺钩勾住，再刷窗扇；如为双扇窗，应先刷左扇后刷右扇；三扇窗最后刷中间扇；纱窗扇先刷外面后刷里面。

刷木门时，先刷亮子后刷门框、门扇背面，刷完后用木楔将门扇固定，最后刷门扇正面；全部刷好后，检查是否有漏刷，小五金上沾染的油色要及时擦净。

油色涂刷后，要求木材色泽一致，而又不盖住木纹，所以每一个刷面一定要一次刷好，不留接头，两个刷面交接棱口不要互相沾油，沾油后要及时擦掉，达到颜色一致。

(5) 刷第一遍清漆。

1) 刷清漆。刷法与刷油色相同，但刷第一遍用的清漆应略加一些稀料便于快干。因清漆黏性较大，最好使用已用出刷口的旧刷子，刷时要做到不流不坠、涂刷均匀。待清漆完全干透后，用1号或旧砂纸彻底打磨一遍，将头遍清漆面上的光亮基本打磨掉，再用潮布将粉尘擦净。

2) 修补腻子。一般要求刷油色后不抹腻子，特殊情况下，可以使用油性略大的带色石膏腻子，修补残缺不全之处。操作时必须使用牛角板刮抹，不得损伤漆膜，腻子要收刮干净，光滑无腻子疤（有腻子疤必须点漆片处理）。

3) 修色。木料表面上的黑斑、节疤、腻子疤和材色不一致处，应用漆片、酒精加色调配（颜色同样板颜色），或用由浅到深清漆、调和漆和稀释剂调配进行修色；材色深的应修浅，浅的提深，将深浅色的木料拼成一色，并绘出木纹。

4) 磨砂纸。使用细砂纸轻轻往返打磨，然后用潮布擦净粉末。

(6) 安装玻璃。详见玻璃安装工艺标准。

(7) 刷第二遍清漆。应使用原桶清漆不加稀释剂（冬季可略加催干剂），刷油操作同前，但刷油动作要敏捷，多刷多理，清漆涂刷得饱满一致、不流不坠、光亮均匀，刷完后再仔细检查一遍，有毛病要及时纠正。刷此遍清漆时，周围环境要整洁，宜暂时禁止通行，最后将木门窗用挺钩勾住或用木楔固定牢固。

(8) 刷第三遍清漆。待第二遍清漆干透后，首先要进行磨光，然后过水布，最后刷第三遍清漆，刷法同前。

冬期施工。室内油漆工程，应在采暖条件下进行，室温保持均衡，一般油漆施工的环境温度不宜低于+10℃，相对湿度不宜大于60%，不得突然变化。同时应设专人负责测温和开关门窗，以利通风排除湿气。

7.1.3 质量标准

1. 主控项目

(1) 水性涂料涂饰工程所用涂料的品种、型号和性能应符合设计要求。

检验方法：检查产品合格证书、性能检测报告和进场验收记录。

(2) 水性涂料涂饰工程的颜色、图案应符合设计要求。

检验方法：观察。

(3) 水性涂料涂饰工程应涂饰均匀、黏结牢固，不得漏涂、透底、起皮和掉粉。

检验方法：观察；手摸检查。

(4) 水性涂料涂刷工程的基层处理应符合《建筑装饰装修工程质量验收规范》(GB 50210—2001)第10.1.5条的要求。

检验方法：观察；手摸检查；检查施工记录。

(5) 溶剂型涂料涂饰工程所选用涂料的品种型号和性能应符合设计要求。

检验方法：检查产品合格证、性能、环保检测报告和进场验收记录。

(6) 溶剂型涂料工程的颜色、光泽应符合设计要求。

检验方法：观察。

(7) 溶剂型涂饰工程应涂刷均匀、黏结牢固，不得漏涂、透底、起皮和反锈。

检验方法：观察；手摸检查。

(8) 溶剂型涂料涂刷工程的基层处理应符合《建筑装饰装修工程质量验收规范》(GB 50210—2001)第10.1.5条的要求。

检验方法：观察；手摸检查；检查施工记录。

(9) 检查数量应符合下列规定：室内涂饰工程每个检验批应至少抽查10%，并不得少于3间；不足3间时应全数检查。

2. 一般项目

(1) 薄涂料的涂饰质量和检验方法应符合表7.1的规定。

表7.1 薄涂料的涂饰质量和检验方法

项次	项 目	普通涂饰	检查方法
1	颜色	均匀一致	观察
2	泛碱、咬色	允许少量轻微	
3	流坠、疙瘩	允许少量轻微	
4	砂眼、刷纹	允许少量轻微砂眼，刷纹通顺	
5	装饰线、分色线直线度允许偏差/mm	2	拉5m线，不足5m拉通线，用钢直尺检查

（2）厚涂料的涂饰质量和检验方法应符合表 7.2 的规定。

表 7.2　　　　　　　　　　　厚涂料的涂饰质量和检验方法

项次	项　目	普通涂饰	检查方法
1	颜色	均匀一致	观察
2	泛碱、咬色	允许少量轻微	

（3）薄涂料的涂饰质量和检验方法应符合表 7.3 的规定。

表 7.3　　　　　　　　　　　复层涂料的涂饰质量和检验方法

项次	项　目	质量要求	检查方法
1	颜色	均匀一致	观察
2	泛碱、咬色	不允许	
3	喷点疏密程度	均匀，不允许连片	

（4）色漆的涂饰质量和检验方法应符合表 7.4 的规定。

表 7.4　　　　　　　　　　　色漆的涂饰质量和检验方法

项次	项　目	普通涂饰	检查方法
1	颜色	均匀一致	观察
2	光泽、光滑	光泽基本均匀 光滑无挡手感	观察，手摸检查
3	刷纹	刷纹通顺	观察
4	裹棱、流坠、皱皮	明显处不允许	观察
5	装饰线、分色线直线度允许偏差	2mm	拉 5m 线，不足 5m 拉通线，用钢直尺检查

注　无光色漆不检查光泽。

（5）清漆的涂饰质量和检验方法应符合表 7.5 的规定。

表 7.5　　　　　　　　　　　清漆的涂饰质量和检验方法

项次	项　目	普通涂饰	检查方法
1	颜色	基本一致	观察
2	木纹	棕眼刮平、木纹清楚	观察
3	光泽、光滑	光泽基本均匀， 光滑无挡手感	观察、手摸检查
4	刷纹	无刷纹	观察
5	裹棱、流坠、皱皮	明显处不允许	观察

（6）涂层与其他装修材料和设备衔接处应吻合，界面应清晰。
　　检验方法：观察。

(7) 检查数量应符合下列规定：

1) 室外涂饰工程每 100m² 应至少检查一处，每处不得小于 10m²。

2) 室内涂饰工程每个检验批应至少抽查 10%，并不得少于 3 间；不足 3 间时应全数检查。

3. 质量要求

(1) 合页槽、上下冒头、榫头和钉孔、裂缝、节疤以及边棱残缺处应补齐腻子，砂纸打磨要到位，认真按照规程和工艺标准操作。

(2) 应选用质量合格的漆料，兑配均匀，控制使用时间，防止溶剂挥发快或催干剂过多等原因产生皱纹。

(3) 后一遍油漆必须在前一遍油漆干燥后进行。

7.1.4 成品保护

(1) 刷油漆前应首先清理好周围环境，防止尘土飞扬，影响油漆质量。

(2) 每遍油漆刷完后，都应将门窗用挺钩勾住或用木楔固定，防止扇框油漆黏结影响质量和美观，同时防止门窗扇玻璃损坏。

(3) 刷油后立即将滴在地面或窗台上的油漆擦干净，污染墙上及五金、玻璃上的油漆也要清擦干净。

(4) 油漆完成后应派专人负责看管，禁止摸碰。

7.1.5 安全、环保措施

1. 安全措施

(1) 高度作业超过 2m 应按规定搭设脚手架。施工前要进行检查是否牢固。使用的人字梯应四角落地，摆放平稳，梯脚应设防滑橡皮垫和保险链。人字梯上铺设脚手板，脚手板两端搭设长度不得少于 2M，脚手板中间不得同时两人操作。梯子挪动时，作业人员必须下来，严禁站在梯子上踩高跷式挪动，人字梯顶部铰轴不准站人，不准铺设脚手板。人字梯应当经常检查，发现开裂、腐朽、楔头松动、缺档等，不得使用。

(2) 油漆施工前应集中工人进行安全教育，并进行书面交底。

(3) 施工现场严禁设油漆材料仓库，场外的油漆仓库应有足够的消防设施。

(4) 施工现场应有严禁烟火安全标语，现场应设专职安全员监督保证施工现场无明火。

(5) 现场施工过程中应注意防火，针对油漆材料采取严格的防火措施，遵守《建筑内部装修防火施工及验收规范》(GB 50354—2005) 的有关规定。

(6) 建立健全的安全生产保证体系、应急预案，对施工人员进行安全教育和交底。

2. 环保措施

(1) 每天收工后应尽量不剩油漆材料，剩余油漆不准乱倒，应收集后集中处理。废弃物（如废油桶、油刷、棉纱等）按环保要求分类堆放、消纳。

(2) 现场清扫设专人洒水，不得有扬尘污染，打磨粉尘用潮布擦净。

(3) 施工现场周边应根据噪声敏感区域的不同，选择低噪声设备或其他措施，同时应按国家有关规定控制施工作业时间。

（4）涂刷作业时操作工人应佩戴相应的保护设施，如防毒面具、口罩、手套等，以免危害工人肺、皮肤等。

（5）严禁在民用建筑工程室内用有机溶剂清洗施工用具。

（6）油漆使用后，应及时封闭存放，废料应及时清出室内，施工时室内应保持良好通风，但不宜有过堂风。

（7）民用建筑工程室内装修中，进行饰面人造木板拼接施工时，除芯板为A类外，应对其断面及无饰面部位进行密封处理（如采用环保胶类腻子等）。

（8）施工所用材料应符合《民用建筑工程室内环境污染控制规范》（GB 50325—2010）（2013年版）的要求。

子项目7.2 金 属 油 漆

7.2.1 施工准备

1. 技术准备

同7.1.1。

2. 材料准备

同7.1.1。

3. 主要机具

同7.1.1。

4. 作业条件

同7.1.1。

7.2.2 施工工艺

1. 工艺流程

基层处理 →刮腻子 →刷第一遍油漆（刷铅油→抹腻子→磨砂纸→装玻璃）→刷第二遍油漆（刷铅油→磨砂纸）→刷最后一遍调和漆。

2. 操作工艺

（1）基层处理。清扫、除锈、磨砂组。首先将金属表面上浮土、灰浆等打扫干净。已刷防锈漆但出现锈斑的钢门窗或金属表面，须用铲刀铲除底层防锈漆后，再用钢丝刷和砂布彻底打磨干净，补刷一道防锈漆，待防锈漆干透后，将金属表面的砂眼、凹坑、缺棱、拼缝等处，用石膏腻子刮抹平整（金属表面腻子的重量配合比为石膏粉：熟桐油：油性腻子或醇酸腻子：底漆＝20∶5∶10∶7，水适量。腻子要调成不软、不硬、不出蜂窝、挑丝不倒为宜）。待腻子干透后，用1号砂纸打磨，磨完砂纸后用潮布将表面上的粉末擦干净。

（2）刮腻子。用开刀或橡皮刮板在金属表面上满刮一遍石膏腻子（配合比同上），要求刮得薄，收得干净，均匀平整无飞刺。等腻子干透后，用1号砂纸打磨，注意保护棱角，要求达到表面光滑、线角平直、整齐一致。

（3）刷第一遍油漆。

1) 刷铅油（或醇酸无光调和漆）。铅油用色铅油、光油、清油和汽油配制而成，配合比同前，经过搅拌后过筛，冬季宜加适量催干剂。油的稠度以达到盖底、不流淌、不显刷痕为宜，铅油的颜色要符合样板的色泽。刷铅油时先从框上部左边开始涂刷，框边刷油时不得刷到墙上，要注意内外分色，厚薄要均匀一致，刷纹必须通顺，框子上部刷好后再刷亮子，全部亮子刷完后，再刷框子下半部。刷窗扇时，两扇窗应先刷左扇后刷右扇，三扇窗应最后刷中间一扇。窗扇外面全部刷完后，用挺钩勾住再刷里面。

刷门时先刷亮子，再刷门框及门扇背面，刷完后用木楔将门扇下口固定，全部刷完后，应立即检查一下有无遗漏，分色是否正确，并将小五金等沾染的油漆擦干净。要重点检查线角和阴阳角处有无流坠、漏刷、裹棱、透底等毛病，应及时修整使其达到色泽一致。

2) 抹腻子。待油漆干透后，对于底腻子收缩或残缺处，再用石膏腻子补抹一次，要求与做法同前。

3) 磨砂纸。待腻子干透后，用1号砂纸打磨，要求同前。磨好后用潮布将磨下的粉末擦净。

4) 装玻璃。

(4) 刷第二遍油漆。

1) 刷铅油。同7.2.2.2（3）步骤。

2) 磨砂纸。磨砂纸应用1号砂纸或旧砂纸轻磨一遍，方法同前，但注意不要把底漆磨穿，要保护棱角。磨好砂纸应打扫干净，用潮布将磨下的粉末擦干净。

(5) 刷最后一遍调和漆。刷油方法同前。但由于调和漆黏度较大，涂刷时要多刷多理，刷油要饱满、不流不坠、光亮均匀、色泽一致。在玻璃油灰上刷油，应等油灰达到一定强度后方可进行，刷油动作要敏捷，刷子要轻、油要均匀，不损伤油灰表面光滑，八字见线。刷完油漆后，要立即仔细检查一遍，如发现有毛病，应及时修整。

冬期施工。冬期施工室内油漆涂料工程应在采暖条件下进行，室温保持均衡，一般油漆施工的环境温度不宜低于+10℃，相对湿度为60%，不得突然变化。同时应设专人负责测温和开关门窗，以利通风排除湿气。

7.2.3 质量标准

1. 主控项目

同7.1.3。

2. 一般项目

同7.1.3。

3. 质量要求

同7.1.3。

7.2.4 成品保护

同7.1.4。

7.2.5 安全、环保措施

同7.1.5。

子项目7.3 混凝土与水泥砂浆面涂料

7.3.1 施工准备

1. 技术准备

同7.1.1。

2. 材料准备

同7.1.1。

3. 主要机具

同7.1.1。

4. 作业条件

同7.1.1。

7.3.2 施工工艺

1. 工艺流程

基层处理→修补腻子→第一遍满刮腻子→第二遍满刮腻子→弹分色线→施涂溶剂型涂料→施涂水性涂料。

2. 操作工艺

（1）基层处理。应将墙面上的灰渣等杂物清理干净，用笤帚将墙面浮土等扫净。

（2）修补腻子。用石膏腻子将墙面、门窗口角等磕碰破损处、麻面、风裂、接槎缝隙等分别找补好，干燥后用砂纸将凸出处磨平。

（3）第一遍满刮腻子。待满刮一遍腻子干燥后，用砂纸将墙面的腻子残渣、斑迹等磨平、磨光，然后将墙面清扫干净。腻子配合比为聚醋酸乙烯乳液（即白乳胶）：滑石粉或大白粉：2%羧甲基纤维素溶液＝1：5：35（重量比）。以上为适用于室内的腻子；厨房、厕所、浴室等应采用室外工程的乳胶腻子，这种腻子耐水性能较好，其配合比为聚醋酸乙烯乳液（即白乳液）：水泥：水＝1：5：1（重量比）。

（4）第二遍满刮腻子。腻子配合比和操作方法与第一遍腻子相同。待腻子干燥后个别地方再复补腻子，个别大的孔洞可复补石膏腻子，彻底干燥后，用1号砂纸打磨平整，清扫干净。

（5）弹分色线。如墙面有分色线，应在施涂前弹线，先涂刷浅色油漆，后涂刷深色油漆。

（6）施涂溶剂型涂料。

1）施涂第一道溶剂型薄涂料。可施涂铅油，它是一种遮盖力较强的涂料，是罩面涂料基层的底漆。铅油的稠度以盖底、不流淌、不显刷痕为宜。施涂每面墙的顺序应从上到下，从左到右，不应乱施涂，避免造成漏涂或涂刷过厚、涂刷不均等。第一道涂料干燥后，个别缺陷或漏刮腻子处要复补腻子，待腻子干透后用磨砂纸，把小疙瘩、野腻子渣、斑迹等磨平、磨光，并清扫干净。

2）施涂第二道溶剂型薄涂料。施涂方法同第一道涂料（如墙面为普通涂料，此道可施涂铅油；如墙面为高级涂料，此道可施涂调和漆），待涂料干燥后，可用较细的砂纸把墙面打磨光滑，清扫干净，同时用湿布将墙面擦抹一遍。

3）施涂第三道溶剂型薄涂料。用调和漆施涂，如墙面为普通涂料，此道工序可作罩面涂料，即最后一道涂料，其施涂顺序同上。由于调和漆黏度较大，施涂时应多刷多理，以达到漆膜饱满、厚薄均匀一致、不流不坠的要求。

4）施涂第四道溶剂型薄涂料。用醇酸磁漆涂料，如墙面为高级涂料，此道工序称为罩面涂料，即最后一道涂料。如最后一道涂料改用无光调和漆时，可将第二道铅油改为有光调和漆，其余做法相同。

(7) 施涂水性涂料。

1）施涂第一遍水性薄涂料。施涂顺序是先刷顶板后刷墙面，刷墙面时应先上后下。先将墙面清扫干净，再用布将墙面粉尘擦净。水性薄涂料一般用排笔涂刷，使用新排笔时，注意将活动的排笔毛理掉。水性薄涂料使用前应搅拌均匀，适当加水稀释，防止头遍涂料施涂不开。干燥后复补腻子，待复补腻子干燥后用砂纸磨光，并清扫干净。

2）施涂第二遍水性薄涂料。操作要求同第一遍，使用前要充分搅拌，如不很稠，不宜加水或尽量少加水，以防露底。漆膜干燥后，用细砂纸将墙面小疙瘩和排笔毛打磨掉，磨光滑后清扫干净。

3）施涂第三遍水性薄涂料。操作要求同第二遍水性薄涂料。由于漆膜干燥较快，应连续迅速操作，涂刷时从一头开始，逐渐涂刷向另一头，要注意上下顺刷互相衔接，后一排笔紧接前一排笔，避免出现干燥后再处理接头。

7.3.3 质量标准

1. 主控项目

同 7.1.3。

2. 一般项目

同 7.1.3。

3. 质量要求

同 7.1.3。

7.3.4 成品保护

同 7.1.4。

7.3.5 安全、环保措施

同 7.1.5。

项目8 裱糊与软包工程

【学习目标】

通过本项目的操作,学习掌握墙纸与墙布的裱糊装饰、软包装饰等装饰工程所需要的条件、工艺流程、施工要点,熟悉装饰施工与质量验收规范,能进行基本的质量验收。

子项目8.1 墙 纸 裱 糊

8.1.1 施工准备

1. 技术准备

(1) 熟悉施工图纸设计文件,熟练掌握设计要求,查验材料出厂合格证,抽样检查报告。

(2) 根据现场各工序、工种、不同队伍之间的相互制约条件,确定施工顺序。

(3) 组织工序交接检查工作,完成水电安装等隐蔽工程。

(4) 施工前应清理干净基层表面,对结构工程以及其他配合工种项目进行检查。

(5) 按设计要求制作施工样板,经检查验收合格。

(6) 掌握当地的天气情况,合理安排施工。

2. 材料准备

(1) 墙纸。

1) 纯纸墙纸。也称纸基纸面墙纸、复合墙纸,将表纸和底纸经施胶压合为一体后,经印刷、压花、涂布等工艺生产而得。特点是透气性好,价格便宜,但不耐水,易断裂,不便于施工,不耐擦洗。

2) 纸基胶面墙纸。由PVC表层和底纸经施胶压合而成,再经过印制、压花、涂布等工艺生产而得。特点是防火、防潮、耐擦洗、印花精致、压纹质感佳,但环保性能稍差。此种墙纸又可分为多种类型,大致可以归纳为普通型、发泡型、功能型三类。

a. 普通型。以 $80g/m^2$ 的纸为纸基,表面涂敷 $100g/m^2$ PVC树脂而得,其表面装饰方法通常为印花、压花或印花与压花的组合。

b. 发泡型。$100g/m^2$ 的纸为纸基,表面涂敷 $300\sim400g/m^2$ 的PVC树脂。按发泡倍率的大小,又有低发泡和高发泡之区别。其中,高发泡墙纸表面层富有弹性的凹凸花纹,有一定吸声作用。低发泡墙纸通常在其表面印花。另有一种化学浮雕墙纸,即用有抑制发泡作用的油墨印花后再发泡,形成具有不同色彩的凹凸花纹和图案。

c. 功能型。其中,耐水墙纸是用玻璃纤维布作基材,可用于装饰卫生间、浴室的墙面;防火墙纸则采用 $100\sim200g/m^2$ 的石棉纸作基材,并在PVC面材中掺入阻燃剂。

d. 金属墙纸。这种墙纸是将金、银、铜、锡、铝等金属,经特殊处理后,制成薄片贴饰于墙纸表面,这种墙纸构成的线条颇为粗犷奔放,整片地用于墙面可能会流于俗气,但适当地加以点缀就能不露痕迹地带出一种炫目和前卫。

e. 织物墙纸。这种墙纸是以纸为基层，铺上麻、草、木材、树叶等植物纤维施胶压合而成。特点是阻燃、吸音、透气性好、质感强、自然感好、素雅大方。

3) 常见规格有 53cm×10.5m/卷、70cm×10.5m/卷、1.06m×50m/卷，各种墙布的质量应符合设计要求和相应的国家标准。

(2) 腻子。成品腻子粉应符合《建筑室内用腻子》(JG/T 298—2010) 的要求，规格一般为 20kg/袋。若采用现场调配的腻子，应坚实、牢固，不得粉化、起皮和开裂。

(3) 封闭底漆。一般采用水性封闭底漆，主要为丙烯酸共聚物、水、助剂等形成的高分子聚合物，常见规格有 2.5kg、5kg、15kg 等。木基层上也可选用清漆作封闭底漆。

(4) 胶粘剂。常用的胶粘剂有成品墙纸胶和现场调配胶粘剂。常用成品墙纸胶分为两类：一类是粉末状墙纸胶（预糊化改性淀粉），一般以马铃薯、玉米淀粉、纤维素、聚酯胶粉、可再分散乳液胶粉等混合复配为主，这种粉加水即可使用；另一类是液体状墙纸胶（也称湿胶、日本胶），一般采用小麦或木薯淀粉加水糊化而成。现场调配胶粘剂常用聚醋酸乙烯乳液、羧甲基纤维素、108 胶、水调配而成。

(5) 所用材料应有质量保证资料和性能检测报告，符合防火要求和国家环保规定。

3. 主要机具

裁纸工作台、钢板尺（1m 长）、壁纸刀、毛巾、塑料水桶、塑料脸盆、油工刮板、小辊、开刀、毛刷、排笔、擦布或棉丝、粉线包、小白线、水平尺、托线板、线坠、盒尺、钉子、锤子、红铅笔、砂纸。部分工具如图 8.1 所示。

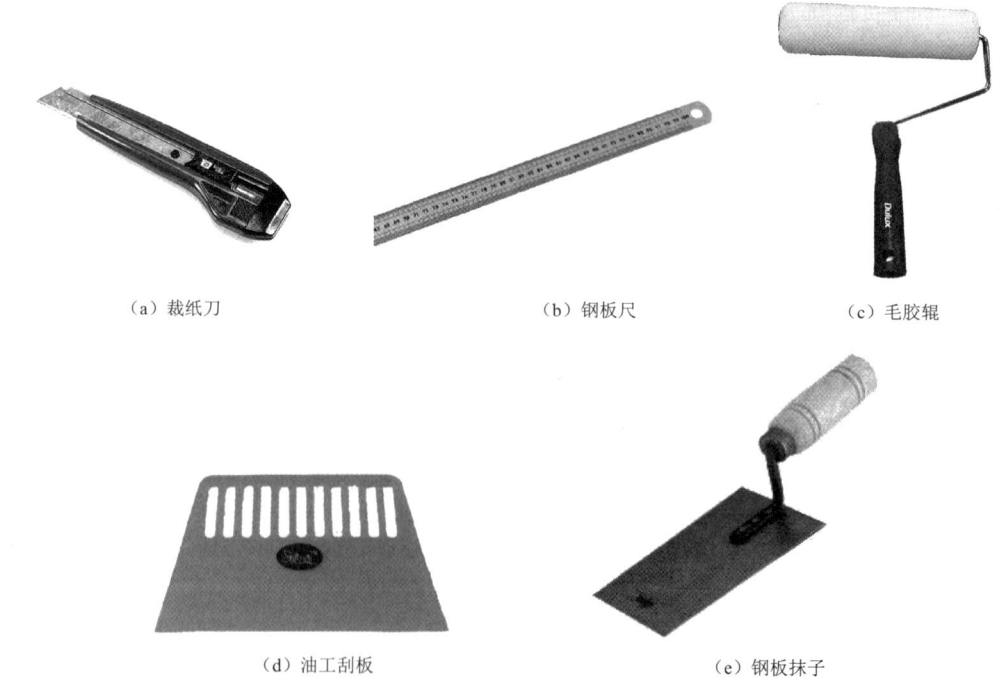

(a) 裁纸刀　　(b) 钢板尺　　(c) 毛胶辊

(d) 油工刮板　　(e) 钢板抹子

图 8.1　壁纸裱糊工具

4. 作业条件

(1) 混凝土和墙面抹灰已完成，且经过干燥，含水率不高于8%，木材制品不得大于12%。

(2) 水电及设备、顶墙上预留预埋件已完成。

(3) 门窗油漆已完成。

(4) 有水磨石地面的房间，出光、打蜡已完成，并将面层磨石保护好。

(5) 墙面清扫干净，如有凸凹不平、缺棱掉角或局部面层损坏，应提前修补好并应干燥，预制混凝土表面提前刮石膏腻子找平。

(6) 事先将凸出墙面的设备部件等卸下收存好，待壁纸粘贴完后再将其部件重新装好复原。

(7) 如基层色差大，设计选用的又是易透底的薄型壁纸，粘贴前应先进行基层处理，使其颜色一致。

(8) 对湿度较大的房间和经常潮湿的墙体表面，如需做裱糊时，应采用有防水性能的壁纸和胶粘剂等材料。

(9) 较高房间已提前搭设脚手架或准备铝合金折叠梯子。

(10) 对施工人员进行技术交底时，应强调技术措施和质量要求。大面积施工前应先做样板间，经相关单位验收合格后，方可组织班组大面积施工。

8.1.2 施工工艺

1. 工艺流程

基层处理→弹线→测量与裁剪壁纸→润纸→刷胶→裱糊→清理修整。

但对不同的墙面和壁纸材料，其施工工艺上又有所区别。主要操作工序见表8.1。

表8.1　　　　　　　　　　　壁纸裱糊的主要工序表

项次	工序名称	抹灰	混凝土面	石膏	板面	木材	饰面
		普通壁纸	塑料壁纸	普通壁纸	塑料壁纸	普通壁纸	塑料壁纸
1	清扫基层、填补缝隙	+	+	+	+	+	+
2	接缝处糊棉纸条			+	+		
3	找补腻子、磨砂纸	+	+				
4	满刮腻子磨平	+	+				
5	涂刷防潮剂	+	+	+	+	+	+
6	涂刷108胶打底	+	+				
7	壁纸浸水	+	+	+	+	+	+
8	基层涂刷胶粘剂	+	+	+	+	+	+
9	壁纸涂刷胶粘剂	+	+	+	+	+	+
10	裱糊	+	+	+	+	+	+
11	擦净挤出胶水	+	+	+	+	+	+
12	清理修整	+	+	+	+	+	+

2. 操作工艺

(1) 基层处理。裱糊壁纸的基层,要求坚实牢固,表面平整光洁,不疏松起皮、不掉粉,无砂粒、孔洞、麻点和飞刺,否则壁纸就难以粘贴平整。此外,墙面应基本干燥,不潮湿发霉,含水率低于8%。经防潮处理后的墙面,可减少壁纸发霉现象和受潮起泡脱落现象。所以说,基层处理的质量好坏,直接关系到壁纸的裱糊质量。

1) 混凝土及抹灰基层处理。裱糊壁纸的基层是混凝土面、抹灰面,要满刮腻子一遍并磨砂纸。但有的混凝土面、抹灰面有气孔、麻点、凸凹不平时,为了保证质量,应增加满刮腻子和磨砂纸遍数。

刮腻子时,将混凝土或抹灰面清扫干净,使用胶皮刮板满刮一遍。刮时要有规律,要一板排一板,两板中间顺一板。既要刮严,又不得有明显接槎和凸痕。做到凸处薄刮,凹处厚刮,大面积找平。待腻子干固后,打磨砂纸并扫净。需要增加满刮腻子遍数的基层表面,应先将表面裂缝及凹面部分刮平,然后打磨砂纸、扫净,再满刮一遍后打磨砂纸。处理好的底层应该平整光滑,阴阳角线通畅、顺直,无裂痕、崩角,无砂眼、麻点,特别是阴阳角、窗台下、散热器包、管道里侧与踢脚板连接处的处理,要认真检查修整。

2) 石膏板基层处理。纸面石膏板较平整,批抹腻子主要是在对缝处和螺钉孔位处。对缝批抹腻子后,还需用封缝带贴缝,以防止对缝处的开裂。在无纸面石膏板上,应用腻子满刮一遍,找平大面,然后,用第二遍腻子进行修整。

3) 木质基层处理。木质基层要求接缝不显接槎,接缝、钉眼应用腻子补平并满刮油性腻子一遍(第一遍),用砂纸磨平。木夹板的不平整主要是钉接造成的,在钉接处木夹板往往下凹,非钉接处向外凸,所以第一遍满刮腻子主要是找平大面。第二遍可用石膏腻子找平,腻子的厚度应减薄,可在该腻子五至六成干时,用塑料刮板有规律地压光,最后用干净的抹布轻轻将表面灰粒擦净。

对要贴金属壁纸的木质基面,应在刮第二遍腻子时采用石膏粉调配猪血料的腻子,其配合比为10∶3(重量比)。金属壁纸对基面的平整度要求很高,稍有不平处或粉尘,都会在金属壁纸裱贴后明显地看出。批抹腻子的遍数要求在三遍以上。最后一遍腻子抹平后,用软布擦净。

4) 旧墙基层处理。首先对旧墙表面脱灰、孔洞等较大的缺陷处用相同砂浆修补平,再对麻点、凹坑、接缝、裂缝等较小缺陷,用腻子修补两次,直到填平;然后进行大面满刮腻子的找平工作。如果墙面有油迹等污染部分,应将这些部分彻底铲除或刷洗干净,再用水泥砂浆或石膏灰浆补平。要注意修补的砂浆应与原基层砂浆同料、同色,一定要防止基层颜色不一致,从而影响壁纸粘贴后的装饰效果。

5) 不同基层对接处的处理。不同基体材料的相接处,如石膏板与木夹板、水泥或抹灰基层与木夹板、水泥基面与石膏板之间的对缝,应用封缝带或穿孔纸带粘贴封口,以防止裱糊后的壁纸面层被拉裂撕开。

6) 涂刷防潮底漆和底胶。为了防止壁纸受潮脱胶,一般要对裱糊塑料壁纸、壁布、纸基塑料壁纸、金属壁纸的墙面涂刷防潮底漆。防潮底漆用酚醛清漆与汽油或松节油来调配,其配合比为清漆∶汽油(或松节油)=1∶3。该底漆可涂刷也可喷刷,漆液不宜厚,涂刷要均匀。

子项目 8.1 墙 纸 裱 糊

涂刷底胶是为了增加黏结力，防止处理好的基层受潮弄污。底胶一般用 108 胶配少许乳胶加水调成，其配合比为 108 胶∶水∶乳胶＝10∶10∶1，可涂刷也可喷刷。在涂刷防潮底漆和底胶时，室内应无灰尘，且应防止灰尘和杂物混入该底漆或底胶中。底胶一般是一遍成活，但不能漏刷、漏喷。

根据现场墙面的实际要求，选择混凝土抹灰基层处理。

（2）弹线。墙面弹水平线及垂直线，其目的是使壁纸粘贴后的花纹、图案、线条纵横连贯，故有必要在底油底胶干燥后弹画出水平线和垂直线，作为操作时的依据。遇到门窗等大洞口时，一般以立边分画为宜，便于摺角贴立边。具体施工操作如下：

1）按壁纸的标准宽度找规矩，每个墙面的第一条纸都要弹线找直，作为裱糊时的基准线。将调整用的裁切边安排在墙的阴角处或不显眼的地方。

2）在第一条贴纸的位置上墙顶处敲进一枚墙钉，将铅锤线系上；铅锤下吊到踢脚上边缘处，锤线静止不动后，一只手握紧锤头，按锤线的位置用铅笔在墙面画一条短线，再松开铅锤头查看锤线是否与铅笔短线重合。如果重合，就用一只手将锤线按在铅笔短线上，另一只手把锤线往外拉，放手后使其弹回，便可得到墙面的基准垂线。弹出的基准垂线越细越好（图 8.2）。

每个墙面的第一条垂线，应该定在距墙角距离小于壁纸幅宽 50～80mm 处。

（3）测量与裁剪壁纸。量出端顶到墙脚的高度，两端各留出 50mm 以备修剪，然后剪出第一段壁纸。有图案的材料，特别是图案中图形较大的，应将图形自墙的上部开始对花。根据弹线找规矩的实际尺寸来统筹规划裁纸，并编上号，以便按顺序粘贴。裁纸下刀前还要复核尺寸有无出入，压紧壁纸后不得再移动，刀刃贴紧尺边，一气呵成，中间不得停顿或变换持刀角度。

（4）润纸。塑料壁纸遇水或胶水开始自由膨胀，约 5～10min 胀足，干后会自行收缩。自由胀缩的壁纸，其幅宽方向的膨胀为 0.5%～1.2%，收缩率为 0.2%～0.8%。例如，幅宽为 500mm 的壁纸，幅宽方向膨胀为 2～6mm，其收缩率为 0.1%～0.4%。掌握这个特性可保证塑料壁纸的裱糊质量。准备上墙的壁纸，要先刷清水一遍，再均匀刷胶粘剂一遍，使壁纸充分吸湿伸张后再上二墙。润纸的方法可刷水，也可将壁纸浸入水中浸泡 3～5min

图 8.2 弹线找直

后，把多余的水抖掉。再静置约 15min，然后再刷胶裱糊，这样纸能充分胀开。粘贴到基层表面上后，壁纸随着水分的蒸发而收缩、绷紧。如果在干纸上刷胶后立即上墙裱糊，纸虽被胶固定，但会继续吸湿膨胀，使得贴上的壁纸出现大量气泡、皱折、空鼓等现象。

（5）刷胶。塑料纸基背面和墙面都应涂刷胶粘剂，刷胶应厚薄均匀。胶粘剂调制后，要通过筛子过滤，除去胶中的疙瘩及杂物，调制出的胶液应在当日用完。

刷胶时，基层表面刷胶的宽度要比壁纸宽约 3cm（图 8.3）。涂刷要均匀、不裹边、不起堆，以防溢出弄脏壁纸，但也不能刷得过少，甚至刷不到位，以防壁纸黏结不牢。

一般抹灰墙面的用胶量为 0.15kg/m² 左右，纸面石膏板为 0.12kg/m² 左右。壁纸背面刷胶后,应是胶面与胶面反复对叠,以避免胶干得太快,也便于上墙,并使裱糊的墙面整洁平整。

(6) 裱糊。

1) 裱糊壁纸时,先要垂直,后对花拼缝,再用刮板用力抹压平整。原则是先垂直面后水平面,先细部后大面。贴垂直面时先上后下,贴水平面时先高后低。

2) 裱糊时剪刀和长刷可放在围裙袋中或手边。先将上过胶的壁纸下半截向上折一半,握住顶端的两角,在四脚梯或凳上站稳后,展开上半截,凑近墙壁,使边缘靠着垂线成一直线,轻轻压平,由中间向外用刷子将上半截敷平,在壁纸顶端作出记号;然后用剪刀修齐或纸刀将多余之壁纸割去;再按上法同样处理下半截,修齐踢脚板与墙壁间的角落,用海绵擦掉沾在踢脚板上的胶糊。壁纸基本贴平后,再用胶皮刮板或塑料刮板由上而下、由中间向两边抹刮,使壁纸平整贴实(图8.4)。

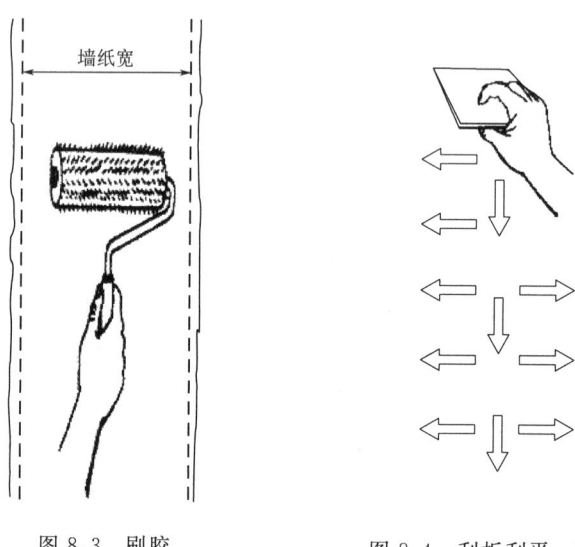

图 8.3 刷胶　　图 8.4 刮板刮平、贴实

3) 一般无花纹的壁纸,纸幅间可拼缝重叠 20mm,并用直钢尺在接缝处从上而下用锋利的壁纸刀,在壁纸重叠部分的中间切断。在切割时用力要适中,以能将两层墙纸切断为准,而且用力要均匀,避免重割。有花纹的壁纸,则采取两幅壁纸花纹重叠,对好花,用钢尺在重叠处拍实,从壁纸搭口中间自上而下切割,除去切下的余纸后用橡胶刮板刮平。切纸拼缝应在壁纸裱糊后半小时才能进行(图8.5~图8.6)。

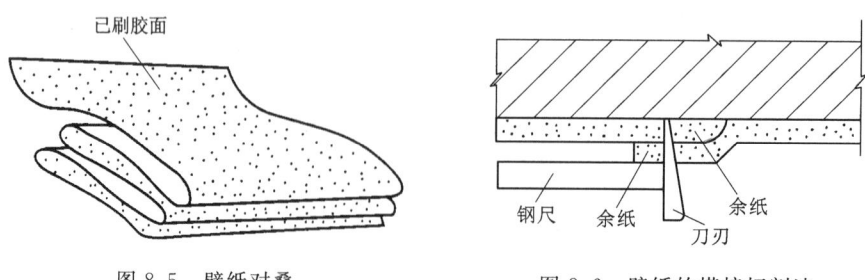

图 8.5　壁纸对叠　　图 8.6　壁纸的搭接切割法

4) 裱糊壁纸时,注意在阳角处千万不可拼缝,壁纸绕过墙角的宽度不小于20mm,否则便会形成一个不雅观的折痕。阴角壁纸搭缝时,应先裱糊压在里面的转角壁纸,再粘贴非转角的正常壁纸。搭接面应根据阴角垂直度而定,搭接宽度一般不小于2~3mm,并且要保持垂直无毛边。

5) 裱糊前应尽可能卸下墙上的物件,在卸下墙上电灯等开关时,首先要切断电源,用火柴棒或细木棒插入螺栓孔内,以便在裱糊时识别,以及在裱糊后切割留位。不易拆下来的配件,只能在壁纸上剪个口再裱上去。操作时将壁纸轻轻糊于电灯开关上面,并找到中心点,从中心开始切割十字,一直切到墙体边。然后用手按出开关体的轮廓位置,慢慢拉起多余的壁纸,剪去不需要的部分,再用橡胶刮子刮平,并擦去刮出的胶液。

(7) 清理修整。

1) 壁纸粘贴后,若发现空鼓、气泡,可用针刺进放气,然后再用注射针注进胶粘剂。也可用壁纸刀切开泡面,加涂胶粘剂后,用刮板压平压密实,并把纸面上的污点、胶迹清除干净。

2) 保护好贴完壁纸的墙壁,在交叉流水施工作业中,避免人为的破损、污染。施工期间与完工后的空气湿度变化幅度较大等因素,都会严重影响墙纸的质量,故完工后,应尽量封闭。一般应注意以下几点:

a. 裱糊墙纸时空气相对湿度不应过高,一般应低于85%,温度不应剧烈变化。

b. 为避免损坏、污染,裱糊墙纸尽量放在施工作业的最后一道工序,特别应放在塑料或木踢脚板铺贴之后。

c. 基层抹灰层宜具有一定吸水性,因而底面防潮底漆的使用与否一定要根据具体气候条件和使用条件来定。

d. 在潮湿季节,裱糊好的壁纸工程,在竣工后应在白天打开门窗,加强通风(除阴雨天外);夜晚关闭门窗防止潮湿气体侵袭。

8.1.3 质量标准

1. 主控项目

(1) 墙纸的种类、规格、图案、颜色和燃烧性能等级必须符合设计要求及国家现行标准的有关规定。

检验方法:观察;检查产品证书、进场验收记录和性能检测报告。

(2) 裱糊工程基础处理质量应符合《建筑装饰装修工程质量验收规范》(GB 50210—2001)第11.1.5条的要求。

检验方法:观察;手摸检查;检查施工记录。

(3) 裱糊后各幅拼接应横平竖直,拼接处花纹、图案应吻合,不离缝、不搭接、不显拼缝。

检验方法:观察;拼缝检查距离墙面1.5m正视。

(4) 墙纸应粘贴牢固,不得有漏贴、补贴、脱层、空鼓和翘边。

检验方法:观察;手摸检查。

(5) 检查数量应符合下列规定:裱糊工程每个检验批应至少抽查10%,并不得少于3间,不足3间时应全数检查。

2. 一般项目

(1) 裱糊后的墙纸表面应平整，色泽应一致，不得有波纹起伏、气泡、裂缝、皱折及斑污，斜视时应无胶痕。

检验方法：观察；手摸检查。

(2) 复合压花墙纸的压痕及发泡壁纸的发泡层应无损坏。

检验方法：观察。

(3) 墙纸与各种装饰线、设备线盒应交接严密。

检验方法：观察。

(4) 墙纸边缘应平直整齐，不得有纸毛、飞刺。

检验方法：观察。

(5) 墙纸阴角处搭接应顺光，阳角处应无接缝。

检验方法：观察。

(6) 检查数量应符合下列规定：

裱糊工程每个检验批应至少抽查10%，并不得少于3间，不足3间时应全数检查。

3. 质量要求

(1) 裁纸时应量好尺寸，切割是压住钢板尺防止走刀，避免出现将纸裁小而上、下端缺纸的现象。

(2) 对湿度较大房间和经常潮湿的墙体应采用防水性的墙纸及胶粘剂，有酸性腐蚀的房间应采用防酸墙纸及胶粘剂。

(3) 冬期施工应在采暖条件下进行，室内操作温度不应低于5℃。

8.1.4 成品保护

(1) 墙纸裱糊完的房间应及时清理干净，不准做料房或休息室，避免污染和损坏。

(2) 在整个裱糊的施工过程中，严禁非操作人员随意触摸墙纸。

(3) 电气和其他设备等在进行安装时，应注意保护墙纸，防止污染和损坏。

(4) 严禁在已裱糊好壁纸的顶、墙上剔眼打洞。若纯属设计变更，也应采取相应的措施，施工时要小心保护，施工后要及时认真修复，以保证壁纸的完整。

(5) 修补油、浆活及磨石二次清理打蜡时，注意做好壁纸的保护，可贴防护薄膜防止污染，避免碰撞与损坏。

(6) 做好门窗缝隙的封闭，并设专人负责测温、排湿、换气，严防寒气进入冻坏成品。

8.1.5 安全、环保措施

1. 安全措施

(1) 高处作业操作前检查脚手架和跳板是否搭设牢固，高度是否满足操作要求，合格后才能上架操作，凡不符合安全之处应及时修整。

(2) 禁止穿硬底鞋、拖鞋、高跟鞋在架子上工作，架子上人数不得集中在一起，工具要搁置稳定，防止坠落伤人。

(3) 夜间临时用的移动照明灯，必须用安全电压。

(4) 机械操作人员必须培训持证上岗，现场一切机械设备，非操作人员一律禁止乱动。

(5) 在使用电动工具时，用电应符合《施工现场临时用电安全技术规范》（JGJ 46—2005）。

(6) 建立健全的安全生产保证体系、应急预案，对施工人员进行安全教育和交底。

2. 环保措施

(1) 现场所用胶粘剂应符合环保要求，剩余废弃材料应集中收纳处理。

(2) 选择材料必须选择符合国家环保规定，满足《民用建筑工程室内环境污染控制规范》（GB 50325—2010）（2013年版）的要求。

子项目8.2 墙 布 裱 糊

8.2.1 施工准备

1. 技术准备

同8.1.1。

2. 材料准备

(1) 墙布。

1) 玻璃纤维墙布。以中碱性的玻璃纤维布为基础材料，表层涂上耐磨树脂，再印上彩色图形而成的墙布。这种墙布的优点是漂亮大方，颜色鲜艳，不易掉色、老化，具有阻燃和防潮的性能，可进行简单的擦洗；缺点是容易断裂和老化。

2) 无纺墙布。使用棉、麻等天然纤维或涤纶、腈纶等合成纤维，经过无纺成型，涂上树脂和印上彩色花纹而成的墙布。这种墙布富有弹力，不容易被折断和老化，表层光洁而有毛绒感，不会轻易掉色，耐磨、耐晒、耐湿，具有一定透气性，可擦洗。

3) 纯棉装饰墙布。采用纯棉的平布通过处理、印花、涂层制作而成的墙布。这种墙布的优点是强度大，静电小，不易变形，无光、无毒、无味、吸音；缺点是表面易起毛，不能擦洗。

4) 化纤装饰墙布。又称人造纤维装饰墙布，种类较多，常见有用粘胶纤维、醋酸纤维、三酸纤维、聚丙烯、腈纤维、锦纶、聚酯纤维等人造纤维制成的化纤装饰墙布。这类墙布花纹图形新颖美观，色彩柔和，无毒无味，透气性好，不易褪色；缺点是因基布结构疏松，如墙面有污渍容易渗透露出来，且不宜多擦洗。

5) 锦缎墙布。以锦缎制成。特点是花纹艳丽多彩，质感光滑细腻，不易长霉，但价格昂贵。

6) 织物墙布。又称艺术墙布，是用棉、麻等植物纤维或化学纤维混合织成。优点是拉力较好，色彩典雅文静，自然感强，透气性好；缺点是表面容易起毛，不能擦洗。

7) 丝绸墙布。用丝绸织物与纸张胶合而成，特点是质地柔软，色彩华丽，豪华高雅。

8) 墙布常见规格为大卷宽920~1200mm，长50m，中卷宽760~900mm，长25~50m，小卷宽530~600mm，长10~12m。各种墙布的质量应符合设计要求和相应的国家标准。

(2) ~ (5) 同8.1.1材料准备 (2) ~ (5)。

3. 主要机具

裁纸工作台、钢板尺（1m长）、壁纸刀、毛巾、塑料水桶、塑料脸盆、油工刮板、开刀、毛刷、排笔、擦布或棉丝、粉线包、盒尺、钉子、锤子、红铅笔、砂纸。

4. 作业条件

同8.1.1作业条件（1）～（6）、（8）～（10）。

8.2.2 施工工艺

1. 工艺流程

基层处理→放线→计算用料、裁布→粘贴墙布→细部修整。

2. 操作工艺

（1）基层处理。

1) 混凝土及抹灰基层。裱糊墙布的基层是混凝土面时可根据原基层质量的好坏，在清扫干净的墙面上满刮1～2道石膏腻子，干后用砂纸磨平、磨光；若为抹灰墙面，可满刮大白腻子1～2道找平、磨光，但不可磨破灰皮。

2) 木质基层

木质基层要求接缝不显接茬，接缝、钉眼应用腻子补平，并满刮油性腻子一遍，用砂纸磨平。第二遍可用石膏腻子填平，腻子的厚度应减薄，可在该腻子六成干时用塑料刮板有规律地压光，最后用干净的抹布轻轻将表面灰粒擦净。

3) 石膏板基层。纸面石膏板比较平整，批抹腻子主要是在对缝处和螺钉孔位处。对缝处批抹腻子后还需用纸带、网格布等贴缝，以防止对缝处开裂。在纸面石膏板上，应用腻子满刮一遍，找平大面，再刮第二遍腻子进行修整。

（2）放线。

1) 顶棚。首先应将顶面的对称中心线通过吊直、套方、找规矩的办法弹出中心线，以便从中间向两边对称控制。

2) 墙面。首先应将房间四角的阴阳角通过吊垂直、套方、找规矩的办法弹出中心线，并确定从哪个阴角开始按照墙布的尺寸进行分块弹线控制。无图案墙布通常的做法是进门左阴角处开始铺贴第一张，有图案墙纸应根据设计要求进行分块。

3) 具体操作方法。按墙布的标准宽度找规矩，每个墙面的第一条线都要弹线找垂直，第一条线距离阴角约15cm处，作为裱糊时的基准线，基准垂线弹得越细越好。墙面如有门窗口的应增加门窗两边的垂直线。

（3）计算用料、裁布。按基层实际尺寸进行测量计算所需用量，如采用搭接施工应每边增加2～3cm作为裁布量。裁剪在工作台上进行，用壁纸刀、剪刀将墙布按设计图纸要求进行裁割。对有图案的材料，无论顶棚还是墙面，均应从粘贴的第一张开始对花，墙面从上部开始。边裁边编顺序号，以便按顺序粘贴，裁好的墙布应卷起平放，不得立放。

（4）粘贴墙布。由于墙布无吸水膨胀的特点，故不需要预先用水湿润。除纯棉墙布应在其背面和基层同时刷胶粘剂外，玻璃纤维墙布和无纺墙布只需要在基层刷胶粘剂。锦缎柔软易变形，裱糊时可在其背面衬糊一层宣纸，使其挺括。胶粘剂宜用108胶、聚醋酸乙烯乳液等。胶粘剂应随用随配，当天用完。在裱糊时，阳角不允许甩槎接缝，阴角处必须搭缝，不允许整张铺贴，避免产生空鼓与皱折。

1) 玻璃纤维墙布。玻璃纤维墙布裱糊时，仅在基层表面涂刷胶粘剂，墙布背面不可涂胶。胶粘剂宜采用聚醋酸乙烯酯乳胶，以保证粘接强度。玻璃纤维墙布裁切成段后，宜存放在箱内，以防止粘上污物和碰毛布边。玻璃纤维不伸缩，对花时，切忌横拉斜扯，如硬拉将使整幅墙布歪斜变形，甚至脱落。玻璃纤维前部盖底力差，如基层表面颜色较深，可在胶粘剂中掺入适量的白色涂料，以使完成后的裱糊面层色泽无明显差异。

粘贴时选择适当的位置吊垂直线，保证第一块布贴垂直。将成卷墙布自上而下按严格的对花要求渐渐放下，上面多留 3~5cm 进行粘贴，以免因墙面或挂镜线歪斜造成上下不齐或短缺，随后用湿白毛巾将布面抹平，上下多余部分用刀片割去。如墙角歪斜偏差较大，可以在墙角处开裁拼接，最后叠接阴角处可以不必要求严格对花，切忌横向硬拉，造成布边歪斜或纤维脱落而影响对花。

2) 纯棉装饰墙布裱糊施工。在布背面和墙面均刷胶，墙上刷胶时根据布的宽窄，不可刷得过宽，刷一张裱一张。

找好首张裱贴位置和垂直线即可开始裱糊。从第二张起，裱糊先上后下进行对缝对花，对缝必须严密不搭槎，对花端正不走样，对好后用板式鬃刷舒展压实。挤出的胶液用湿毛巾擦干净，多出的上、下边用壁纸刀裁割整齐。在裱糊墙布时，应在外露设备处裁破布面露出设备。

裱糊墙布时，阳角不允许对缝，更不允许有搭接槎，客厅、明柱正面不允许对缝。门窗口面上不允许加压布条。

3) 化纤装饰墙布裱糊施工。按墙面垂直高度设计用料，并加长 5~10cm，以备竣工切齐。裁布时应按图案对花裁取，卷成小卷横放盒内备用。应选室内面积最大的墙面，以整幅墙布开始裱糊粘贴，自墙角起在第一、第二块墙布间吊垂直线，并用铅笔做好记号，以后第三、第四块等与第二块布保持垂直对花，必须准确。将墙布专用胶水均匀地刷在墙上，不要满刷及防止干涸，也不要刷到已贴好的墙布上去。先贴距墙角的第二块布，墙布要伸出挂镜线 5~10cm，然后沿垂直线记号自上而下放贴布卷，一面用湿毛巾将墙布由中间向四周抹平。后续粘贴前应与第二块布严格对花、保持垂直，方可继续粘贴。

凡遇墙角处相邻的墙布可以在墙角处重叠，其重叠宽度约 2cm，并要求对花。遇电器开关应将板面除去，在墙布上画对角线，剪去多余部分，然后再盖上面板使墙面完整。用壁纸刀将上下端多余部分裁切干净，并用湿布抹平。

4) 无纺墙布裱糊施工。粘贴无纺墙布时，先用排笔将配好的胶粘剂刷在墙上，涂刷时必须均匀，稀稠适度，涂刷宽度比墙纸宽 2~3cm。将卷好的墙布自上而下粘贴，粘贴时，除上边应留出 5cm 左右的空隙外，布上花纹图案应严格对好，不得错位，并需用干净软布将墙布抹平填实，用壁纸刀裁去多余部分。

5) 锦缎墙布粘贴施工。绸缎墙布粘贴前，先用激光测量仪放出第一幅墙布裱糊位置垂直线。然后放出距地面 1m 的水平线。使水平线与垂直线相互垂直，水平线应在四周墙面弹通，使绸缎粘贴时，其花形与线对齐，花形图案达到横平竖直的效果。放线对花完成后向墙面刷胶粘剂，胶粘剂可以采用滚涂或刷涂，胶粘剂涂刷面积不宜太大，应刷一幅宽度，粘一幅。

同时，在绸缎的背面刷一层薄薄的水胶（水:108胶=8:2），涂刷要均匀，不漏刷。刷胶水后的绸缎应静置 5~10min 后上墙粘贴。或先在锦缎背面衬糊一层宣纸，使其挺括,以便于裁剪和裱贴。(衬糊宣纸时应先在锦缎背面上浆,上浆用的浆粉是由面粉、防虫涂料和水配合成,其重量配比为 5:40:20,调配成稀而薄的浆液。上浆时,把锦缎正面平铺在大而干的桌面上或平滑的大木夹板上,并在两边压紧锦缎,用排刷沾上浆液从中间开始向两边刷,使浆液均匀地涂刷在锦缎背面,浆液不要过多,以打湿背面为准。在另张大平面桌子(桌面一定要光滑)晒平铺一张大于锦缎幅宽的宣纸,并用水将宣纸打湿,使纸平贴在桌面上,用水量要适当,以刚好打湿为好。把上好浆液的锦缎从桌面上抬起来,将有浆液的一面向下,把锦缎粘贴在打湿的宣纸上,并用塑料刮片从锦缎中间开始向四边刮压,以便锦缎与宣纸粘贴均匀。待打湿的宣纸干后,便可从桌面取下,这时锦缎与宣纸便贴合在了一起。)

锦缎粘贴上墙的第一幅应从不明显的引脚开始,从左到右,按垂线上下对齐,粘贴平整。贴第二幅时,花形对齐,上下多余部分,随即用壁纸刀裁去。按此法粘贴完毕。贴最后一幅,也要贴阴角处。凡花形图案无法对齐时,可采用取两幅叠起裁划方法,然后将多余部分去掉,再在墙上和绸缎背面局部刷胶,使两边拼合贴密。

(5)细部修整。粘贴完毕,应进行全面检查。如有翘边用白胶补好;有气泡应赶出;有空鼓(脱胶)用针筒灌注胶水,并压密严实;有皱纹要刮平;有离缝应重做处理;有胶迹用洁净湿毛巾擦净;普遍有胶迹时,应满擦一遍。

8.2.3 质量标准

1. 主控项目

同 8.1.3。

2. 一般项目

同 8.1.3 一般项目(1)、(3)~(6)。

3. 质量要求

同 8.1.3。

8.2.4 成品保护

同 8.1.4。

8.2.5 安全、环保措施

1. 安全措施

同 8.1.5 安全措施(1)~(4)。

2. 环保措施

同 8.1.5。

子项目 8.3 软 包

8.3.1 施工准备

1. 技术准备

(1)~(5)同 8.1.1(1)~(5)。

(6)软包的品种、花色、色泽样板已经确定。

2. 材料准备

(1) 织物：织物的材质、纹理、颜色、图案、幅宽应符合设计要求，织物表面不得有明显的跳线、断丝和疵点，应有产品合格证和阻燃性能检测报告。对本身不具有阻燃或防火性能的织物，必须对织物进行阻燃或防火处理，达到防火规范要求。普通布料需进行两次防火或处理，并检测合格。常见规格为1.4m的幅宽。

(2) 皮革、人造革：材质、纹理、颜色、图案、厚度及幅宽应符合设计要求，应有产品合格证和性能检测报告。人造革、皮革应进行阻燃或防火处理。常见规格为1.4m的幅宽。

(3) 内衬材料：材质、厚度及燃烧性能等级应符合设计要求，一般采用环保、阻燃型泡沫塑料做内衬，应有产品合格证和性能检测报告。

(4) 基层及辅助材料：基层龙骨、底板及其他辅材的材质、厚度、规格尺寸、型号应符合设计要求。设计无要求时，龙骨宜采用不小于20mm×30mm的实木方材，底板宜采用玻镁板、石膏板、环保细木工板或环保多层板等。龙骨、边框、底板的材质、颜色、图案、燃烧性能等级应符合设计要求及国家现行标准的有关规定，不得有腐朽、节疤、劈裂、扭曲等疵病，具有产品合格证和性能检测报告、防火检测报告。各种木制品含水率不大于12%。胶、防腐剂、防潮剂等均应满足环保要求，人造板材使用面积超过500m^2时应对进场材料做甲醛含量复试。

龙骨料用塑料型材，不得有扭曲、裂缝等变形，样式如图8.7所示。水晶纽扣样式繁多，可以参考图8.8所示选其一。

图8.7 软包龙骨　　　　　　　　图8.8 水晶纽扣样式

3. 主要机具

木工工作台、电锯、电刨、冲击钻、手枪钻、切裁织物工作台、钢板尺（1m长）、裁织革刀、毛巾、塑料水桶、刷子、擦布或棉丝、长卷尺、盒尺、锤子、木工凿子、水平尺、方尺、多用刀、粉线包、墨斗、小白线、托线板、线坠、红铅笔。

4. 作业条件

(1) 混凝土和墙面抹灰已完成，基层按设计要求木砖或木筋已埋设，水泥砂浆找平层已抹完灰并刷冷底油，且经过干燥，含水率不大于8%，木材制品的含水率不得大于12%。

(2) 水电及设备、顶墙上的预留的预埋件已完成。

(3) 房间里的吊顶分项工程基本完成，并符合设计要求。

(4) 房间里的地面分项工程基本完成，并符合设计要求。

(5) 房间里的木护墙和细木装修底板已基本完成，并符合设计要求。

(6) 对施工人员进行技术交底时，应强调技术措施和质量要求，大面积施工前，应先做样板间，经质检部门鉴定合格后，方可组织班组施工。

8.3.2 施工工艺

1. 工艺流程

基层处理 → 定位、弹线 → 龙骨及底板安装 → 底板弹线 → 软包基板及边框制作 → 计算用料，套裁填充料、面料并在衬板上安装 → 软包饰面粘贴 → 局部修整 → 成品保护 → 卫生清理。

2. 操作工艺

(1) 基层处理。软包要求基层牢固，构造合理，施工前应予以检查；在临近多水区域时为防止墙体柱体的潮气使其基面板底翘曲变形而影响装饰质量，要求基层做防潮处理。

(2) 定位、弹线。根据设计图纸要求，把该房间需要软包墙面的装饰尺寸、造型等通过吊直、套方、找规矩、弹线等工序，把实际设计的尺寸与造型落实到墙面上，以便进行基层底板制作安装。

(3) 龙骨及底板安装。当在建筑墙柱面做软包装饰时，应根据设计尺寸形状及现场实际需要采用木龙骨或轻钢龙骨或钢架龙骨，木龙骨一般为（20～50）mm×（40～50）mm截面的木方条（其他龙骨根据实际需要选用），钉于墙、柱体上，按设计图纸的要求进行分格或按平面造型形式进行划分。固定好龙骨之后，即铺钉夹板作基层面板。

(4) 底板弹线。基层底板安装完成后即可根据设计要求的造型尺寸进行龙骨精确定位弹线，以便后续饰面层安装。

(5) 软包基板及边框制作（图 8.9）。软包基板一般选用 9cm 夹板或 12cm 夹板，根据软包形状进行裁切。边框根据造型需要选择合适的材料进行加工，其制作一般在工厂进行，以保证完成效果的精确性。基板与边框加工完成后即将边框钉固于基板上，应保证边框与基板边缘齐平。

图 8.9 软包基板及边框制作

(6) 计算用料，套裁填充料、面料并在衬板上安装。

1) 直接铺贴。待墙面细木装修和边框完成，油漆作业基本完成，基本达到交活条件，再按弹好的线对内衬材料进行剪裁下料，然后直接将内衬材料粘贴在底板或门扇上。铺贴好的内衬材料表面必须平整，勾缝必须顺直整齐。

2) 预制铺贴镶嵌。根据弹好的控制线，进行衬板制作和内衬材料粘贴。衬板按设计要求选材，设计无要求时，应采用 5mm 的环保型多层板，按弹好的分格线尺寸进行下料制作。制作时，硬边拼缝的在衬板的一面四周钉上一圈木条，木条的规格、倒角形式按设计要求确定。设计无要求时，木条一般不小于 10mm×10mm，倒角不小于 ϕ5mm 圆角或 5mm×5mm 斜角。木条要进行封油处理防止原木吐色污染布料，木条厚度还应根据内衬材料厚度决定。软边拼缝的衬板按尺寸裁好即可。衬板做好后应先上墙试装,以确定其尺寸是否正确,分缝是否通直、错台,木条高度是否一致、平顺,然后取下来放在衬板背面编号,并标注安装方向,在正面粘贴内衬材料。内衬材料的材质、厚度按设计要求选用,设计无要求时,材质必须是阻燃环保型,厚度应大于10mm。硬边拼缝的内衬材料要按照衬板上所钉木条内侧的实际净尺寸剪裁下料,四周与木条之间必须吻合、无缝隙,高度宜高出木条1~2mm,用环保型胶粘剂平整地粘贴在衬板上。软边拼缝的内衬材料按衬板尺寸剪裁下料,四周剪裁、粘贴必须整齐,与衬板边平齐,最后用环保型胶粘剂平整地粘贴在衬板上。

3) 现场制作安装。

a. 软包造型墙完成后,先沿木线条周边内侧简单安装周边软包龙骨,龙骨与木线条1~2mm 的缝隙,如图 8.10 所示。

b. 根据设计方案弹出内龙骨位置线,如图 8.11 所示。

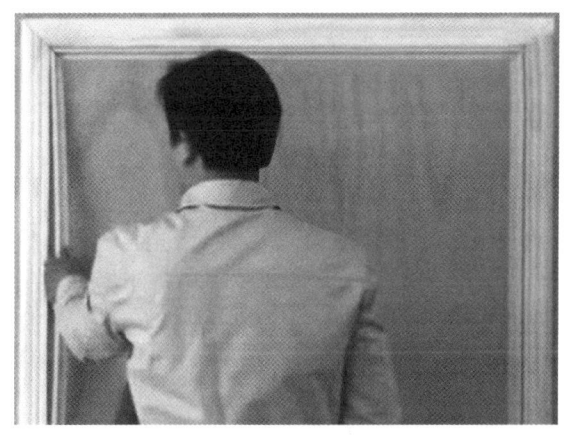

图 8.10 临时固定软包周边龙骨

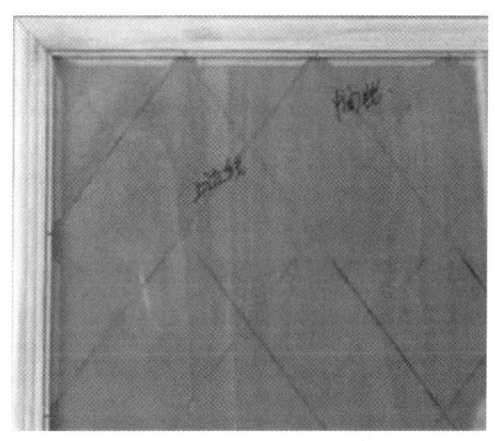

图 8.11 弹出龙骨位置线

c. 用气钉枪先安装一个斜向的龙骨,如图 8.12 所示。

d. 再安装另一个斜向的龙骨,如图 8.13 所示。

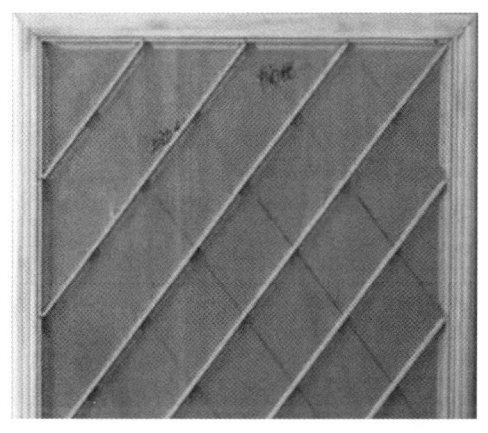

图 8.12 一个斜向的龙骨

图 8.13 另一斜向的龙骨

e. 用手电锯切出水晶纽扣安装的位置，如图8.14和图8.15所示。

图8.14　手电锯切割纽扣安装位置

图8.15　水晶纽扣安装的位置

f. 裁割海绵并安装。在海绵板上弹出大小与设计合适的分割线，用裁纸刀切割海绵块，如图8.16所示，安装海绵块，如图8.17所示。

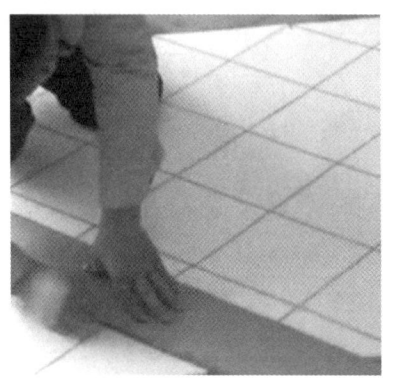

图8.16　切割海绵块

图8.17　安装海绵块

g. 镶嵌软包面料。蒙上软包面料，用大铲刀将面料铲入龙骨内，如图8.18所示。宽出的面料用裁纸刀切割，如图8.19所示。对于软包周边龙骨与木线条之间的缝隙，拟剪出3～4cm的面料，背后先涂刷胶粘剂，再用大铲刀铲入龙骨缝隙和木线条与龙骨之间的缝隙中，形成收口线条。

图8.18　安装软包面料

图8.19　裁纸刀裁切多余面料

h. 安装水晶纽扣。先将水晶纽扣和配套的钉子拧紧，再用叠了 2~3 层的废面料蒙住钉帽，用铁锤将纽扣打入拟安装的位置，结果如图 8.20 所示。

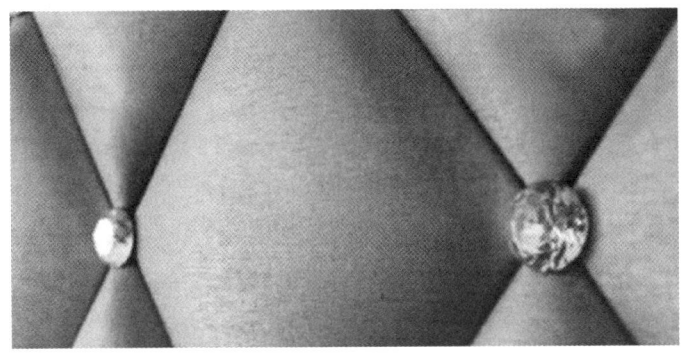

图 8.20　安装水晶纽扣

（7）软包饰面粘贴。

1）直接铺贴。待墙面细木装修基本完成、边框油漆达到交活条件方可粘贴面料。按已弹好的分格线和设计造型，确定出面料分缝定位点，把面料按定位尺寸进行剪裁，剪裁时要注意相邻两块面料的花纹和图案必须吻合。将剪裁好的面料蒙铺到已贴好内衬材料的门扇或墙面上，把下端和两侧位置调整合适后，用压条先将上端固定好，然后固定下部和两侧。四周固定后，若设计要求有压条或装饰钉时，按设计要求钉好压条，再用电化铝帽头钉或其他装饰钉梅花状进行固定。设计采用木压条时，必须先将压条进行油漆打磨，达到基本成活后再进行上墙安装。

2）预制铺贴镶嵌。面料有花纹、图案时，应先包好一块作为基准，再按编号将与之相邻的衬板面料对准花纹后进行裁剪。面料裁剪根据衬板尺寸确定，织物面料剪裁好以后，要先进行拉伸熨烫，再蒙到已贴好的内衬材料的衬板上，从衬板的反面用 U 形气钉和胶粘剂进行固定。蒙面料时要先固定上下两边（即织物面料的经线方向），四角叠整规矩后，再固定另外两边。蒙好的衬板面料应绷紧、无折皱，纹理拉平拉直，各块衬板的面料绷紧度要一致。最后将包好面料的衬板块逐块检查，确认合格后，按衬板的编号对号进行试安装，经试安装确认无误后，用钉粘结合的方法（即衬板背面刷胶，再用蚊钉从布纹缝隙钉入，必须注意气钉不要打断织物纤维），固定到墙面底板上。注意同一房间、同一图案的面料必须用同一卷材料套裁。

（8）局部修整。清理接缝、边沿露出的面料纤维，调整接缝不顺直处。开设、修整各设备安装孔，安装镶边条，安装贴脸或装饰物，修补各压条上的钉眼，修刷压条、镶边条油漆，最后擦拭、清扫浮灰。如软包墙面施工安排靠后，其修整软包墙面工作比较简单；如果施工插入较早，由于增加了成品保护膜，则修整工作量较大，如增加除尘清理、钉粘保护膜的钉眼和胶痕的处理等。

（9）成品保护。由于软包饰面的特殊性，材料多为布料或皮料，极易污染损坏，所以应特别注意成品保护，完工后应用质地较好的保护膜或其他材料进行整体覆盖保护，边角固定牢固，验收交付后再行拆除。

（10）卫生清理。施工现场应做到工完场清，现场剩余边角料、胶水、成品保护材料等应统一收纳整理好，并进行打扫，使施工现场保持清洁状态交入下道工序施工人员手中。

8.3.3 质量标准

1. 主控项目

（1）软包的面料、内衬材料及边框的材质、颜色、图案、燃烧性能等级和木材的含水率应符合设计要求及国家现行标准的有关规定。

检验方法：观察；检查产品合格证书、进场验收记录和性能检测报告。

（2）软包工程的安装位置及构造做法应符合设计要求。

检验方法：观察；尺量检查；检查施工记录。

（3）软包工程的龙骨、衬板、边框应安装牢固，无翘曲，拼缝应平直。

检验方法：观察；手扳检查。

（4）单块软包面料不应有接缝，四周应绷压严密。

检验方法：观察；手摸检查。

（5）检查数量应符合下列规定：裱糊工程每个检验批应至少抽查20%，并不得少于6间，不足6间时应全数检查。

2. 一般项目

（1）软包工程表面应平整、洁净，无凹凸不平及皱折；图案应清晰、无色差，整体应协调美观。

检验方法：观察。

（2）软包边框应平整、顺直、接缝吻合。其表面涂饰质量应符合《建筑装饰装修工程质量验收规范》（GB 50210—2001）第十章的有关规定。

检验方法：观察；手摸检查。

（3）清漆涂饰木制边框的颜色、木纹应协调一致。

检验方法：观察。

（4）检查数量应符合下列规定：裱糊工程每个检验批应至少抽查20%，并不得少于6间，不足6间时应全数检查。

（5）软包工程安装的允许偏差和检验方法应符合表8.2的规定。

表8.2　　　　　　　　软包工程安装的允许偏差和检验方法

项次	项　目	允许偏差/mm	检验方法
1	垂直度	3	用1m垂直检测尺检查
2	边框宽度、高度	0，−2	用钢尺检查
3	对角线长度差	3	用钢尺检查
4	裁口、线条接缝高低差	1	用直尺和塞尺检查

3. 质量要求

（1）有花饰的软包安装后应花饰对称。

（2）软包接缝应严合，填充料应填满，不能出现离缝或亏料现象。

(3) 软包安装后应保证安装牢固、平整，防止出现翘曲现象。

8.3.4 成品保护

(1) 软包墙面装饰工程已完的房间应及时清理干净，不准做料房或休息室，避免污染和损坏，应设专人管理（加锁、定期通风换气、排湿）。

(2) 在整个软包墙面装饰工程施工过程中，严禁非操作人员随意触摸成品。

(3) 暖卫、电气和其他设备等在进行安装或修理工作中，应注意保护墙面，严防污染和损坏成品。

(4) 严禁在已完软包墙面装饰房间内剔眼打洞，若纯属设计变更，也应采取相应的可靠有效的措施，施工时要小心保护，施工后要及时认真修复，以保证成品完整。

(5) 二次修补油、浆活及地面磨石清理打蜡时，要注意保护好成品，防止污染、碰撞与损坏。

(6) 软包墙面施工时，各项工序必须严格按照规程施工，操作时要做到干净利落，边缝要切割整齐到位，胶痕及时清擦干净。

(7) 冬季通暖要有专人看管，严防跑水、渗漏水等灾害性事故的发生，避免造成软包受潮发霉。

8.3.5 安全、环保措施

1. 安全措施

(1) 对软包面料及填塞料的阻燃性能严格把关，达不到防火要求的，不予使用。

(2) 软包布附近尽量避免使用碘钨灯或其他高温照明设备，不得动用明火，避免损坏。

(3) 夜间临时用的移动照明灯，必须用安全电压。

(4) 机械操作人员必须培训持证上岗，现场一切机械设备，非操作人员一律禁止乱动。

(5) 机械操作人员必须培训持证上岗，现场一切机械设备，非操作人员一律禁止乱动。

(6) 在使用电动工具时，用电应符合《施工现场临时用电安全技术规范》(JGJ 46—2005)。

(7) 现场施工过程中应注意防火，针对木质材料、填充料采取严格的防火检测和预防措施，具体应遵守《建筑内部装修防火施工及验收规范》(GB 50354—2005) 的有关规定。

(8) 建立健全的安全生产保证体系和应急预案，对施工人员进行安全教育和交底。

2. 环保措施

同 8.1.5。

附录1 装配式建筑装饰装修工程技术简介

近年来，政府出台了《中共中央国务院关于进一步加强城市规划建设管理工作的若干意见》、《关于大力发展装配式建筑的指导意见》（国办发〔2016〕71号）等文件，明确提出发展装配式建筑，装配式建筑进入快速发展阶段。2017年3月，住建部下发了更为正式的《"十三五"装配式建筑行动方案》以及配套管理办法等三大文件，明确2020年前全国装配式装修建筑占新建比例15%以上，其中重点推进地区需达到20%，这则是目前最为明确的政策指标。

但从目前的发展来看，我国装配式建筑的发展呈现出"重结构，轻内装"的趋势。作为装配式建筑的重要组成部分，装配式建筑装饰装修不仅需要与装配式建筑的主体结构、外围护系统、设备管线系统相协调，其工程质量更关乎老百姓的居住体验和幸福指数。为推进装配式建筑的健康发展，规范装配式建筑装饰装修工程的实施，装饰行业正逐步推行装配式建筑装饰装修技术，全面提高装配式建筑装饰装修工程的环境效益、社会效益和经济效益。

装配式建筑装饰装修是以标准化设计、工厂化部品和装配化施工为主要特征，实现工程品质提升和效率提升的新型装饰装修模式，以提高工程品质和效率，减少人工和资源、能源消耗及建筑垃圾为基本原则，满足标准化设计、工业化生产、装配化施工、信息化管理和智能化应用的要求。

装配式建筑装饰装修从技术层面来看，拥有较为显著的先进性和优越性。在实际应用的过程中，装配式建筑装饰装修有着模块化、定制化、高效化、绿色化等特点。事实上，与传统建筑装饰装修技术相比，装配式建筑装饰装修技术本身的优势集中在以下三个方面：

（1）装配式不仅省时、高效，还带来了整体工艺模式和思维模式的转变。以卫生间的装饰装修举例，如果以传统装饰装修的逻辑来安装，必须先完成防水、回填，再进行贴砖等动作。但做装配式整体卫浴，工人则会把整体的产品先拿到工厂来做安装，其中的工艺工法是有差别的。其中既存在工艺模式的调整，也会带来思维模式的改变。

（2）装配式建筑装饰装修在整体空间规划、装配技术以及产品等方面，更能满足家居未来全生命周期的居住状态。其核心在于它能让装饰装修变得更简单。工业化和装配化的设计工艺能够提高内装的质量，同时也能合理利用好空间的位置。

（3）装配式建筑装饰装修工艺不会产生太多的垃圾，而且较大地提高了材料利用率。我国正高速进入绿色发展时期，因此减少废物的产生、严控材料浪费、严抓环保问题极为重要。采用装配式建筑装饰装修工艺能够减少很多材料利用率的问题，这是国家对装配式建筑装饰装修发布了较多利好政策的主要原因。

装配式建筑装饰装修设计流程按照技术策划、方案设计、部品集成与选型和深化设计四个阶段进行。装配式建筑装饰装修集成设计协调建筑、结构、给排水、供暖、通风和空调、燃气、电气、智能化等各专业的要求，进行同步协同设计，并统筹设计、生产、安装和运维各阶段的需求；模块组合采取少规格、多组合的原则，运用系列化和多样化的内装部品，进行标准化设计，满足使用要求。对部品部件的设计、生产和安装的模数进行全过程协调，统筹建筑设计模数与部品部件生产制造之间的尺寸协调。

装配式建筑装饰装修施工安装协同主体结构系统、外围护系统、设备与管线系统，根据建筑主体工程特点制定单位工程施工组织设计及施工方案，且应遵循设计、生产、装配一体化的原则进行整体策划，明确各分项工程的施工界面、施工顺序与避让原则。总承包单位应对装配式建筑装饰装修施工进行精细化管理及动态管理。

装配式建筑装饰装修包括地面系统、隔墙及墙面系统、吊顶系统、厨房系统、卫浴系统等各个子系统，各系统分别包括对应的装配式建筑装饰装修技术。

1. 装配式地面系统

实木地板、石材饰面地板、涂料饰面、复合地板等都是比较常见的地面工程施工材料，下面将分别介绍地面工程装配式施工技术。

（1）复合地板。复合地板的制作以及加工不同于普通的实木地板，主要是采用成品装配式施工工艺，因此，在施工现场对地面工程进行装配式施工时，如果业主需要的是复合地板，则只需要进行组装以及相关的加工处理即可。

（2）石材饰面。石材饰面在装配式施工过程中可以将架空作为主要的施工工艺，通过对石材饰面进行处理，可以将石材饰面和龙骨的安装相结合，在调整龙骨平整度的过程中，地板板砖的强度同时也能够得到适宜的控制。

2. 装配式隔墙及墙面系统

作为墙面工程主要使用的墙面、木饰面、软包饰面、涂料饰面以及面砖饰面等经常在隔墙以及墙面工程施工中见到。隔墙以及墙面工程的装配式施工主要从以下几个方面进行介绍。

（1）隔墙装配式施工技术的应用。隔墙装配式施工的开展首先需要对墙体结构进行分析，选择适宜的装饰涂料，同时对墙体的结构进行合理分解，利用组装零件进行组装，实现装配式施工技术要求。隔墙的填充物也是有要求的，对于我国目前大多数装配式室内装饰工程施工而言，基层龙骨以及基层板是比较常见的墙体填充物。一旦墙体填充物选择得当，将会大大减少隔墙装配式施工的技术困难。

（2）石材以及金属板块墙面。石材以及金属板块墙面不同于传统的木质板块墙面，石材以及金属板块墙面施工技术主要在外墙施工工程中使用，而金属板块墙面的施工技术也逐渐成熟。

3. 装配式吊顶系统

石膏板以及矿棉板在吊顶工程中经常得到使用。石膏板以及矿棉板主要是采用龙骨基层面层加工方式来安装的。在施工开始之前，首先要对现场的施工环境进行有关测量，对吊顶的位置进行精密的测量。接下来要进行的是滑石板安装及骨架安装，安装所要使用的设备多数是配套供应的，主要是为了实现装配式施工的一体化程序。而金属饰面吊顶在安装过程中可能会出现一些困难,这是因为金属饰面吊顶具有一定的强度且不易调节,在吊顶安装过程中,不仅仅需要考虑安装材料本身的性质,还需要考虑安装材料与其他安装设备的适应性。因此,在金属饰面的安装过程中,要将基层龙骨和金属饰面板块作为一个整体进行加工和制作,金属饰面吊顶主要是在施工现场完成的。

4. 装配式厨房系统

柜体、橱柜一体化设计,实用性强;台面可定制胶衣台面,容错性高,适用性强,耐磨;抗污、抗裂、抗老化,无放射性;排烟管道暗设于吊顶内,采用定制的油烟分离烟机,直排、环保,排烟更彻底;柜体与墙体预留挂件,契合度高;整体厨房全部干法作业,现场装配效率高;无需排烟道,节省厨房空间。

5. 装配式卫浴系统

(1) 墙面防水。墙板留缝打胶或者密拼嵌入止水条,实现墙面整体防水。

(2) 地面防水。地面安装工业化柔性整体防水底盘,通过专用快排地漏排出,整体密封不外流。

(3) 防潮墙面用柔性防潮隔膜,引流冷凝水至整体防水地面,防止潮气渗透到墙体空腔。

(4) 浴室柜可根据卫浴尺寸量身定制,采用防水材质柜体,匹配胶衣台面及台盆。

(5) 坐便器定制开发,匹配同层排水的后排坐便,契合度高。

(6) 工业化柔性整体防水底盘,整体一次性集成制作,防水密封可靠度100%。

(7) 可变模具快速定制各种尺寸。

(8) 整体卫浴全部干法作业,现场装配效率高。

(9) 专用地漏,满足瞬间集中排水,防水与排水相互堵疏协同,构造更科学。

(10) 地面减重70%。

(11) 整体卫浴空间及部件,结合薄法同层排水一体化设计,契合度高。

附录 2 建筑装饰工程电动工具使用注意事项

（1）使用刃具的机具，应保持刃磨锋利、完好无损、安装正确、牢固可靠。

（2）使用砂轮的机具，应检查砂轮与接盘间的软垫并安装稳固，螺钉不得过紧，凡受潮、变形、裂纹、破碎、磕边缺口或接触过油、碱类的砂轮均不得使用，并不得将受潮的砂轮片自行烘干使用。

（3）在潮湿地区或在金属构架、压力容器、管道等导电良好的场所作业时，必须使用双重绝缘或加强绝缘的电动工具。

（4）非金属壳体的电动机、电器，在存放和使用时不应受压、受潮，并不得接触汽油等溶剂。

（5）作业前的检查应符合下列要求：

1）外壳、手柄不出现裂缝、破损；

2）电缆软线及插头等完好无损，开关动作正常，保护接零连接正确、牢固可靠；

3）各部防护罩齐全牢固，电气保护装置可靠。

（6）机具启动后，应空载运转，应检查并确认机具联动灵活无阻。作业时，加力应平衡，不得用力过猛。

（7）严禁超载使用。作业中应注意音响及温升，发现异常应立即停机检查。在作业时间过长、机具温升超过60℃时，应停机，自然冷却后再行作业。

（8）作业中，不得用手触摸刃具、模具和砂轮，发现其有磨钝、破损情况时，应立即停机或更换，然后再继续进行作业。

（9）机具转动时，不得撒手掌管。

（10）使用冲击电钻或电锤时，应符合下列要求：

1）作业时应掌握电钻或电锤手柄，打孔时将钻头抵在工作表面，然后开动，用力适度，避免晃动；转速若急剧下降，应减少用力，防止电机过载，严禁用木杠加压；

2）钻孔时，应注意避开混凝土中的钢筋；

3）电钻和电锤为40%断续工作制，不得长时间连续使用；

4）作业孔径在25mm以上时，应有稳固的作业平台，周围应设护栏。

（11）使用瓷片切割机时应符合下列要求：

1）作业时应防止杂物、泥尘混入电动机内，并应随时观察机壳温度，当机壳温度过高及产生炭刷火花时，应立即停止检查处理；

2）切割过程中用力应均匀适当，推进刀片时不得用力过猛。当发生刀息卡死时，应立即停机，慢慢退出刀片，应在重新对正后方可再切割。

（12）使用角向磨光机时应符合下列要求：

1）砂轮应选用增强纤维树脂型，其安全线速度不得小于80m/s。配用的电缆与插头应具有加强绝缘性能，并不得任意更换；

2）磨削作业时，应便砂轮与工件面保持15°～30°的倾斜位置；切削作业时，砂轮不得倾斜，并不得横向摆动。

（13）使用电剪时应符合下列要求：

1）作业前应先根据钢板厚度调节刀头间隙量；

2）作业时不得用力过猛，当遇刀轴往复次数急剧下降时，应立即减少推力。

（14）使用射钉枪时应符合下列要求：

1）严禁用手掌推压钉管和将枪口对准人；

2）击发时，应将射钉枪垂直压紧在工作面上，当两次扣动扳机，弹药均不击发时，应保持原射击位置数秒后，再退出射钉弹；

3）在更换零件或断开射钉枪之前，射枪内均不得装有射钉弹；

（15）使用拉铆枪时应符合下列要求：

1）被铆接物体上的铆钉孔应与铆钵滑配合，并不得过盈量太大；

2）铆接时，当铆钉轴未拉断时，可重复扣动扳机，直到拉断为止，不得强行扭断或撬断；

3）作业中，接铆头子或柄帽若有松动，应立即拧紧。

附录3 建筑装饰工程施工及验收规范（JGJ 73—91）（部分）

第一章 总 则

第1.0.1条 本规范适用于工业与民用建筑装饰工程的施工及验收。

注：有防放射性、防腐蚀、防火等要求的装饰工程，应按设计要求或有关规定执行。

第1.0.2条 装饰工程所用的材料，应按设计要求选用，并应符合现行材料标准的规定。

对材料质量发生怀疑时，应抽样检查，合格后方可使用。

第1.0.3条 装饰工程所用的砂浆、石灰膏、玻璃、涂料等，宜集中加工和配制。

第1.0.4条 装饰材料和饰件以及有饰面的构件，在运输、保管和施工过程中，必须采取措施防止损坏和变质。

第1.0.5条 抹灰、涂料和刷浆工程的等级及适用范围，应符合设计要求。

第1.0.6条 装饰工程应在基体或基层的质量检验合格后，方可施工。

第1.0.7条 高级装饰工程施工前，应预先做样板（样品或标准间），并经有关单位认可后，方可进行。其他等级的装饰工程是否需做样板，应由设计确定。

第1.0.8条 室外抹灰和饰面工程的施工，一般应自上而下进行。高层建筑采取措施后，可分段进行。

第1.0.9条 室内装饰工程的施工，应待屋面防水工程完工后，并在不致被后继工程所损坏和玷污的条件下进行。

室内抹灰在屋面防水工程完工前施工时，必须采取防护措施。

第1.0.10条 室内吊顶、隔断的罩面板和花饰等工程，应待室内地（楼）面湿作业完工后施工。

第1.0.11条 室内装饰工程的施工顺序，应符合下列规定：

1. 抹灰、饰面、吊顶和隔断工程，应待隔墙、钢木门窗框、暗装的管道、电线管和电器预埋件、预制钢筋混凝土楼板灌缝等完工后进行；

2. 钢木门窗及其玻璃工程，根据地区气候条件和抹灰工程的要求，可在湿作业前进行；

铝合金、塑料、涂色镀锌钢板门窗及其玻璃工程，宜在湿作业完工后进行，如需在湿作业前进行，必须加强保护；

3. 有抹灰基层的饰面板工程、吊顶及轻型花饰安装工程，应待抹灰工程完工后进行；

4. 涂料、刷浆工程，以及吊顶、隔断罩面板的安装，应在塑料地板、地毯、硬质纤维板等地（楼）面的面层和明装电线施工前，以及管道设备试压后进行；木地（楼）板面层的最后一遍涂料，应待裱糊工程完工后进行；

5. 裱糊工程，应待顶棚、墙面、门窗及建筑设备的涂料和刷浆工程完工后进行。

第1.0.12条 室内外装饰工程施工的环境温度，应符合下列规定：

1. 刷浆、饰面和花饰工程以及高级的抹灰，溶剂型混色涂料工程不应低于5℃；
2. 中级和普通的抹灰，溶剂型混色涂料工程，以及玻璃工程应在0℃以上；
3. 裱糊工程不应低于10℃；
4. 使用胶粘剂时，应按胶粘剂产品说明要求的温度施工；
5. 涂刷清漆不应低于8℃，乳胶涂料应按产品说明要求的温度施工；
6. 室外涂刷石灰浆不应低于3℃。

注：①环境温度是指施工现场最低温度。
②室内温度应在靠近外墙离地面高500mm处测量。

第1.0.13条 装饰工程必须作好成品保护，施工用水和管道设备试压的水，不得污损装饰工程。

第1.0.14条 装饰工程施工安全技术、劳动保护、防火、防毒等的要求，应按国家现行的有关规定执行。其材料堆放应注意安全防火。

第二章 抹 灰 工 程

第一节 一 般 规 定

第2.1.1条 本章适用于一般抹灰和装饰抹灰工程的施工及验收。

第2.1.2条 抹灰工程采用的砂浆品种，应按设计要求选用，如设计无要求，应符合下列规定：

1. 外墙门窗洞口的外侧壁、屋檐、勒脚、压檐墙等的抹灰——水泥砂浆或水泥混合砂浆；
2. 湿度较大的房间和车间的抹灰——水泥砂浆或水泥混合砂浆；
3. 混凝土板和墙的底层抹灰——水泥混合砂浆、水泥砂浆或聚合物水泥砂浆；
4. 硅酸盐砌块、加气混凝土块和板的底层抹灰——水泥混合砂浆或聚合物水泥砂浆；
5. 板条、金属网顶棚和墙的底层和中层抹灰——麻刀石灰砂浆或纸筋石灰砂浆。

第2.1.3条 抹灰砂浆的配合比和稠度等应经检查合格后，方可使用。
水泥砂浆及掺有水泥或石膏拌制的砂浆，应控制在初凝前用完。

第2.1.4条 砂浆中掺用外加剂时，其掺入量应由试验确定。

第2.1.5条 木结构与砖石结构、混凝土结构等相接处基体表面的抹灰，应先铺钉金属网，并绷紧牢固。金属网与各基体的搭接宽度不应小于100mm。

第2.1.6条 抹灰前，砖石、混凝土等基体表面的灰尘、污斯和油渍等，应清除干净，并洒水润湿。

第2.1.7条 平整光滑的混凝土表面，如设计无要求时，可不抹灰，用刮腻子处理。

第2.1.8条 抹灰前，应先检查基体表面的平整度，并用与抹灰层相同砂浆设置标志或标筋。

第2.1.9条 抹灰前，应检查钢、木门窗框位置是否正确，与墙连接是否牢固。连接处的缝隙应用水泥砂浆或水泥混合砂浆（加少量麻刀）分层嵌塞密实。

第2.1.10条 室内墙面、柱面和门洞口的阳角,宜用1:2水泥砂浆做护角,其高度不应低于2m,每侧宽度不应小于5mm。

第2.1.11条 室内抹灰工程,应待上下水、煤气等管道安装后进行。抹灰前必须将管道穿越的墙洞和楼板洞填嵌密实。散热器和密集管道等背后的墙面抹灰,宜在散热器和管道安装前进行,抹灰面接槎应顺平。

第2.1.12条 外墙抹灰工程施工前,应安装好钢木门窗框、阳台栏杆和预埋铁件等,并将墙上的施工孔洞堵塞密实。

第2.1.13条 外墙窗台、窗楣、雨篷、阳台、压顶和突出腰线等,上面应做流水坡度,下面应做滴水线或滴水槽,滴水槽的深度和宽度均不应小于10mm,并整齐一致。

第2.1.14条 各种砂浆的抹灰层,在凝结前,应防止快干、水冲、撞击和振动;凝结后,应采取措施防止沾污和损坏。

第2.1.15条 水泥砂浆的抹灰层,应在湿润的条件下养护。

第2.1.16条 冬期施工,抹灰砂浆应采取保温措施。涂抹时,砂浆的温度不宜低于5℃。

第2.1.17条 砂浆抹灰层硬化初期不得受冻。

气温低于5℃时,室外抹灰所用的砂浆可掺入混凝土防冻剂,其掺量应由试验确定。做涂料墙面的抹灰砂浆中,不得掺入含氯盐的防冻剂。

第2.1.18条 冬期施工,抹灰层可采取加温措施加速干燥。如采用热空气时,应设通风设备排除湿气。

第二节 材料质量要求

第2.2.1条 石灰膏应用块状生石灰淋制,淋制时必须用孔径不大于3×3mm的筛过滤,并贮存在沉淀池中。

熟化时间,常温下一般不少于15d;用于罩面时,不应少于30d。使用时,石灰膏内不得含有未熟化的颗粒和其他杂质。

第2.2.2条 在沉淀池中的石灰膏应加以保护。防止其干燥、冻结和污染。

第三节 一般抹灰

第2.3.3条 抹灰层的平均总厚度,不得大于下列规定:

1. 顶棚:板条、空心砖、现浇混凝土——15mm;预制混凝土——18mm;金属网——20mm;
2. 内墙:普通抹灰——18mm;中级抹灰——20mm;高级抹灰——25mm;
3. 外墙——20mm;勒脚及突出地面部分——25mm;
4. 石墙——35mm。

第2.3.4条 涂抹水泥砂浆每遍厚度宜为5～7mm,涂抹石灰砂浆和水泥混合砂浆每遍厚度宜为7～9mm。

第2.3.5条 面层抹灰经赶平压实后的厚度,麻刀石灰不得大于3mm;纸筋石灰、石膏灰不得大于2mm。

第2.3.6条 水泥砂浆和水泥混合砂浆的抹灰层，应待前一层抹灰层凝结后，方可涂抹后一层；石灰砂浆的抹灰层，应待前一层7～8成干后，方可涂抹后一层。

第2.3.7条 混凝土大板和大模板建筑的内墙面和楼板底面，宜用腻子分遍刮平，各遍应黏结牢固，总厚度为2～3mm。如用聚合物水泥砂浆、水泥混合砂浆喷毛打底，纸筋石灰罩面，以及用膨胀珍珠岩水泥砂浆抹面，总厚度为3～5mm。

第2.3.8条 加气混凝土表面抹灰前，应清扫干净，并应作基层表面处理，随即分层抹灰，防止表面空鼓开裂。

第2.3.9条 板条、金属网顶棚和墙的抹灰，尚应符合下列规定：

1. 板条、金属网装钉完成，必须经检查合格后，方可抹灰；
2. 底层和中层宜用麻刀石灰砂浆或纸筋石灰砂浆，各层应分遍成活，每遍厚度为3～6mm；
3. 底层砂浆应压入板条缝或网眼内，形成转脚以使结合牢固；
4. 顶棚的高级抹灰，应加钉长350～450mm的麻束，间距为400mm，并交错布置，分遍按放射状梳理抹进中层砂浆内；
5. 金属网抹灰砂浆中掺用水泥时，其掺量应由试验确定。

第2.3.10条 灰线抹灰尚应符合下列规定：

1. 抹灰线用的抹子，其线型、棱角等应符合设计要求，并按墙面、柱面找平后的水平线确定灰线位置；
2. 简单的灰线抹灰，应待墙面、柱面、顶棚的中层砂浆抹完后进行。多线条的灰线挂灰，应在墙面、柱面的中层砂浆抹完后，顶棚抹灰前进行；
3. 灰线抹灰应分遍成活，底层、中层砂浆中宜掺入少量麻刀。罩面灰应分遍连续涂抹，表面应赶平、修整、压光。

第2.3.11条 罩面石膏灰应掺入缓凝剂，其掺量应由试验确定，宜控制在15～20min内凝结。涂抹应分两遍连续进行，第一遍应涂抹在干燥的中层上。

注：罩面石膏灰不得涂抹在水泥砂浆层上。

第2.3.12条 水泥砂浆不得涂抹在石灰砂浆层上。

第2.3.13条 抹灰的面层应在踢脚板、门窗贴脸板和挂镜线等安装前涂抹。安装后与抹灰面相接处如有缝隙，应用砂浆或腻子填补。

第2.3.14条 采用机械喷涂抹灰，尚应符合下列规定：

1. 喷涂石灰砂浆前，宜先做水泥砂浆护角、踢脚板、墙裙、窗台板的抹灰，以及混凝土过梁等底层的抹灰；
2. 喷涂时，应防止玷污门窗、管道和设备，被玷污的部位应及时清理干净；
3. 砂浆稠度：用于混凝土面为90～100mm，用于砖墙面为100～120mm。

第2.3.15条 混凝土表面的抹灰，宜使用机械喷涂，用手工涂抹时，宜先凿毛刮水泥浆（水灰比为0.37～0.4），洒水泥砂浆或用界面处理剂处理。

第四节 装 饰 抹 灰

第2.4.1条 本节适用于面层为水刷石、水磨石、斩假石、干粘石、假面砖、拉条灰、拉毛灰、洒毛灰、喷砂、喷涂、滚涂、弹涂、仿石和彩色抹灰等的施工。

第2.4.2条 装饰抹灰面层的厚度、颜色、图案应符合设计要求。

第2.4.3条 装饰抹灰面层应做在已硬化、粗糙而平整的中层砂浆面上，涂抹前应洒水润湿。

第2.4.4条 装饰抹灰面层有分格要求时，分格条应宽窄厚薄一致，粘贴在中层砂浆面上应横平竖直，交接严密，完工后应适时全部取出。

第2.4.5条 装饰抹灰面层的施工缝，应留在分格缝、墙面阴角、水落管背后或独立装饰组成部分的边缘处。

第2.4.6条 装配式混凝土外墙板，其外墙面和接缝不平处以及缺棱掉角处，用水泥砂浆或聚合物水泥砂浆修补后，可直接进行喷涂、滚涂、弹涂。

第2.4.7条 水刷石、水磨石、斩假石和干粘石所用的彩色石粒应洁净，统一配料，干拌均匀。

第2.4.8条 水刷石、水磨石、斩假石面层涂抹前，应在已浇水润湿的中层砂浆面上刮水泥浆（水灰比为0.37～0.4）一遍，以使面层与中层结合牢固。

第2.4.9条 水刷石面层必须分遍拍平压实，石子应分布均匀、紧密。凝结前应用清水自上而下洗刷，并采取措施防止玷污墙面。

第2.4.10条 水磨石面层的施工，尚应符合下列规定：

1. 水磨石分格嵌条应在基层上镶嵌牢固，横平竖直，圆弧均匀，角度准确；
2. 白色和浅色的美术水磨石面层，应采用白水泥；
3. 面层宜分遍磨光，开磨前应经试磨，以石子不松动为准；
4. 表面应用草酸清洗干净，晾干后方可打蜡。

第2.4.11条 斩假石面层的施工，尚应符合下列规定：

1. 斩假石面层应赶平压实，斩剁前应经试剁，以石子不脱落为准；
2. 在墙角、柱子等边棱处，宜横剁出边条或留出窄小边条不剁。

第2.4.12条 干粘石面层的施工，尚应符合下列规定：

1. 中层砂浆表面应先用水润湿，并刷水泥浆（水灰比为0.4～0.5）一遍，随即涂抹水泥砂浆或聚合物水泥砂浆黏结层；
2. 石粒粒径为4～6mm；
3. 水泥砂浆或聚合物水泥砂浆黏结层的厚度一般为4～6mm，砂浆稠度不应大于80mm，将石粒粘在黏结层上，随即用辊子或抹子压平压实。石粒嵌入砂浆的深度不得小于粒径的1/2；
4. 水泥砂浆或聚合物水泥砂浆黏结层在硬化期间，应保持湿润；
5. 房屋底层不宜采用干粘石。

第2.4.13条 假面砖、喷涂、滚涂、弹涂和彩色抹灰所用的彩色砂浆，应先统一配料，干拌均匀过筛后，方可加水搅拌。

第2.4.14条 外墙假面砖的面层砂浆涂抹后，先按面砖尺寸分格划线，再划沟、划纹。沟纹间距、深浅应一致，接缝平直。

第2.4.15条 室内拉条灰面层的施工，尚应符合下列规定：

1. 按墙面尺寸确定拉模宽度，弹线划分竖格，粘贴拉模导轨应垂直平行，轨面平整；
2. 拉条灰面层，应用水泥混合砂浆（掺细纸筋）涂抹，表面用细纸筋石灰揉光；
3. 拉条灰面层应按竖格连续作业，一次抹完；上下端灰口应齐平。

第 2.4.16 条 涂抹拉毛灰和洒毛灰面层，宜自上而下进行。涂抹的波纹应大小均匀、颜色一致、接槎平整。

第 2.4.17 条 喷砂抹灰的面层，应用聚合物水泥砂浆涂抹，其配合比应由试验确定。

第 2.4.18 条 外墙面喷涂、滚涂、弹涂面层的施工，尚应符合下列规定：
1. 中层砂浆表面的裂缝和麻坑，应处理并清扫干净；
2. 门墙和不做喷涂、弹涂的部位，应采取措施，防止玷污；
3. 喷涂、弹涂应分遍成活，每遍不宜太厚，不得流坠。面层厚度：喷涂为 3～4mm，弹涂为 2～3mm，滚涂厚度按花纹大小确定，并一次成活；
4. 每个间隔分块必须连续作业，不显接槎；
5. 外墙面喷涂、弹涂所用砂浆的配合比应符合设计要求。

第 2.4.19 条 仿石和彩色抹灰的面层，接槎应平整，仿石表面涂饰的纹理应均匀。

第五节 工 程 验 收

第 2.5.1 条 检查数量室外以 4m 左右高为一检查层，每 20m 长抽查 1 处（每处 3 延长米），但不少于 3 处；室内按有代表性的自然间抽查 10%，过道按 10 延长米，礼堂、厂房等大间可按两轴线为 1 间，但不少于 3 间。

第 2.5.2 条 检查所用材料的品种、面层的颜色及花纹等是否符合设计要求。

第 2.5.3 条 抹灰工程的面层，不得有爆灰和裂缝。各抹灰层之间及抹灰层与基体之间应黏结牢固，不得有脱层、空鼓等缺陷。

第 2.5.4 条 抹灰分格缝的宽度和深度应均匀一致，表面光滑、无砂眼，不得有错缝，缺棱掉角。

第 2.5.5 条 一般抹灰面层的外观质量，应符合下列规定：
1. 普通抹灰：表面光滑、洁净，接槎平整；
2. 中级抹灰：表面光滑、洁净，接槎平整，灰线清晰顺直；
3. 高级抹灰：表面光滑，洁净，颜色均匀、无抹纹，灰线平直方正、清晰美观。

第 2.5.6 条 装饰抹灰面层的外观质量，应符合下列规定：
1. 水刷石——石粒清晰、分布均匀、紧密平整、色泽一致，不得有掉粒和接槎痕迹；
2. 水磨石——表面应平整、光滑，石子显露均匀，不得有砂眼、磨纹和漏磨处。分格条应位置准确，全部露出；
3. 斩假石——剁纹均匀顺直，深浅一致，不得有漏剁处；阳角处横剁和留出不剁的边条，应宽窄一致，棱角不得有损坏；
4. 干粘石——石粒黏结牢固、分布均匀、颜色一致，不露浆、不漏粘，阳角处不得有明显黑边；
5. 假面砖——表面应平整、沟纹清晰、留缝整齐、色泽均匀，不得有掉角、脱皮、起砂等缺陷；

6. 拉条灰——拉条清晰顺直、深浅一致，表面光滑洁净、上下端头齐平；

7. 拉毛灰、洒毛灰——花纹、斑点分布均布，不显接槎；

8. 喷砂——表面应平整，砂粒黏结牢固、均匀、密实；

9. 喷涂、滚涂、弹涂——颜色一致，花纹大小均匀，不显接槎；

10. 仿石、彩色抹灰——表面应密实，线条清晰；仿石的纹理应顺直；彩色抹灰的颜色应一致；

11. 干粘石、拉毛灰、洒毛灰、喷砂、滚涂和弹涂等，在涂抹面层前，应检查其中层砂浆表面的平整度。

第三章 门 窗 工 程

第一节 一 般 规 定

第3.1.1条 本章适用于工业与民用建筑铝合金门窗、涂色镀锌钢板门窗、钢门窗、塑料门窗的安装及验收。

第3.1.2条 门窗安装前应按下列要求进行检查：

1. 根据门窗图纸，检查门窗的品种、规格、开启方向及组合杆、附件，并对其外形及平整度检查校正，合格后方可安装；

2. 按设计要求检查洞口尺寸，如与设计不符应予以纠正。

第3.1.3条 门窗的存放、运输应符合下列规定：

1. 门窗应在室内竖直排放，并用枕木垫平。严禁与酸碱等物一起存放，室内应清洁、干燥、通风；

2. 塑料门窗应存放在设有靠架的室内并与热源隔开，以免受热变形；

3. 门窗露天存放时，应采取措施避免日晒雨淋；

4. 铝合金、涂色镀锌钢板和塑料门窗运输时，应竖立排放并固定牢靠。樘与樘间应用非金属软质材料隔开，防止相互磨损及压坏玻璃和五金件。

第3.1.4条 门窗框扇安装过程中，应符合下列规定：

1. 不得在门窗框扇上安放脚手架、悬挂重物或在框扇内穿物起吊，以防门窗变形和损坏；

2. 吊运时，表面应用非金属软质材料衬垫，选择牢靠平稳的着力点，以免门窗表面擦伤。

第3.1.5条 安装门窗必须采用预留洞口的方法，严禁边安装边砌口或先安装后砌口。门窗固定可采用焊接、膨胀螺栓或射钉等方式，但砖墙严禁用射钉固定。

第3.1.6条 安装过程中应及时清理门窗表面的水泥砂浆、密封膏等，以保护表面质量。

第二节 门窗质量要求

第3.2.1条 门窗及零附件质量均应符合现行国家标准、行业标准的规定，按设计要求选用。不得使用不合格产品。

第3.2.2条 铝合金门窗选用的零附件及固定件，除不锈钢外，均应经防腐蚀处理。

第3.2.3条 塑料门窗不得有开焊、断裂等损坏现象，如有损坏，应予以修复或更换。

第三节 铝合金门窗安装

第3.3.1条 铝合金门窗装入洞口应横平竖直，外框与洞口应弹性连接牢固，不得将门窗外框直接埋入墙体。

第3.3.2条 横向及竖向组合时，应采取套插，搭接形成曲面组合，搭接长度宜为10mm，并用密封膏密封。

第3.3.3条 安装密封条时应留有伸缩余量，一般比门窗的装配边长20～30mm，在转角处应斜面断开，并用胶粘剂粘贴牢固，以免产生收缩缝。

第3.3.4条 若门窗为明螺丝连接时，应用与门窗颜色相同的密封材料将其掩埋密封。

第3.3.5条 安装后的门窗必须有可靠的刚性，必要时可增设加固件，并应作防腐处理。

第3.3.6条 门窗外框与墙体的缝隙填塞，应按设计要求处理。若设计无要求时，应采用矿棉条或玻璃棉毡条分层填塞，缝隙外表留5～8mm深的槽口。

第六节 塑料门窗安装

第3.6.1条 在塑料门窗上安装五金零件时，必须先钻孔，后用自攻螺钉拧入，严禁直接锤击钉入，以防损坏门窗。

第3.6.2条 与墙体连接的固定件应用自攻螺钉等紧固于门窗框上，将门窗框装入洞口并用木楔临时固定，调整至横平竖直。固定件与墙体宜用尼龙胀管螺栓连接牢固。

第3.6.3条 门窗框与洞口的间隙应用泡沫塑料条或油毡卷条填塞，填塞不宜过紧，以免框架变形。门窗框四周的内外接缝应用密封膏嵌缝严密。

第七节 工程验收

第3.7.1条 检查数量按不同门窗品种、类型的樘数各抽查5%，但均不少于3樘。

第3.7.2条 所用门窗的品种、规格、开启方向及安装位置应符合设计要求。

第3.7.3条 门窗安装必须牢固，横平竖直，高低一致。框与墙体缝隙应填嵌饱满密实，表面平整光滑，无裂缝，填塞材料与方法等应符合设计要求。

第3.7.4条 预埋件的数量、位置、埋设连接方法必须符合设计要求。

第3.7.5条 门窗扇应开启灵活，无倒翘、阻滞及反弹现象。五金配件应齐全，位置正确。关闭后密封条应处于压缩状态。

第3.7.6条 门窗安装后外观质量应表面洁净，大面无划痕、碰伤、锈蚀，涂膜大面平整光滑、厚度均匀、无气孔。

第四章 玻 璃 工 程

第一节 一 般 规 定

第4.1.1条 本章适用于平板、吸热、热反射、中空、夹层、夹丝、磨砂、钢化、压花、彩色玻璃和玻璃砖等的安装及验收。

第4.1.2条 采光天棚玻璃，如设计无要求时，宜采用夹层玻璃、钢化玻璃、夹丝玻璃，以及由其组合而成的中空玻璃。

第4.1.3条 玻璃工程应在框、扇校正和五金件安装完毕后，框、扇最后一遍涂料前进行。

第4.1.4条 冬期施工，从寒冷处运到暖和处的玻璃和镶嵌用的合成橡胶等型材应待其缓暖后方可进行裁割和安装。

预装门窗玻璃，宜在采暖房间内进行。

外墙铝合金、塑料框、扇玻璃不宜在冬期安装。

第4.1.5条 玻璃的运输和存放应符合下列规定：

1. 玻璃的运输和存放应符合现行《普通平板玻璃》（GB 4871）的有关规定；
2. 玻璃不应搁置和倚靠在可能损伤玻璃边缘和玻璃面的物体上；
3. 应防止玻璃被风吹倒。

第4.1.6条 当用人力搬运玻璃时应符合下列规定：

1. 应避免玻璃在搬运过程中破损；
2. 搬运大面积玻璃时应注意风向，以确保安全。

第4.1.7条 玻璃宜集中裁割，边缘不得有缺口和斜曲。钢木框、扇玻璃按设计尺寸或实测尺寸，长宽各应缩小一个裁口宽度的1/4裁割。

铝合金及塑料框、扇玻璃的裁割尺寸应符合现行国家标准对玻璃与玻璃槽之间配合尺寸的规定，并满足设计和安装的要求。

第4.1.8条 玻璃安装时的朝向应符合设计要求。

第4.1.9条 当焊接、切割、喷砂等作业可能损伤玻璃时，应采取措施予以保护。严禁焊接等火花溅到玻璃上。

第4.1.10条 玻璃安装后，应对玻璃与框、扇同时进行清洁工作。严禁用酸性洗涤剂或含研磨粉的去污粉清洗热反射玻璃的镀膜面层。

第二节 材料质量要求

第4.2.1条 玻璃和玻璃砖的品种、规格和颜色应符合设计要求；质量应符合有关产品标准。

第4.2.2条 油灰应用熟桐油等天然干性油拌制，用其他油料拌制的油灰，必须经试验合格后，方可使用。

第4.2.3条 油灰应具有塑性，嵌抹时不断裂、不出麻面，在常温下，应在20昼夜内硬化。

用于钢门窗玻璃的油灰，应具有防锈性。

第4.2.4条 夹丝玻璃的裁割边缘上宜刷涂防锈涂料。

第4.2.5条 镶嵌条、定位垫块和隔片、填充材料、密封膏等的品种、规格、断面尺寸、颜色、物理及化学性质应符合设计要求。

上述材料配套使用时，其相互间的材料性质必须相容。

当安装中空玻璃或夹层玻璃时，上述材料和中空玻璃的密封膏或玻璃的夹层材料，在材料性质方面必须相容。

安装中空玻璃使用的橡胶定位垫块的硬度宜为邵氏硬度80度以上。

第三节 钢木框、扇玻璃及玻璃砖安装

第4.3.1条 安装玻璃前，应将裁口内的污垢清除干净，并沿裁口的全长均匀涂抹1～3mm厚的底油灰。

第4.3.2条 安装长边大于1.5m或短边大于1m的玻璃，应用橡胶垫并用压条和螺钉镶嵌固定。

第4.3.3条 安装木框、扇玻璃，应用钉子固定，钉距不得大于300mm，且每边不少于两个，并用油灰填实抹光；用木压条固定时，应先涂干性油，并不应将玻璃压得过紧。

第4.3.4条 安装钢框、扇玻璃，应用钢丝卡固定，间距不得大于300mm，且每边不少于两个，并用油灰填实抹光；采用橡胶垫时，应先将橡胶垫嵌入裁口内，并用压条和螺钉固定。

第4.3.5条 工业厂房斜天窗玻璃，如设计无要求时，应采用夹丝玻璃。如采用平板玻璃，应在玻璃下面加设一层保护网。

斜天窗玻璃应顺流水方向盖叠安装，其盖叠长度：斜天窗坡度为1/4或大于1/4，不小于30mm；坡度小于1/4，不小于50mm。盖叠处应用钢丝卡固定，并在盖叠缝隙中用密封膏嵌塞密实。

第4.3.6条 拼装彩色玻璃、压花玻璃应按设计图案裁割，拼缝应吻合，不得错位、斜曲和松动。

第4.3.7条 安装玻璃砖应符合下列规定：

1. 墙、隔断和顶棚镶嵌玻璃砖的骨架，应与结构连接牢固；
2. 玻璃砖应排列均匀整齐，表面平整，嵌缝的油灰或密封膏应饱满密实。

第4.3.8条 楼梯间和阳台等的围护结构安装钢化玻璃时，应用卡紧螺丝或压条镶嵌固定。玻璃与围护结构的金属框格相接处，应衬橡胶垫或塑料垫。

第4.3.9条 安装磨砂玻璃和压花玻璃时，磨砂玻璃的磨砂面应向室内，压花玻璃的花纹宜向室外。

第4.3.10条 安装玻璃隔断时，隔断上框的顶面应留有适量缝隙，以防止结构变形，损坏玻璃。

第四节 铝合金、塑料框、扇玻璃安装

第4.4.1条 安装玻璃前，应清除槽口内的灰浆、杂物等，畅通排水孔。

第4.4.2条 使用密封膏前，接缝处的玻璃、金属和塑料的表面必须清洁、干燥。

第4.4.3条 安装中空玻璃及面积大于0.65m²的玻璃时，应符合下列规定：

1. 安装于竖框中的玻璃，应搁置在两块相同的定位垫块上，搁置点离玻璃垂直边缘的距离宜为玻璃宽度的1/4，且不宜小于150mm；

2. 安装于扇中的玻璃，应按开启方向确定其定位垫块的位置。定位垫块的宽度应大于所支撑的玻璃件的厚度，长度不宜小于25mm，并应符合设计要求。

第4.4.4条 玻璃安装就位后，其边缘不得和框、扇及其连接件相接触，所留间隙应符合国家有关标准的规定。

第4.4.5条 玻璃安装时所使用的各种材料均不得影响泄水系统的通畅。

第4.4.6条 迎风面的玻璃镶入框内后，应立即用通长镶嵌条或垫片固定。

第4.4.7条 玻璃镶入框、扇内，填塞填充材料、镶嵌条时，应使玻璃周边受力均匀。镶嵌条应和玻璃、玻璃槽口紧贴。

第4.4.8条 密封膏封贴缝口时，封贴的宽度和深度应符合设计要求，充填必须密实，外表应平整光洁。

第五节 工程验收

第4.5.1条 检查数量按有代表性的自然间抽查10%，过道按10延长米，礼堂厂房等大间按两竹线为1间，但不少于3间。

第4.5.2条 验收时应检查玻璃品种、规格、色彩、朝向及安装质量等是否符合设计和本规范规定的要求。

第4.5.3条 玻璃工程质量应符合下列规定：

1. 安装好的玻璃应平整、牢固，不得有松动现象；
2. 油灰与玻璃及裁口应粘贴牢固，四角成八字形，表面不得有裂缝、麻面和皱皮；
3. 油灰与玻璃及裁口接触的边缘应齐平，钉子、钢丝卡不得露出油灰表面；
4. 木压条接触玻璃处，应与裁口边缘齐平。木压条应互相紧密连接，并与裁口紧贴；
5. 密封条与玻璃、玻璃槽口的接触应紧密、平整，并不得露在玻璃槽口外面，用橡胶垫镶嵌玻璃，橡胶垫应与裁口、玻璃及压条紧贴，并不得露在压条外面；密封膏与玻璃、玻璃槽口的边缘应黏结牢固，接缝齐平；
6. 墙、隔断及顶棚安装的玻璃砖，不得移位、翘曲和松动，其接缝应均匀、平直、密实；
7. 拼接彩色玻璃、压花玻璃的接缝应吻合，颜色、图案应符合设计要求。

第4.5.4条 竣工后的玻璃工程，表面应洁净，不得留有油灰、浆水、密封膏、涂料等斑污。

第五章 吊顶工程

第一节 一般规定

第5.1.1条 本章适用于以轻钢龙骨、铝合金龙骨、木龙骨为骨架，以各类石膏板、矿棉装饰吸声板、胶合板、纤维板、钙塑装饰板、塑料板、纤维水泥加压板、金属装饰板等为罩面板的吊顶工程的安装及验收。

第5.1.2条 吊顶工程所用材料的品种、规格、颜色以及基层构造、固定方法应符合设计要求。

第5.1.3条 吊顶龙骨在运输安装时，不得扔摔、碰撞。龙骨应平放，防止变形；罩面板在运输和安装时，应轻拿轻放，不得损坏板材的表面和边角。运输时应采取相应措施，防止受潮变形。

第5.1.4条 吊顶龙骨宜存放在地面平整的室内，并应采取措施，防止龙骨变形、生锈；罩面板应按品种、规格分类存放于地面平整、干燥、通风处，并根据不同罩面板的性质，分别采取措施，防止受潮变形。

第5.1.5条 罩面板安装前的准备工作应符合下列规定：

1. 在现浇板或预制板缝中，按设计要求设置预埋件或吊杆；
2. 吊顶内的通风、水电管道及上人吊顶内的人行或安装通道应安装完毕，消防管道安装并试压完毕；
3. 吊顶内的灯槽、斜撑、剪刀撑等，应根据工程情况适当布置。轻型灯具应吊在主龙骨或附加龙骨上，重型灯具或电扇不得与吊顶龙骨联结，应另设吊钩；
4. 罩面板应按规格、颜色等进行分类选配。

第5.1.6条 罩面板安装前，应根据构造需要分块弹线。带装饰图案罩面板的布置应符合设计要求。若设计无要求，宜由顶棚中间向两边对称排列安装。地面与顶棚的接缝应交圈一致。

第5.1.7条 罩面板与墙面、窗帘盒、灯具等交接处应严密，不得有漏缝现象。

第5.1.8条 搁置式的轻质罩面板，应按设计要求设置压卡装置。

第5.1.9条 罩面板不得有悬臂现象，应增设附加龙骨固定。

第5.1.10条 施工用的临时马道应架设或吊挂在结构受力构件上，严禁以吊顶龙骨作为支撑点。

第5.1.11条 吊顶施工过程中，土建与电气设备等安装作业应密切配合，特别是预留孔洞、吊灯等处的补强应符合设计要求，以保证安全。

第5.1.12条 罩面板安装后，应采取保护措施，防止损坏。

第二节 材料质量要求

第5.2.1条 各类罩面板不应有气泡、起皮、裂纹、缺角、污垢和图案不完整等缺陷，表面应平整，边缘应整齐，色泽应一致。穿孔板的孔距应排列整齐，暗装的吸声材料应有防散落措施。胶合板、木质纤维板不应脱胶、变色和腐朽；各类罩面板的质量均应符合现行国家标准、行业标准的规定。

第5.2.2条 吊顶工程所用的木龙骨、轻钢龙骨、铝合金龙骨及其配件应符合有关现行国家标准。

第5.2.3条 安装罩面板的紧固件，宜采用镀锌制品，预埋的木砖应作防腐处理。

第5.2.4条 胶粘剂的类型应按所用罩面板的品种配套选用，现场配制的胶粘剂，其配合比应由试验确定。

第三节 龙骨安装

第5.3.1条 安装吊顶龙骨的基体质量，应符合有关现行国家标准的规定。

第5.3.2条 根据吊顶的设计标高在四周墙上弹线。弹线应清楚，位置准确，其水平允许偏差±5mm。

第5.3.3条 主龙骨吊点间距，应按设计推荐系列选择，中间部分应起拱，金属龙骨起拱高度应不小于房间短向跨度的1/200，主龙骨安装后应及时校正其位置和标高。

第5.3.4条 吊杆距主龙骨端部距离不得超过300mm，否则应增设吊杆，以免主龙骨下坠。

当吊杆与设备相遇时，应调整吊点构造或增设吊杆，以保证吊顶质量。

第5.3.5条 吊杆应通直并有足够的承载能力。当预埋的吊杆需接长时，必须搭接焊牢，焊缝均匀饱满。

第5.3.6条 次龙骨（中或小龙骨，下同）应紧贴主龙骨安装。当用自攻螺钉安装板材时，板材的接缝处必须安装在宽度不小于40mm的次龙骨上。

第5.3.7条 根据板材布置的需要，应事先准备尺寸合格的横撑龙骨，用连接件将其两端连接在通长次龙骨上。明龙骨系列的横撑龙骨与通长次龙骨的间隙不得大于1mm。

第5.3.8条 边龙骨应按设计要求弹线，固定在四周墙上。

第5.3.9条 全面校正主、次龙骨的位置及水平度。连接件应错位安装。明龙骨应目测无明显弯曲。通长次龙骨连接处的对接错位偏差不得超过2mm。

校正后应将龙骨的所有吊挂件、连接件拧夹紧。

第5.3.10条 检查安装好吊顶骨架，应牢固可靠。

第5.3.11条 吊顶木龙骨的安装，应按现行《木结构工程施工及验收规范》（GB 50206—2012）的有关规定执行。

注：按《建筑用轻钢龙骨》（GB 11981—89）规定，主龙骨称为承载龙骨，次龙骨称为覆面龙骨。

第四节 石 膏 板 安 装

第5.4.1条 石膏板的安装（包括各种石膏平板、穿孔石膏板以及半穿孔吸声石膏板等），应符合下列规定：

1. 钉固法安装，螺钉与板边距离应不小于15mm，螺钉间距以150～170mm为宜，均匀布置，并与板面垂直。钉头嵌入石膏板深度以0.5～1mm为宜，钉帽应涂刷防锈涂料，并用石膏腻子抹平；
2. 黏结法安装，胶粘剂应涂抹均匀，不得漏涂，粘实粘牢。

第5.4.2条 深浮雕嵌装式装饰石膏板的安装，应符合下列规定：

1. 板材与龙骨应系列配套；
2. 板材安装应确保企口的相互咬接及图案花纹的吻合；
3. 板与龙骨嵌装时，应防止相互挤压过紧或脱挂。

第5.4.3条 纸面石膏板的安装，应符合下列规定：

1. 板材应在自由状态下进行固定，防止出现弯棱、凸鼓现象；
2. 纸面石膏板的长边（即包封边）应沿纵向次龙骨铺设；
3. 自攻螺钉与纸面石膏板边距离：面纸包封的板边以10～15mm为宜，切割的板边以15～20mm为宜；

4. 固定石膏板的次龙骨间距一般不应大于600mm，在南方潮湿地区，间距应适当减小，以300mm为宜；

5. 钉距以150～170mm为宜，螺钉应与板面垂直。弯曲、变形的螺钉应剔除，并在相隔50mm的部位另安螺钉；

6. 安装双层石膏板时，面层板与基层板的接缝应错开，不得在同一根龙骨上接缝；

7. 石膏板的接缝，应按设计要左进行板缝处理；

8. 纸面石膏板与龙骨固定，应从一块板的中间向板的四边固定，不得多点同时作业；

9. 螺钉头宜略埋入板面，并不使纸面破损。钉眼应作除锈处理并用石膏腻子抹平；

10. 拌制石膏腻子，必须用清洁水和清洁容器。

第五节 其他罩面板安装

第5.5.1条 矿棉装饰吸声板安装，应符合下列规定：

1. 房间内湿度大时不宜安装；

2. 安装时，吸声板上不得放置其他材料，防止板材受压变形；

3. 安装时，应使吸声板背面的箭头方向和白线方向一致，以保证花样、图案的整体性；

4. 采用复合粘贴法安装，胶粘剂未完全固化前，板材不得有强烈震动，并应保持房间内的通风；

5. 采用搁置法安装，应留有板材安装缝，每边缝隙不宜大于1mm。

第5.5.2条 胶合板、纤维板安装，应符合下列规定：

1. 胶合板可用钉子固定，钉距为80～120mm，钉长为25～35mm，钉帽应打扁，并进入板面0.5～1.0mm，钉眼用油性腻子抹平；

2. 纤维板可用钉子固定，钉距为80～120mm，钉长为20～30mm，钉帽进入板面0.5mm，钉眼用油性腻子抹平；

硬质纤维板应用水浸透，自然阴干后安装；

3. 胶合板、纤维板用木条固定时，钉距不应大于200mm，钉帽应打扁，并进入木压条0.5～1.0mm，钉眼用油性腻子抹平；

4. 胶合板面如涂刷清漆时，相邻板面的木纹和颜色应近似；

5. 带纸面的穿孔装饰板用螺钉固定时，钉距不宜大于120mm，钉帽应与板面齐平，排列整齐，并用与板面相同颜色的涂料涂饰。

第5.5.3条 钙塑装饰板的安装，应符合下列规定：

1. 钙塑装饰板用胶粘剂粘贴时，涂胶应均匀；粘贴后，应采取临时固定措施，并及时擦去挤出的胶液；用钉固定时，钉距不宜大于150mm，钉帽应与板面齐平，排列整齐，并用与板面颜色相同的涂料涂饰；

2. 钙塑装饰板的交角处，用塑料装饰小花固定时，应使用木螺钉，并在小花之间沿板边按等距离加钉固定；

用压条固定时，压条应平直，接口严密，不得翘曲。

第5.5.6条 金属装饰板的安装（包括各种金属条板、金属方板和金属格栅）应符合下列规定：

1. 条板式吊顶龙骨一般可直接吊挂，也可增加主龙骨，主龙骨间距不大于1.2m，条板式吊顶龙骨形式应与条板配套；

方板吊顶次龙骨分明装T形和暗装卡口两种，根据金属方板式样选定次龙骨，次龙骨与主龙骨间用固定件连接；

金属格栅的龙骨可明装也可暗装，龙骨间距由格栅做法确定；

2. 金属板吊顶与四周墙面所留空隙，用露明的金属压缝条或补边吊顶找齐，金属压缝条材质应与金属面板相同。

第六节 工 程 验 收

第5.6.1条 检查数量按有代表性的自然间抽查10%，过道按10延长米，礼堂、厂房等大间按两轴线为1间，但不少于3间。

第5.6.2条 检查吊顶工程所用材料的品种、规格、颜色以及基层构造、固定方法等是否符合设计要求。

第5.6.3条 罩面板与龙骨应连接紧密，表面应平整，不得有污染、折裂、缺棱掉角、锤伤等缺陷，接缝应均匀一致，粘贴的罩面板不得有脱层，胶合板不得有刨透之处。

第5.6.4条 搁置的罩面板不得有漏、透、翘角现象。

第六章 隔 断 工 程
第一节 一 般 规 定

第6.1.1条 本章适用于以木龙骨、轻钢龙骨为骨架，以纸面石膏板（以下简称石膏板）、胶合板、纤维板等为罩面板的隔断及石膏增强空心条板（以下简称石膏条板）隔断工程的施工及验收。

第6.1.2条 隔断工程所用材料的品种、规格、颜色以及隔断的构造、固定方法，应符合设计要求。

第6.1.3条 隔断龙骨在运输和安装时，不得扔摔、碰撞。龙骨应平放，防止变形；

罩面板及石膏条板在运输和安装时，应轻拿轻放，不得损坏板材的表面和边角，运输时应采取措施，防止受潮变形。

第6.1.4条 隔断龙骨宜存放在地面平整的室内，并应采取措施，防止龙骨变形、生锈；

石膏板应按品种、规格分类存放于地面平整、干燥、通风处，并根据不同罩面板的性质分别采取措施，防止受潮变形；

石膏条板堆放场地应平整、清洁、干燥，并应采取措施，防止石膏条板浸水损坏，受潮变形。

第6.1.5条 民用电器等的底座，应装嵌牢固，其表面应与罩面的底面齐平。

第6.1.6条 口窗框或筒子板与隔断相接处应符合设计要求。

第6.1.7条 隔断的下端如用木踢脚板覆盖，罩面板应离地面20～30mm；用大理石、水磨石踢脚板时，罩面板下端应与踢脚板上口齐平，接缝严密。

第6.1.8条 罩面板安装前，应按其品种、规格、颜色等进行分类选配；安装后，应采取保护措施，防止损坏。

第二节 材料质量要求

第6.2.1条 罩面板应表面平整、边缘整齐，不应有污垢、裂纹、缺角、翘曲、起皮、色差和图案不完整等缺陷。胶合板、木质纤维板不应脱胶、变色和腐朽。各类罩面板的质量均应符合现行国家标准、行业标准的规定。

第6.2.2条 隔断工程所用木龙骨、轻钢龙骨及其配件应符合有关的现行国家和行业标准。

第6.2.3条 石膏条板的质量应符合设计要求及产品质量的有关规定。

第6.2.4条 安装罩面板宜使用镀锌的螺钉、钉子。接触砖石、混凝土的木龙骨和预埋的木砖应作防腐处理。

第6.2.5条 胶粘剂应按罩面板的品种选用，现场配制胶粘剂，其配合比应由试验确定。

第三节 龙骨安装

第6.3.1条 安装隔断龙骨的基体质量，应符合现行国家标准的规定。

第6.3.2条 在隔断与上、下及两边基体的相接处，应按龙骨的宽度弹线，弹线清楚，位置准确。

第6.3.3条 沿弹线位置固定沿顶、沿地龙骨，各自交接后的龙骨，应保持平直。

第6.3.4条 沿弹线位置固定边框龙骨，龙骨的边线应与弹线重合。龙骨的端部应固定，固定点间距应不大于1m，固定应牢固。

边框龙骨与基体之间，应按设计要求安装密封条。

第6.3.5条 选用支撑卡系列龙骨时，应先将支撑卡安装在竖向龙骨的开口上，卡距为400～600mm，距龙骨两端的距离为20～25mm。

第6.3.6条 安装竖向龙骨应垂直，龙骨间距应按设计要求布置。

第6.3.7条 选用通贯系列龙骨时，低于3m的隔断安装一道；3～5mm隔断安装两道；5m以上安装三道。

第6.3.8条 罩面板横向接缝处，如不在沿顶沿地龙骨上，应加横撑龙骨固定板缝。

第6.3.9条 门窗或特殊节点处，使用附加龙骨，安装应符合设计要求。

第6.3.10条 对于特殊结构的隔断龙骨安装（如曲面、斜面隔断等）应符合设计要求。

第6.3.12条 隔断木龙骨的安装，应按现行《木结构工程施工及验收规范》（GB 50206—2012）的有关规定执行。

第四节 罩面板安装

第6.4.1条 石膏板安装应符合下列规定：

1. 安装石膏板前，应对预埋隔断中的管道和有关附墙设备采取局部加强措施；

2. 石膏板宜竖向铺设，长边（即包封边）接缝宜落在竖龙骨上。但隔断为防火墙时，石膏板应竖向铺设；曲面墙所用石膏板宜横向铺设；

3. 龙骨两侧的石膏板及龙骨一侧的内外两层石膏板应错缝排列，接缝不得落在同一根龙骨上；

4. 石膏板用自攻螺钉固定。沿石膏板周边螺钉间距不应大于200mm，中间部分螺钉间距不应大于300mm，螺钉与板边缘的距离应为10~16mm；

5. 安装石膏板时，应从板的中部向板的四边固定。钉头略埋入板内，但不得损坏纸面。钉眼应用石膏腻子抹平；

6. 石膏板宜使用整板。如需对接时，应靠紧，但不得强压就位；

7. 石膏板的接缝，应按设计要求进行板缝处理；

8. 隔断端部的石膏板与周围的墙或柱应留有3mm的槽口。施工时，先在槽口处加注嵌缝膏，然后铺板，挤压嵌缝膏使其和邻近表挨紧紧接触；

9. 石膏板隔断以丁字或十字形相接时，阴角处应用腻子嵌满，贴上接缝带；阳角处应做护角；

10. 安装防火墙石膏板时，石膏板不得固定在沿顶、沿地龙骨上，应另设横撑龙骨加以固定。

第6.4.2条 胶合板和纤维板安装，应符合下列规定：

1. 安装胶合板的基体表面，用油毡、油纸防潮时，应铺设平整，搭接严密，不得有皱折、裂缝和透孔等；

2. 胶合板如用钉子固定，钉距为80~150mm，钉帽打扁并进入板面0.5~1mm，钉眼用油性腻子抹平；

3. 胶合板面如涂刷清漆时，相邻板面的木纹和颜色应近似；

4. 纤维板如用钉子固定，钉距为80~120mm，钉长为20~30mm，钉帽宜进入板面0.5mm，钉眼用油性腻子抹平。硬质纤维板应用水浸透，自然阴干后安装；

5. 墙面用胶合板、纤维板装饰，在阳角处宜做护角；

6. 胶合板、纤维板用木压条固定时，钉距不应大于200mm，钉帽应打扁，并进入木压条0.5~1mm，钉眼用油性腻子抹平。

第五节 石膏条板安装

第6.5.1条 石膏条板安装前，应进行合理选配，将厚度误差大或因受潮变形的石膏条板挑出，以保证隔断（墙）的质量。

第6.5.2条 墙位放线应弹线清楚、位置准确。隔墙下端光滑的楼（地）面表面应先凿毛，在填细石混凝土前应把杂物清扫干净。

第6.5.3条 安装石膏条板时，宜使用简易支架。

第6.5.4条 使用下楔法立板时,应使板垂直向上挤压严实。

第六节 工 程 验 收

第6.6.1条 检查数量按有代表性的自然间抽查10%,过道按10延长米,礼堂、厂房等大间按两轴线为1间,但不少于3间。

第6.6.2条 检查隔断工程所用材料的品种、规格、式样以及隔断的构造、固定方法等是否符合设计要求。

第6.6.3条 隔断工程的质量,应符合下列规定:
1. 隔断骨架与基体结构的连接应牢固,无松动现象;
2. 粘贴和用钉子或螺钉固定罩面板,表面应平整,粘贴的罩面板不得脱层;
3. 石膏板、胶合板、纤维板表面不得有污染、折裂、缺棱、掉角、锤伤等缺陷;
4. 石膏板铺设方向应正确,安装牢固,接缝密实、光滑,表面平整;
5. 胶合板不得有刨透处;
6. 石膏条板板与板之际及板与主体结构之间应黏结密实、牢固,接缝平整;
7. 粘贴的踢脚板不得有大面积空鼓。

第七章 饰面板(砖)工程

第一节 一 般 规 定

第7.1.1条 本章适用于天然石饰面板、人造石饰面板和饰面砖镶贴的室内外饰面工程以及装饰混凝土板、金属饰面板饰面工程的施工及验收。

第7.1.2条 饰面工程的材料品种、规格、图案、固定方法和砂浆种类,应符合设计要求。

第7.1.3条 镶贴、安装饰面的基体,应具有足够的强度、稳定性和刚度,其表面质量应符合《砖石工程施工及验收规范》(GBJ 203—1983)、《混凝土结构工程施工及验收规范》(GB 50204—2015)、《木结构工程施工及验收规范》(GB 50206—2012)以及本规范的有关规定。

第7.1.4条 饰面板应镶贴在粗糙的基体或基层上;用胶粘剂粘贴的饰面薄板基层应平整;饰面砖应镶贴在平整粗糙的基层上。光滑的基体或基层表面,镶贴前应处理。残留的砂浆、尘土和油渍等应清除干净。

第7.1.5条 饰面板、饰面砖应镶贴平整,接缝宽度应符合设计要求,并填嵌密实,以防渗水。

第7.1.6条 金属饰面板应安装牢固,且板的压茬尺寸及方向应符合设计要求。

第7.1.7条 镶贴室外突出的檐口、腰线、窗口、雨篷等饰面,必须有流水坡度和滴水线(槽)。

第7.1.8条 装配式墙板上镶贴饰面砖,宜在预制阶段完成。在运输、堆放、安装时应注意保护,防止损坏面层。现场用水泥砂浆镶贴面砖时,应做到面层与基层黏结牢固无空鼓。

第7.1.9条 装配式挑檐、托座等的下部与墙或柱相接处，镶贴饰面板、饰面砖应留有适量的缝隙。

镶贴变形缝处的饰面板、饰面砖的留缝宽度，应符合设计要求。

第7.1.10条 夏期镶贴室处饰面板、饰面砖应防止暴晒。

第7.1.11条 冬期施工，砂浆的使用温度不得低于5℃。砂浆硬化前，应采取防冻措施。

第7.1.12条 饰面工程镶贴后，应采取保护措施。

第二节 材料质量要求

第7.2.1条 饰面板、饰面砖应表面平整、边缘整齐；棱角不得损坏，并应具有产品合格证。

第7.2.2条 装饰面板用的铁制锚固件、连接件，应镀锌或经防锈处理。镜面和光面的大理石、花岗石饰面板，应用铜或不锈钢制的连接件。

第7.2.3条 天然大理石、花岗石饰面板，表面不得有隐伤、风化等缺陷。不宜采用易褪色的材料包装。

注：天然大理石、光面花岗石饰面板镶贴后，如有轻微损坏处，经有关单位同意，可用胶粘剂或腻子修补。

第7.2.4条 人造石饰面板，应表面平整，几何尺寸准确，面层石粒均匀、洁净、颜色一致。

第7.2.5条 外墙釉面砖、无釉面砖，表面应光洁，质地坚固，尺寸、色泽一致，不得有暗痕和裂纹，其性能指标均应符合现行国家标准的规定，吸水率不得大于10%。

第7.2.6条 金属装饰板表面应平整、光滑，无裂缝和皱折，颜色一致，边角整齐，涂膜厚度均匀。龙骨的规格、尺寸以及保温材料的品种、堆集密度、导热性，均应符合设计要求。

第7.2.7条 陶瓷锦砖及玻璃锦砖应质地坚硬，边棱整齐，尺寸正确。锦砖脱纸时间不得大于40min。

第7.2.8条 施工时所用胶结材料的品种、掺合比例应符合设计要求并具有产品合格证。

第7.2.9条 拌制砂浆应用不含有害物质的洁净水。

第三节 饰面板安装

第7.3.1条 墙面和柱面安装饰面板，应先抄平，分块弹线，并按弹线尺寸及花纹图案预拼和编号。

第7.3.2条 系固饰面板用的钢筋网，应与锚固件连接牢固。锚固件宜在结构施工时埋设。

固定饰面板的连接件，其直径或厚度大于饰面板的接缝宽度时，应凿槽埋置。预留孔洞，不得大于设计孔径2mm。

第7.3.3条 饰面板安装前，应按厂牌、品种、规格和颜色进行分类选配，并将其侧面和背面清扫干净，修边打眼，每块板的上、下边打眼数量均不得少于两个。并用防锈金属丝穿入孔内，以作系固之用。

第7.3.5条 饰面板安装，应找正吊直后采取临时固定措施，以防灌注砂浆时板位移动。

第7.3.6条 饰面板安装，接缝宽度可垫木楔调整。并应确保外表面的平整、垂直及板的上沿平顺。灌注砂浆时，应先在竖缝内填塞15～20mm深的麻丝或泡沫塑料条以防漏浆，待砂浆硬化后，将填缝材料清除。

注：光面、镜面和水磨石饰面板的竖缝，可用石膏灰临时封闭，并在缝内填塞泡沫塑料条，待灌注砂浆硬化后去掉石膏灰和泡沫塑料条，清洗板面。

第7.3.7条 灌注砂浆前，应浇水将饰面板肯面和基体表面润湿，再分层灌注1:2.5水泥砂浆，每层灌注高度为150～200mm，且不得大于板高的1/3，插捣密实，待其初凝后，应检查板面位置，如移动错位应拆除重新安装；若无移动，方可灌注上层砂浆，施工缝应留在饰面板水平接缝以下50～100mm处。

第7.3.8条 突出墙面勒脚的饰面板安装，应待上层的饰面工程完工后进行。

第7.3.9条 楼梯栏杆、栏板及墙裙的饰面板安装，应在楼梯踏步地（楼）面层完工后进行。

第7.3.10条 天然石饰面板的接缝，应符合下列规定：

1. 室内安装光面和镜面的饰面板，接缝应干接，接缝处宜用与饰面板相同颜色的水泥浆填抹；

2. 室外安装光面和镜面的饰面板，接缝可干接或在水平缝中垫硬塑料板条，垫塑料板条时，应将压出部分保留，待砂浆硬化后，将塑料板条剔出，用水泥细砂浆勾缝。干接缝应用与饰面板相同颜色水泥浆填平；

3. 粗磨面、麻面、条纹面、天然面饰面板的接缝在勾缝应用水泥砂浆。勾缝深度应符合设计要求。

第7.3.11条 人造石饰面板的接缝宽度、深度应符合设计要求，接缝宜用与饰面板相同颜色的水淀浆或水泥砂浆抹勾严实。

第7.3.12条 碎拼大理石饰面施工前，应进行试拼，宜先拼图案，后拼其他部位。拼缝应协调，不得有通缝，缝宽为5～20mm。

第7.3.13条 花岗石薄板或厚度为10～12mm的镜面大理石，宜采用挂钩或胶粘法施工。

第7.3.14条 饰面板完工后，表面应清洗干净。光面和镜面的饰面板经清洗晾干后，方可打蜡擦亮。

第7.3.15条 冬期饰面工程宜采用暖棚法施工。无条件搭设暖棚时，亦可采用冷作法施工。但应根据室外气温，在灌注砂浆或豆石混凝土内掺入无氧盐抗冻剂，其掺量应根据试验确定，严禁砂浆及混凝土在硬化前受冻。

第7.3.16条 冬期施工，在采取措施的情况下，每块板的灌浆次数可改为二次，缩短灌注时间，及时裹挂保温层，保温养护7～9d。

第四节 饰面砖镶贴

第7.4.1条 饰面砖应镶贴在湿润、干净的基层上，并应根据不同的基体，进行如下处理：

1. 纸面石膏板基体：将板缝用嵌缝腻子。嵌填密实，并在其上粘贴玻璃丝网格布（或穿孔纸带）使之形成整体；

2. 砖墙基体：将基体用水湿透后，用1:3水泥砂浆打底，木抹子搓平，隔天浇水养护；

3. 混凝土基体（可酌情选用下述三种方法中的一种）：

（1）将混凝土表面凿毛后用水湿润，刷一道聚合物水泥浆，抹1:3水泥砂浆打底，木抹子搓平，隔天浇水养护；

（2）将1:1水泥细砂浆（内掺20%107胶）喷或甩到混凝土基体上，作毛化处理，待其凝固后，用1:3水泥砂浆打底，木抹子搓平，隔天浇水养护；

（3）用界面处理剂处理基体表面，待表干后，用1:3水泥砂浆打底，木抹子搓平，隔天浇水养护。

4. 加气混凝土基体（可酌情选用下述两种方法中的一种）：

（1）用水湿润加气混凝土表面，修补缺棱掉角处。修补前，先刷一道聚合物水泥浆，然后用1:3:9混合砂浆分层补平，隔天刷聚合物水泥浆并抹1:1:6混合砂浆打底，木抹子搓平，隔天浇水养护；

（2）用水湿润加气混凝土表面，在缺棱掉角处刷聚合物水泥浆一道，用1:3:9混合砂浆分层补平，待干燥后，钉金属网一层并绷紧。在金属网上分层抹1:1:6混合砂浆打底，砂浆与金属网应结合牢固，最后用木抹子轻轻搓平，隔天浇水养护。

第7.4.2条 饰面砖镶贴前应先选砖预排，以使拼缝均匀。在同一墙面上的横竖排列，不宜一行以上的非整砖。非整砖行应排在次要部位或阴角处。

第7.4.3条 饰面砖的镶贴形式和接缝宽度应符合设计要求。如设计无要求时可做样板，以决定镶贴形式和接缝宽度。

第7.4.4条 釉面砖和外墙面砖镶贴前应将砖的肯面清理干净，并浸水两小时以上，待表面晾干后方可使用。冬期施工宜在掺入2%盐的温水中浸泡两小时，晾干后方可使用。

第7.4.5条 釉面砖和外墙面砖宜采用1:2水泥砂浆镶贴，砂浆厚度为6～10mm。镶贴用的水泥砂浆，可掺入不大于水泥重量15%的石灰膏以改善砂浆的和易性。

第7.4.6条 釉面砖和外墙面砖也可采用胶粘剂或聚合物水泥浆镶贴；采用聚合物水泥浆时，其配合比由试验确定。

第7.4.7条 镶贴饰面砖基层表面，如遇有突出的管线、灯具、卫生设备的支承等，应用整砖套割吻合，不得用非整砖拼凑镶贴。

第7.4.8条 镶贴饰面砖前必须找准标高，垫好底尺，确定水平位置及垂直竖向标志，挂线镶贴，做到表面平整，不显接茬，接缝平直，宽度符合设计要求。

第7.4.9条 镶贴釉面砖和外墙面砖墙裙、浴盆、水池等上口和阴阳角处应使用配件砖。

第7.4.10条 釉面砖和外墙面砖的接缝，应符合下列规定：
1. 室外接缝应用水泥浆或水泥砂浆勾缝；
2. 室内接缝宜用与釉面砖相同颜色的石膏灰或水泥浆嵌缝。
注：潮湿的房间不得用石膏灰嵌缝。

第7.4.11条 镶贴陶瓷、玻璃锦砖尚应符合下列规定：
1. 宜用水泥浆或聚合物水泥浆镶贴；
2. 镶贴应自上而下进行，每段施工时应自下而上进行，整间或独立部位宜一次完成。一次不能完成者，可将茬口留在施工缝或阴角处；
3. 镶贴时应位置准确，仔细拍实，使其表面平整，待稳固后，将纸面湿润、揭净；
4. 接缝宽度的调整应在水泥浆初凝前进行，干后用与面层同颜色的水泥浆将缝嵌平。

第7.4.12条 嵌缝后，应及时将面层残存的水泥浆清洗干净，并做好成品保护。

第六节 金属饰面板安装

第7.6.1条 金属饰面板的品种、质量、颜色、花型、线条应符合设计要求，并应有产品合格证。

第7.6.2条 墙体骨架如采用钢龙骨时，其规格、形状应符合设计要求，并应进行除锈、防锈处理。

第7.6.3条 墙体材料为纸面石膏板时，应按设计要求进行防水处理，安装时纵、横碰头缝应拉开5～8mm。

第7.6.4条 金属饰面板安装，当设计无要求时，宜采用抽芯铝铆钉，中间必须垫橡胶垫圈。抽芯铝铆钉间距以控制在100～150mm为宜。

第7.6.5条 安装突出墙面的窗台、窗套凸线等部位的金属饰面时，裁板尺寸应准确，边角整齐光滑，搭接尺寸及方向应正确。

第7.6.6条 板材安装时严禁采用对接。搭接长度应符合设计要求，不得有透缝现象。

第7.6.7条 外饰面板安装时应挂线施工，做到表面平整、垂直、线条通顺清晰。

第7.6.8条 阴阳角宜采用预制角装饰板安装，角板与大面搭接方向应与主导风向一致，严禁逆向安装。

第7.6.9条 当外墙内侧骨架安装完后，应及时浇注混凝土导墙，其高度、厚度及混凝土强度等级应符合设计要求。若设计无要求时，可按踢脚作法处理。

第7.6.10条 保温材料的品种、堆集密度应符合设计要求，并应填塞饱满，不留空隙。

第七节 工 程 验 收

第7.7.1条 检查数量室外，以4m左右高为一检查层，每20m长抽查1处（每处3延长米），但不少于3处；室内按有代表性的自然间抽查10%，过道按10延长米，礼堂、厂房等大间按两轴线为1间，但不少于3间。

第7.7.2条 饰面板（砖）的品种、规格、颜色和图案必须符合设计要求。

第7.7.3条 饰面板（砖）安装（镶贴）必须牢固，无歪斜、缺棱掉角和裂缝等缺陷。

第7.7.4条 饰面板（砖）表面应平整、洁净，色泽协调，无变色、泛碱、污痕和显著的光泽受损处。

第7.7.5条 饰面板（砖）接缝应填嵌密实、平直、宽窄均匀、颜色一致。阴阳角处的板（砖）搭接方向正确，非整砖使用部位适宜。

第7.7.6条 突出物周围的板（砖）用整砖套割吻合、边缘整齐；墙裙、贴脸等突出墙面的厚度一致。

第7.7.7条 流水坡向正确，滴水线（槽）顺直。

第八章 涂料工程

第一节 一般规定

第8.1.1条 本章适用于室内外各种水性涂料、乳液型涂料、溶剂型涂料（包括油性涂料）、清漆以及美术涂饰等涂料工程的施工及验收。

注：刷涂大漆和硝基喷漆等应按有关规定执行。

第8.1.2条 涂料工程的等级和产品的品种应符合设计要求和现行有关产品国家标准的规定。

第8.1.3条 涂料工程基体或基层的含水率：混凝土和抹灰表面施涂溶剂型涂料时，含水率不得大于8%，施涂水性和乳液涂料时，含水率不得大于10%；木料制品含水率不得大于12%。

第8.1.4条 涂料干燥前，应防止雨淋、尘土玷污和热空气的侵袭。

第8.1.5条 涂料工程使用的腻子，应坚实牢固，不得粉化、起皮和裂纹。腻子干燥后，应打磨平整光滑，并清理干净。

外墙、厨房、浴室及厕所等需要使用涂料的部位和木地（楼）板表面需使用涂料时，应使用具有耐水性能的腻子。

第8.1.6条 涂料的工作黏度或稠度，必须加以控制，使其在涂料施涂时不流坠、不显刷纹。施涂过程中不得任意稀释。

第8.1.7条 双组分或多组分涂料在施涂前，应按产品说明规定的配合比，根据使用情况分批混合，并在规定的时间内用完。所有涂料在施涂前和施涂过程中，均应充分搅拌。

第8.1.8条 施涂溶剂型涂料时，后一遍涂料必须在前一遍涂料干燥后进行；施涂水性和乳液涂料时，后一遍涂料必须在前一遍涂料表干后进行。每一遍涂料应施涂均匀，各层必须结合牢固。

第8.1.9条 水性和乳液涂料施涂时的环境温度，应按产品说明书的温度控制。冬期室内施涂涂料时，应在采暖条件下进行，室温应保持均衡，不得突然变化。

第8.1.10条 建筑物中的细木制品、金属构件和制品，如为工厂制作组装，其涂料宜在生产制作阶段施涂，最后一遍涂料宜在安装后施涂；如为现场制作组装，组装前应先施涂一遍底子油（干性油、防锈涂料），安装后再施涂涂料。

第8.1.11条 采用机械喷涂涂料时，应将不喷涂的部位遮盖，以防玷污。

第8.1.12条 施涂工具使用完毕后，应及时清洗或浸泡在相应的溶剂中。

第二节 材料质量要求

第8.2.1条 涂料工程所用的涂料和半成品（包括施涂现场配制的），均应有品名、种类、颜色、制作时间、贮存有效期、使用说明和产品合格证。

第8.2.2条 外墙涂料使用具有耐碱和耐光性能的颜料。

第8.2.3条 涂料工程所用腻子的塑性和易涂性应满足施工要求，干燥后应坚固，并按基层、底涂料和面涂料的性能配套使用。

第三节 混凝土表面和抹灰表面施涂

第8.3.1条 本节适用于混凝土表面和抹灰表面施涂薄涂料、厚涂料和复层建筑涂料等涂料工程。

注：1. 薄涂料有水性薄涂料、合成树脂乳液薄涂料、溶剂型（包括油性）薄涂料、无机薄涂料等；

2. 厚涂料有合成树脂乳液厚涂料、合成树脂乳液砂壁状涂料、合成树脂乳液轻质厚涂料和无机厚涂料等；

3. 复层建筑涂料有水泥系复层涂料、合成树脂乳液系复层涂料、硅溶胶系复层涂料和反应固化型合成树脂乳液系复层涂料。

第8.3.2条 施涂前应将基体或基层的缺棱掉角处，用1:3的水泥砂浆（或聚合物水泥砂浆）修补；表面麻面及缝隙应用腻子填补齐平。

基层表面上的灰尘、污垢、溅沫和砂浆流痕应清除干净。

第8.3.3条 外墙涂料工程分段进行时，应以分格缝、墙的阴角处或水落管等为分界线。

第8.3.4条 外墙涂料工程，同一墙面应用同一批号的涂料；每遍涂料不宜施涂过厚；涂层应均匀，颜色一致。

第8.3.11条 施涂复层涂料尚应符合下列规定：

1. 复层涂料一般是以封底涂料、主层涂料和罩面涂料组成。施涂时应先喷涂或刷涂封底涂料，待其干燥后再喷涂主层涂料，干燥后再施涂两遍罩面涂料。

2. 喷涂主层涂料时，其点状大小和疏密程度应均匀一致，不得连成片状；

3. 水泥系主层涂料喷涂后，应先干燥12h，然后洒水养护24h，再干燥12h后，才能施涂罩面涂料；

4. 施涂罩面涂料时，不得有漏涂和流坠现象，待第一遍罩面涂料干燥后，才能施涂第二遍罩面涂料。

参 考 文 献

[1] 杨天佑. 简明装饰装修工程施工与质量验收手册 [M]. 北京：中国建筑工业出版社，2004.
[2] 中国建筑工程总公司. 建筑装饰装修工程施工工艺标准 [M]. 北京：中国建筑工业出版社，2003.
[3] 孔晓泊. 建筑装饰工程施工技术 [M]. 北京：中国建筑工业出版社，2010.
[4] 马有占. 建筑装饰施工技术 [M]. 北京：机械工业出版社，2004.
[5] 李竹梅，赵占军. 建筑装饰施工技术 [M]. 北京：科学出版社，2006.
[6] 建筑装饰装修工人培训教程 [M]. 北京：时代传播音像出版社，机械工业出版社，2009.
[7] 冯美宇. 建筑装饰装修构造 [M]. 北京：机械工业出版社，2005.
[8] 张若美. 建筑装饰施工技术 [M]. 武汉：武汉理工大学出版社，2004.
[9] 叶刚. 住宅建筑装饰装修设计与施工（修订版）[M]. 北京：金盾出版社，2005.
[10] 中国建筑装饰协会培训中心. 建筑装饰装修木工（初级工　中级工）[M]. 北京：中国建筑工业出版社，2003.
[11] 中国建筑装饰协会培训中心. 建筑装饰装修木工（高级工　技师　高级技师）[M]. 北京：中国建筑工业出版社，2003.